中国国家博物馆 编

中国国家博物馆馆藏文物研究丛书

铜镜卷

（上册）

上海古籍出版社

中国国家博物馆馆藏文物研究丛书
编纂委员会

主编

执行主编

铜镜卷

总 序

中国国家博物馆馆长 王春法

中国国家博物馆的前身，最早可以追溯到1912年成立于北京国子监的国立历史博物馆筹备处，当时收藏各类文物5万余件。1918年，馆址迁至故宫端门与午门，藏品数量也逐渐增加，到1924年正式开馆时，文物总数达到20万件，分为26类。在新中国成立以前，国立历史博物馆对馆藏文物的研究主要反映在编辑出版《国立历史博物馆丛刊》三期、《国立历史博物馆讲演会讲演录》第一辑，编纂《国立历史博物馆物品目录》《国立历史博物馆存储物品目录》《馆藏文物分类说明目录》《国立历史博物馆陈列室物品目录》等藏品目录方面。尤其是出版《国立历史博物馆丛刊》三期，作为中国第一份文博类学术期刊，具有划时代和开创性的重要意义。

1949年新中国成立之后，特别是1978年改革开放以来，中国历史博物馆和中国革命博物馆的专家学者进一步加强馆藏中国古代文物与近现代文物研究，推出了一批具有较大影响力的学术成果,包括《简明中国历史图册》十册、《中国历史博物馆藏法书大观》十五卷、《华夏之路》四册、《中国古代服饰研究》《汉代物质文化资料图说》《中国古代铜镜》《中国近代史参考图录》《“一大”前后》三册、《吴虞日记》上下册等等，受到业内专家学者的普遍好评和广大读者的热烈欢迎。2003年，中国历史博物馆与中国革命博物馆合并组建中国国家博物馆，馆藏文物大幅度增加，迄今已达143万余件，年参观流量达到800余万人，成为名副其实的世界一流大博物馆。与此同时，如何深入发掘馆藏文物的历史、艺术及科学价值，让这些数以百万计、沉睡百余年的国宝说话，让文物活起来，讲好中国故事，传播好中国声音，既是我们面临的紧迫挑战，也是国家博物馆专家学者们义不容辞的学术任务和社会责任。

正是基于这一考虑，2003年以来，国家博物馆在原《中国历史博物馆馆藏文物研究丛书》的基础上，启动实施了《中国国家博物馆馆藏文物研究丛书》大型出版项目，努力在以下方面有所突破：其一，全面系统地整理展示馆藏中国古代文物精华，以图文并茂的形式，形象生动地记录华夏文明的悠久历史与文化传承，用直观的实物资料回答中华文化何以能够屹立世界东方五千余年而未中断这一历史命题；

其二，把资料性、学术性、普及性有机结合起来，如实反映国家博物馆学者整理研究馆藏古代文物的最新水平，进一步凸显国家博物馆作为国家历史文化基因库的重要地位，锻炼专家队伍，提升研究水平；其三，把深藏在文物库房里的各类代表性文物信息完整准确地公布于众，促进社会各界共享国博馆藏文物资料信息，推动学术界持续关注、积极参与国家博物馆馆藏文物研究，进而为持续不断推出馆藏文物展览提供强有力的学术支撑；其四，从古代物质文化的角度充分展示中华民族的悠久历史、源远流长的中华文明以及博大精深的中华文化，充分反映出中国古代优秀传统文化对世界文明发展的重要贡献。

自这一出版项目开始实施到现在，前后历时近二十载，经过众多专家学者的不懈努力，已经完成了整套丛书的初步编纂，付梓出版工作亦接近尾声，取得了令人欣慰的阶段性成果。接下来，国家博物馆的专家学者们将继续以严谨求实的治学态度，认真校改其余各卷，努力向学术界和广大读者奉献质量水平高、制作精美的优秀丰硕成果。习近平总书记在2013年8月19日召开的全国宣传思想工作会议上突出强调，宣传阐释中国特色，要讲清楚每个国家和民族的历史传统、文化积淀、基本国情不同，其发展道路必然有着自己的特色；讲清楚中华文化积淀着中华民族最深沉的精神追求，是中华民族生生不息、发展壮大的丰厚滋养；讲清楚中华优秀传统文化是中华民族的突出优势，是我们最深厚的文化软实力；讲清楚中国特色社会主义植根于中华文化沃土、反映中国人民意愿、适应中国和时代发展进步要求，有着深厚历史渊源和广泛现实基础。完成这样一套重要图书的出版任务，就是贯彻落实习近平总书记重要指示精神、服务社会主义文化强国建设、增强文化自信的具体实践，其学术价值和历史意义是不言而喻的。

回顾一百多年来中国国家博物馆文物的收藏历史与学术研究历程，我们既感自豪，更感幸运。生逢一个伟大的时代，遇上一个博物馆事业蓬勃发展的千载良机，我们应该有所作为，也一定能够有所作为。回首过去，珍惜现在，展望未来，我们不忘初心、牢记使命、执着前行。

前　言

中国国家博物馆副馆长　丁鹏勃

《中国国家博物馆馆藏文物研究丛书》是一套馆藏重要文物著录与专题研究相结合的学术研究图录。全书分甲骨、玉器、陶器、瓷器、青铜器、玺印、瓦当、铜镜、钱币、陶俑、佛造像、墓志、杂项、绘画、书法、古籍善本、明清档案、历史图片等卷，基本涵盖了中国国家博物馆馆藏文物的重要部分。

其中，《铜镜卷》收录了从齐家文化至清代的铜镜精品293面，是馆藏铜镜的系统性重要展示。馆藏铜镜收藏历史悠久，已逾百年。收藏来源有征购、考古发掘、社会人士捐赠、文博单位调拨、国家文物局划拨等多种途径。铜镜最早的入藏可以追溯到上世纪二十年代的国立历史博物馆时期。1921年，该馆委派裘善元赴河北钜鹿发掘北宋钜鹿故城遗址，带回的二百余件出土文物中就包括了数面铜镜，这应是最早入藏的一批考古发掘品铜镜。

经过一百多年来几代国博人的辛勤努力，海内外收藏家的无私捐赠，以及国内各文博单位的大力支持，国博藏镜时代连缀自成体系，呈现出数量众多、品种齐全、题材广泛、造型多样、铸作精良的特点，能够较为系统地反映各个历史时期铜镜在形制、纹饰、铸制工艺、铭文等方面的演进过程，是研究古代政治、经济、文化艺术等各方面发展的代表性物证。例如，在本书所选的先秦铜镜中，齐家文化的重轮星芒纹铜镜是我国目前发现年代最早的三面铜镜之一，也是其中直径最大的一面；战国武士斗兽纹铜镜是我国现存最早的有连环叙事图案的铜镜，其图案也展示了当时秦人的尚武风格；一方一圆两面透雕蟠螭纹铜镜是战国铜镜透雕工艺的巅峰之作。两汉三国两晋南北朝铜镜中，西汉鎏金中国大宁四神博局纹铜镜制作工艺精湛，镜缘铭文中的“中国大宁”四字更是寄托了人们对国泰民安的美好祈愿，使其成为铜镜发展史上不可或缺的存在；三国孙吴时期四叶八凤佛兽纹铜镜上已将佛像图案作为流行纹样，反映出佛教自东汉传入后在长江中下游地区的传布状况；九面东汉画像铜镜上描绘的神仙世界图案和铭文，展现了汉时人们对长生不老、得道成仙的精神追求，而描绘的歌舞、杂技、下棋、钓鱼等图案也使我们得以一窥汉时的日常娱乐生活面貌。唐代是铜镜发展的高峰期之一，出现了若干极具繁复华贵的特种制作工艺，馆藏铜镜中有展现金银平脱工艺的羽人花鸟葵花形铜镜和宝相花葵花形铜镜，有展现螺钿工艺的高士宴乐铜镜和云龙纹铜镜，有展现金筐宝钿工艺的花叶纹铜镜，有展现贴金银工艺的缠枝花卉金壳菱花形铜镜，这几面铜镜制作华美，成为唐代特种工艺铜镜的代表作。宋辽金元明清铜镜中，宋代木偶戏方形铜镜是目前唯一展现木偶戏演出场景的铜镜；宋代蹴鞠纹铜镜则向我们展现了蹴鞠运动在当时的普及；北宋宣和五年扬州铸造铜镜所铸铭文弥补了史料记载的不足，为研究宋代扬州铜镜铸造业提供了珍贵物证；辽代乾统七年四凤铜镜是辽镜断代的标志性器物；金代铜镜的典型图案是双鱼纹，馆藏黑龙江阿城出土的双鱼纹大铜镜则以其43.5厘米的直径在同类镜中首屈一指；元代镂雕舞台戏纹铜镜给我们提供了元杂剧演出场景的形象资料；明宣德吴邦佐造双龙纹铜镜，是宣德炉样式的设计者和冶炼铸造的督造官吴邦佐的又一传世佳作；清湖州薛晋侯造婴戏图铜镜，以类似白描的手法表达了民间对子孙满堂、幸福吉祥的美好向往。

本书体例与丛书其他各卷基本一致，包括两部分内容。一是图版和文字说明，图版包括文物的整体图片及必要的细部图案、铭文和拓本，最大程度展现文物的真实现状；文字说明包括名称、馆藏编号、时代、尺寸、来源等基本情况，还有对形制特征、纹饰特点、铭文释读、历史内涵等内容的描述，试图从多角度揭示器物的各类信息，阐释与之相关联的历史问题，是在前人研究成果基础上形成的新见。二是研究论文，系馆内专家对该卷馆藏文物涉及的有关学术问题所作的专题研究。

中国国家博物馆通过《中国国家博物馆馆藏文物研究丛书》项目，对馆藏文物进行了全面清点、分类整理和系统研究。我们期待各卷的陆续问世能够让更多公众了解中国国家博物馆的馆藏，为更多学者提供学术参考，让人们通过这些文物承载的历史信息，记得起历史沧桑，看得见岁月留痕，留得住文化根脉，坚定我们的文化自信。

2021年11月

目录

上册

下册

中国国家博物馆铜镜收藏与研究

霍宏伟

中国国家博物馆（以下简称“国博”）的历史，最早可追溯到1912年成立的国立历史博物馆筹备处，距今已逾百年。经过一个多世纪数代国博人的辛勤努力，系统整理的馆藏铜镜数量约2000面[1]，成为国博馆藏文物的重要门类之一。对百余年来国博铜镜的收藏、展览、整理及研究史进行回顾与总结，将有助于推动今后镜鉴研究工作的深入开展。

一、国博铜镜的收藏与展览

国博铜镜收藏的历史时间较长，主要包括三个重要阶段：一是1921—1930年国立历史博物馆（以下简称“国立博”）的发掘与收购，二是1959年建立中国历史博物馆（以下简称“历博”，国博前身之一）新馆、开馆前后的大规模文物调拨，三是1989年前后历博在全国范围内调拨文物。在不同历史时期，铜镜实物源源不断地入藏馆内，为举办各类文物展览提供了丰富的文物藏品。

（一）民国初期铜镜的收藏与展览

在国立历史博物馆成立之初，开始着手通过发掘、收购的方式来征集各类文物。1921年，国立博派裘善元赴河北钜鹿发掘北宋大观二年（1108）湮没的钜鹿故城遗址，出土铜镜、铁器、瓷器、木器及钱币等文物200余件，入藏馆内[2]，这应该是最早入藏国立博的铜镜考古发掘品。

1924年，国立博裘善元、顾问董光忠等人对河南信阳擂鼓台、王坟洼的3座汉墓进行了发掘[3]。出土四乳镜、铁器、陶瓷器、五铢钱及人骨等200余件。1926年，裘善元、董光忠在湖北枝江发掘古墓，获得墓砖、柩钉及铜镜等35件。上述出土遗物均入藏本馆[4]。

目前能够见到最早记述馆方购买铜镜的时间是1922年，采购汉唐各式镜鉴、秦汉瓦当等。次年，继续采购三代古玉、兵器、汉唐镜鉴、魏唐墓俑等数百件。

1930年4月，委托本馆前馆员龚师新赴河北宣化龙关征集古器物。其中，在涌泉堡购买一面瑞兽葡萄镜（图一）[5]。

1924年8月1日，国立博开放故宫午门城楼，公开展览。于午门楼东厢陈列信阳汉墓、钜鹿故

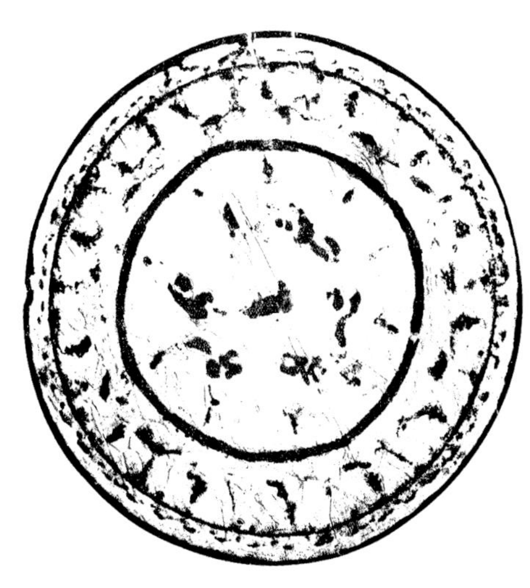

图一　1930年国立博在河北宣化龙关涌泉堡购买瑞兽葡萄镜（拓本，李守义供图）

城遗址出土文物，共计80余件[6]。1926年10月，将午门正楼及两翼雁翅楼、四角亭，设计为十个文物陈列室，进行为期一个月的对外展出，参观人数达到十八万。其中，第八陈列室为发掘物品室，将历次发掘物品部分陈列，并将发掘地点绘制详图[7]。

1928年6月，国立博编印《国立历史博物馆陈列室物品目录》（图二），记载该馆第二陈列室展出铜镜共计24面，年代涵盖汉、唐、宋、金及明代，以汉、唐铜镜数量为最多（图三）。其中，汉镜包括四云鉴、八乳鉴、尚方鉴、宜官鉴、明光鉴、日光鉴；唐镜有八角鉴、宝相花鉴、菱花团龙鉴、双凤瑞兽鉴、双鸾鉴、双凫鉴、八角宝相花鉴、重轮鉴、海兽葡萄鉴；北宋镜有纪年镜咸平方鉴，金代镜为大定通宝鉴，明代镜为福禄寿喜鉴，年代不明者有牛郎鉴、菱花鉴，误定为汉镜者有菱花鉴、海兽葡萄鉴（表一）[8]。此外，第八陈列室还展出了一些发掘品，其中有河南信阳擂鼓台汉墓出土四乳鉴一面、残鉴两面，河北钜鹿宋代故城遗址出土八角鉴两面，长命富贵鉴、素鉴各一面。

1929年，国立历史博物馆改名为“国立中央研究院历史博物馆筹备处”。改组之后，陈展器物略作调整，继续展出（图四）。第二室发掘器物移自原第八室，室内展出河北钜鹿北宋故城出土铜镜，河南信阳汉墓出土四乳镜、湖北枝江古墓出土铜镜（图五）。第四室金玉移自原第二室，展出自先秦至汉唐青铜器及铜铁佛像等，有汉唐各式古镜及汉镜拓本（图六）[9]。

（二）新中国成立后铜镜的收藏与展览

1949年，新中国成立之后，国博铜镜收藏与展览均有较大程度的变化。铜镜收藏来源主要有调拨、捐赠等形式。入藏馆内的部分铜镜，出现于国博举办的一些展览之中。

1.国博铜镜收藏的两种主要形式

调拨在国博铜镜收藏中占了较大比例。在国博馆藏文物收藏史上，有两个重要阶段，即1959年建设中国历史博物馆前后，1989年历博“中国历史陈列”修改前后，举全国之力，调拨入藏历博具有重要历史、艺术及科学价值的古代文物，特别是新中国成立之后的科学考古发掘品。

1958年8月至1965年，是中国历史博物馆新

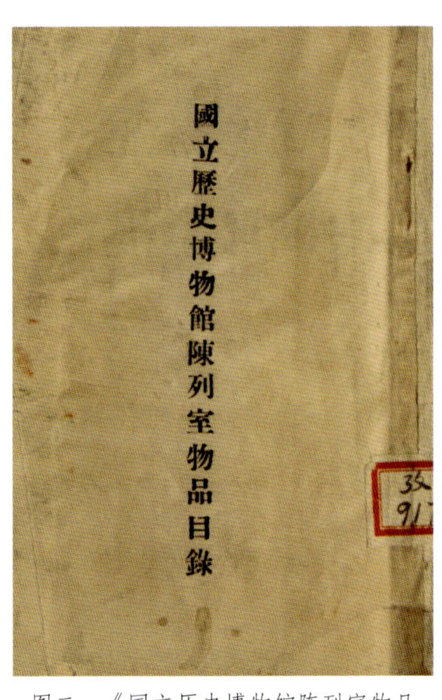
國立歷史博物館陳列室物品目錄

图二 《国立历史博物馆陈列室物品目录》封面（李守义供图）

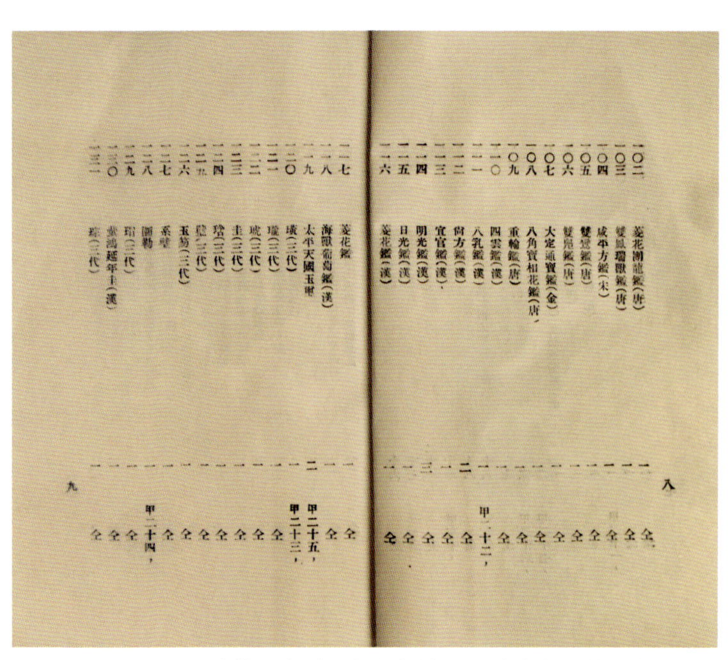
八

一〇二 菱花蟠龍鑑(唐) 一 全
一〇三 雙鳳瑞獸鑑(唐) 一 全
一〇四 咸平方鑑(宋) 一 全
一〇五 雙鸞鑑(唐) 一 全
一〇六 雙鳧鑑(唐) 一 全
一〇七 大定通寶鑑(金) 一 全
一〇八 八角寶相花鑑(唐) 一 全
一〇九 重輪鑑(唐) 一 全
一一〇 四雲鑑(漢) 一 全
一一一 八乳鑑(漢) 一 甲二十二，
一一二 尙方鑑(漢) 二 全
一一三 宜官鑑(漢)、 一 全
一一四 明光鑑(漢) 三 全
一一五 日光鑑(漢) 一 全
一一六 菱花鑑(漢) 一 全

九

一一七 菱花鑑 一 全
一一八 海獸葡萄鑑(漢) 一 全
一一九 太平天國玉璽 二 甲二十五，
一二〇 璜(三代) 一 甲二十三，
一二一 瓏(三代) 一 全
一二二 琥(三代) 一 全
一二三 圭(三代) 一 全
一二四 璋(三代) 一 全
一二五 璧(三代) 一 全
一二六 玉笏(三代) 一 全
一二七 系璧 一 全
一二八 [illegible]勒 一 甲二十四，
一二九 琯(三代) 一 全
一三〇 [illegible]鴻延年[illegible](漢) 一 全
一三一 琮(三代) 一 全

图三 国立博第二陈列室部分铜镜目录（李守义供图）

表一 国立历史博物馆第二陈列室铜镜目录一览

号数	品名	件数	备考
九八	福禄寿喜鉴（明）	一	
九九	牛郎鉴	一	甲二十一
一〇〇	八角鉴（唐）	一	仝
一〇一	宝相花鉴（唐）	一	仝
一〇二	菱花团龙鉴（唐）	一	仝
一〇三	双凤瑞兽鉴（唐）	一	仝
一〇四	咸平方鉴（宋）	一	仝
一〇五	双鸾鉴（唐）	一	仝
一〇六	双凫鉴（唐）	一	仝
一〇七	大定通宝鉴（金）	一	仝
一〇八	八角宝相花鉴（唐）	一	仝
一〇九	重轮鉴（唐）	一	仝
一一〇	四云鉴（汉）	一	仝
一一一	八乳鉴（汉）	一	甲二十二
一一二	尚方鉴（汉）	二	仝
一一三	宜官鉴（汉）	一	仝
一一四	明光鉴（汉）	三	仝
一一五	日光鉴（汉）	一	仝
一一六	菱花鉴（汉）	一	仝
一一七	菱花鉴	一	仝
一一八	海兽葡萄鉴（汉）	一	仝

馆筹建、落成、逐步发展阶段。全国有77个单位支援了文物，先后收到古代文物30547件[10]。其中，调拨一些铜镜考古发掘品，如发掘河南三门峡上村岭西周晚期至春秋早期虢国墓地出土一面鸟兽镜（图七）、两面素面镜，湖南长沙伍家岭西汉后期墓出土鎏金中国大宁四神博局镜，陕西西安隋代李静训墓出土光正随人十二生肖镜，河南洛阳涧西谷水唐墓出土螺钿高士宴乐镜（图

图四　1930年国立博改陈开放观众来馆参观的情形（李守义供图）

图五　国立博第二室展出的发掘器物（李守义供图）

图六　国立博第四室展出的铜镜拓本（李守义供图）

八），三门峡市区唐墓出土螺钿云龙镜。

1988年，开始着手进行历博“中国通史陈列”修改工作，决定补充、更新一部分文物。1988至1990年，经过三年紧张工作，历博向全国29个省、自治区、直辖市109个兄弟单位，共计调用文物1010件，调借文物168件，其中国家一级文物125件[11]。在这次全国范围大规模的调拨中，有一些珍贵铜镜入藏本馆，如1975—1976年湖北云梦睡虎地9号秦代墓出土武士斗兽镜（图九），1976年湖北江陵张家山201号战国墓出土透雕蟠螭纹镜。

上述两次大规模全国范围内的文物调拨，奠定了历博铜镜收藏的坚实基础，尤其是一批考古发掘品进一步充实到展览当中，使得历博铜镜收藏与展览质量居于全国领先地位。在“古代中国”基本陈列中展出铜镜共计29面，自齐家文化至宋金铜镜均有，时代分布较为均衡。其中，有将近一半铜镜是来自上述两次全国范围内的文物调拨，由此可见两次大规模文物调拨的重要性。

另一种铜镜入藏馆内的形式为捐赠。据相关资料所载，20世纪80年代之前，历博馆藏文物除了少数旧藏之外，大部分是新中国成立之后的考古发掘品，其中许多是1959年建设中国历史博物馆新馆时全国各省市博物馆、文物保管机构支援的，还有相当数量的藏品是国内外收藏家和外国捐赠的[12]。百余年间，国博接收海内外社会各界约五千多人大量的无私捐赠[13]。例如，1959年，李华明捐赠战国五山镜（图一〇），陈大年捐赠战国菱花四叶镜、西汉铜华云雷镜、唐代折枝花镜，李彦河捐赠唐代云龙镜（图一一）。1981年，历史学者章立凡遵其先人章乃器遗愿，捐赠大量章乃器旧藏铜、瓷、玉器等文物，共计1124件[14]。2017年12月至2018年1月，正值章乃器诞辰120周年，国博举办“爱国情怀：章乃器捐献文物展”（图一二）。此次展示的120余件文物是从章乃器及其家属捐给国博文物中精选出的，分为吉金重宝、照鉴古今、玉器之美、陶风瓷韵四大部分，包括青铜器、铜镜、玉器、陶瓷等，上至新石器时代，下到清朝。其中，展出战国、两汉（图一三）、三国、南北朝、唐、明等朝代铜镜17面[15]。

2.国博铜镜专题展览

2020年11月24日，国博举办“镜里千秋：中国古代铜镜文化”展览开幕，展出馆藏铜镜及相关展品260余件（套），首次较为全面、系统地展示了国博铜镜收藏与研究的实力。整个展览分为鉴于止水、清质昭明、湅治铜华、清光宜远、玉台影见、刻镂文章、莹质良工七个单元（图

图七　河南三门峡上村岭西周晚期至春秋早期虢国墓地出土鸟兽镜（《中国青铜器全集·铜镜》，第6页，图版六）

图八　河南洛阳涧西谷水唐墓出土螺钿高士宴乐镜（霍宏伟摄影）

图九　湖北云梦睡虎地9号秦代墓出土武士斗兽镜（国博供图）

一四）。在举办铜镜展览的同时，还编辑、出版了有关这一展览的铜镜图录[16]。

二、国博铜镜资料的整理与研究

（一）国博馆藏铜镜资料的整理

1958年，沈从文编著《唐宋铜镜》出版。该书铜镜资料主要来源于北京历史博物馆（国博前身之一）资料室。除大部分宋镜系馆藏品，其他多已散失国外。全书收录宋镜23面，由作者题记可知书中的宋镜大多为历博馆藏，这是历博藏镜资料首次较多数量的公开披露。其中有两面宋镜，是经沈从文之手购买、入藏馆内的[17]。

自1912年初创至1992年的80年间，历博积累了大量的铜镜实物资料。长年工作于保管部传世品库的杨桂荣将馆内铜镜资料进行了系统整理，1992—1997年发表铜镜拓本、黑白照片资料，共计542面（表二）[18]。同时，还对馆藏铜镜特点做了初步总结：一是数量大、品种全，铸制精良，造型多种多样，二是时代延续不辍，三是馆藏铜镜大部分未见于著录[19]。这是历博首次全面、系统地向学术界正式公布馆藏铜镜信息，

图一〇　李华明捐赠战国五山镜（国博供图）

图一一　李彦河捐赠唐代云龙镜（国博供图）

图一二　“爱国情怀：章乃器捐献文物展”展出章乃器生平图片（霍宏伟摄影）

图一三　“爱国情怀：章乃器捐献文物展”展出东汉瑞兽画像镜（霍宏伟摄影）

图一四　“镜里千秋：中国古代铜镜文化”展厅（霍宏伟摄影）

标志着历博铜镜资料整理工作进入到一个新阶段。这批铜镜资料的显著特点是以铜镜传世品为主，原因在于作者杨桂荣负责传世品库的管理工作，便于资料的整理与著录。略感惋惜的是，历博馆藏部分铜镜一级品、考古发掘品资料未能及时公布。

表二 《馆藏铜镜选辑》著录铜镜一览

序号	时代	数量（面）	历博馆刊期数	图号
一	齐家文化—春秋战国	52	第 17 期，1992 年	（一）一、二、三，1—52
二	秦汉	144	第 18—19 期，1992 年	（二）四，1—74
			1993 年第 1 期	（三）75—144
三	三国两晋南北朝	36	1993 年第 2 期	（四）五，1—36
四	隋唐	117	1993 年第 2 期	（四）六，1—60
			1994 年第 1 期	（五）61—117
五	五代两宋	94	1994 年第 2 期	（六）七，1—62
			1995 年第 1 期	（七）七，63—94
六	辽金	28	1995 年第 2 期	（八）1—28
七	元	17	1996 年第 1 期	（九）九，1—17
八	明清	54	1997 年第 1 期	（十），1—54
合计		542	10 期	

1997年，历博编著《华夏之路》四册，由朝华出版社出版，其中收录铜镜32面，多为代表性铜镜。1998年，《中国青铜器全集·铜镜》出版[20]，收录历博藏镜31面，均为彩色高清大图，约占全书铜镜比例15%。

（二）国博铜镜学术研究

如果说铜镜资料的系统整理主要是基于国博丰富的馆藏铜镜实物的话，那么国博学者关于铜镜的学术研究则大多建立在综合性、全面性探索的基础之上，选题、取材更加广泛，学术视野极为开阔，已不再仅仅局限于国博自身的铜镜藏品。无论是在论文发表，还是在著作出版方面，国博学者均取得了令人瞩目的成绩，在对我国古代铜镜系统、深入的研究方面做出了重要贡献。

国博学者有关铜镜探讨的学术论文，大致分为三类：一是有关铜镜的考古学研究，如孔祥星等发表的四篇论文[21]以及张素琳[22]、苏强[23]、霍宏伟[24]等人的论文；二是关于铜镜定名与历史文化方面的论文，如孙机[25]、石志廉[26]、周铮[27]、孙克让[28]、关双喜[29]等人的论述；三是关于铜镜修复与工艺技术方面的论文，如王赴朝[30]、孔祥星[31]、胡健[32]等撰写的论文。上述论文从不同角度切入，对我国古代铜镜特别是国博藏镜所涉及的诸多问题，进行了较为深入的分析。另有国博同仁发表了有关铜镜的科普文章[33]。

在铜镜研究方面，国博有着深厚的学术传统及良好的专业传承，老、中、青三代学者薪火相传，承前启后，在铜镜专题研究方面均有学术论著呈现（表三）。

1958年出版的沈从文《唐宋铜镜》一书，是新中国成立后第一部以唐宋时期铜镜资料为主的图录。作者编写此书目的，是为了给予爱好民族工艺美术的人士提供一些参考资料。该书前言是一篇关于中国古代铜镜发展历史综述的上乘佳作。后来该书又得以重印，收入沈氏文集之中[34]。

1984年，孔祥星、刘一曼合著《中国古代铜镜》一书出版。该书紧紧围绕考古发掘出土资料，结合传世品，对中国古代铜镜作一概述，总结了几个主要历史时期铜镜的类型或特点，并将国内外研究中国铜镜的一些学术成果综合加以介绍[35]。此书是中国第一部充分运用考古类型学、年代学进行铜镜发展历史综合研究的著作，开创了我国铜镜著作新的研究方法论，建构了一个中国古代铜镜考古学的时空框架，在学术界影响深远。

1991年，孙机著《汉代物质文化资料图说》出版[36]。它不是一部关于铜镜的专著，而是整合了汉代物质文化各类资料，分门别类，图文并茂，进行综合研究，堪称“汉代百科全书式”著作。作者将铜镜分列为其中的四个专题，对两汉铜镜做了全景式的扫描，可以说是汉镜发展演变的简史。不仅有对汉镜各种类型本身的论述，而且还结合镜铭以及与镜相关的历史文献或汉代诗歌进行了阐释。

1992年，由孔祥星等主编《中国铜镜图典》出版[37]。有学者指出：“孔祥星等辑录的《中国铜镜图典》，共汇集了950面铜镜，这个数字虽较福开森编的《历代著录吉金目》中所记述的铜镜数量少，但较其他图录则丰富了许多，所以尽管它的许多图版因辗转翻印的缘故而模糊不清，但仍不失为一部较为完备的铜镜图案集。”[38]其上图下文的编排格式，得到了学术界的肯定，在相当长的一段时间内影响到铜镜图书的编纂体例，并成为铜镜初学者的案头必备之书。

2007年，孙克让等合著《唐代铜镜与唐诗》出版。此书将唐诗与铜镜这两种不同门类的艺术有机地结合在一起，深受各界广泛欢迎，并销往海外[39]。

2013年，霍宏伟、史家珍主编《洛镜铜华：洛阳铜镜发现与研究》出版[40]。这部书体例的独创性在于，它是“学术综述 + 图录 + 资料长编”的新架构，确立了一种全新的铜镜著作编纂体例。有学者撰写书评，认为此书“是迄今所见我国最高水平的一部区域性铜镜著录和研究著作，成为我国古代铜镜研究的最新成果，其做法值得各地铜镜图录的编写者和铜镜的研究者学习和借鉴”[41]。该书入选“2013年度全国文化遗产十佳图书”。

2017年，霍宏伟著《鉴若长河：中国古代铜镜的微观世界》出版[42]。书中运用大量考古发掘资料，结合丰富的历史文献、诗词歌赋，融入许多有趣的历史故事，辅以精美的文物图片，其研究方法论是在考古学视野下进行的镜鉴学探索。有学者评价该书：求新求变是本书的主旋律，精细化研究是本书的最大特色，科学整合资料是本书学术性的重要体现[43]。此书入选“2017

表三 国博学者出版铜镜著作目录一览

作者姓名	书名	出版社名称	出版时间（年）
沈从文	《唐宋铜镜》	中国古典艺术出版社	1958
沈从文	《沈从文全集》29 卷	北岳文艺出版社	2002
沈从文	《铜镜史话》	万卷出版公司	2005
孔祥星、刘一曼	《中国古代铜镜》	文物出版社	1984
孔祥星、刘一曼	《中国铜镜图典》	文物出版社	1992
孔祥星、刘一曼、鹏宇	《中国铜镜图典》修订本	上海古籍出版社	2020
孔祥星、刘一曼	《铜镜鉴赏与收藏》	吉林科学技术出版社	1994
李雪梅、晓冰	《铜镜》	贵州人民出版社	1998
王纲怀、孙克让	《唐代铜镜与唐诗》	上海古籍出版社	2007
霍宏伟、史家珍	《洛镜铜华：洛阳铜镜发现与研究》	科学出版社	2013
霍宏伟	《鉴若长河：中国古代铜镜的微观世界》	生活·读书·新知三联书店	2017

年度全国文化遗产优秀图书”。

以上列举国博学者多种与铜镜相关的研究著作，不仅在中国内地印行简体字版，而且有的著作还在中国台湾、香港再版，发行繁体字版。有的被翻译为日文、韩文等不同版本，分别在日本、韩国出版、发行（表四），由此反映出国博学者的铜镜研究成果不但在国内具有较强的学术影响力，而且亦引起海外学界的关注。

三、国博馆藏铜镜特点

为了更加全面、深入地了解国博藏镜特点，笔者选择了故宫博物院、上海博物馆等五家有代表性的综合类博物馆作为比较对象。通过对比，来把握国博自身特点。

（一）全国部分综合类博物馆铜镜收藏概况

综合考察我国部分博物馆收藏中国古代铜镜状况，诸如故宫博物院、上海博物馆、天津博物馆、陕西历史博物馆、辽宁省博物馆，可以看出各馆有着自身不同特点。

关于故宫博物院铜镜特点，郭玉海做了较为全面的总结。他因工作需要，有幸系统考察了故宫博物院的全部藏镜，绝大多数是传世品，来源包括清宫旧藏、故宫博物院成立后收购及公私捐献者，共计四千余面。其中，旧藏系清代历朝皇室大力搜集当时所能见到的汉唐佳品，无论在数量上还是质量上，均为同时期其他收藏者所无法匹敌的[44]。

上海博物馆藏铜镜数量巨大，有数千面，其来源有捐赠、拣选及收购等，一般为传世品。收藏家捐赠的铜镜大部分为铸造精美、纹饰华丽的上乘佳作，而上博员工从废铜中拣选出来的就有三百余面，多为宋至清代的铜镜珍品[45]。

天津博物馆收藏铜镜一千多面，大多为传世品。2017年，举办“镜影：天津博物馆藏古代铜镜展”。此次展览从天津博物馆馆藏铜镜中遴选近170面珍品进行展出，并首次推出天津地区考古发掘的部分铜镜与观众见面，时间涵盖战国至清代[46]。

陕西历史博物馆藏镜亦有一千余面。“时间跨度自商代一直延续到清末，历代谱系较为完备。尤其是其中的汉唐铜镜最有特点，无论从类别、数量上，还是品质上来说，都在全国文博单位中独树一帜。”该馆铜镜多出自西安周边的古代墓葬中，20世纪50年代出土的这批铜镜绝大部分入藏馆内[47]。

辽宁省博物馆藏铜镜，根据来源不同，分为考古出土品和传世品两类。馆藏出土铜镜主要是1949年之后至1986年之前辽宁地区考古发掘发现的，数量虽然不多，但独具特色。馆藏传世铜镜的数量较多，其中汉镜、金镜是占总数较多的品类。这些铜镜的来源，除原东北博物馆旧藏外，主要是1967年始于铁岭市有色金属熔炼厂从

表四 港台再版与国外翻译国博学者铜镜著作目录一览

作者姓名	书名	出版社名称	出版时间（年）
孔祥星、刘一曼著，高仓洋彰、田崎博之、渡边芳郎译	《图说中国古代铜镜史》	日本有限会社海鸟社	1991
孔祥星、刘一曼	《中国古铜镜》	台湾艺术图书公司	1994
孔祥星、刘一曼著，安京淑译	《中国古代铜镜》	韩国考古学专文出版社	2003
霍宏伟、史家珍主编，冈村秀典监译，田中一辉、马渊一辉译	《洛阳铜镜》	科学出版社 东京株式会社	2016
霍宏伟	《鉴若长河：中国古代铜镜的微观世界》	中华书局（香港）有限公司	2020

"破四旧"物品中抢救性拣选的一些器物。其余有从北京、洛阳等地文物商业部门征购的，有个人或单位捐赠的，也有上级主管部门拨交的，形成了辽宁省博物馆现有铜镜的庋藏规模[48]。

故宫、上博藏镜一般为传世品，虽然天津博物馆、陕西历史博物馆、辽宁省博物馆存有一些考古发掘品，但仍为当地清理出土，缺乏全国其他地区发掘出土的铜镜。在这方面，国博藏镜具有上述五馆所无法比拟的学术优势，能够汇集全国考古出土铜镜之精华，成就国博一家铜镜系列之完整。

（二）国博铜镜三大特点

通过以上对五家综合类博物馆藏铜镜资料的初步梳理，并进行横向比较，可知国博馆藏铜镜的最大特色在于：经过1959、1989年前后，两次全国范围内的大规模文物调拨，汇聚了来自各地的铜镜考古发掘品、出土品佳作，充分展示了中国古代铜镜的精华，体现出我国古代制镜技术的最高水平。可以概括为以下三个特点：

一是时代蝉联,自成体系。与全国其他综合类博物馆相比，国博馆藏铜镜在质量上名列前茅。自最早的齐家文化时期铜镜，历经先秦、两汉、魏晋南北朝、隋唐五代，直至宋元明清，国博藏镜能够充分反映出四千多年中国铜镜史的发展历程。其中，大多数为传世品，少量为考古发掘品。

二是发掘品精，工艺上乘。来源于全国各地的考古发掘品、出土品占有一定比例，其中一些为珍稀镜类，甚至孤品，成为中国铜镜史上的断代标尺或者某一时期具有代表性的铜镜。

国博藏镜以制作工艺来划分，分为一般工艺镜与特种工艺镜。其中，部分考古发掘出土特种工艺镜，反映出的透雕、彩绘、鎏金、金银平脱、螺钿、宝钿等诸多复杂的工艺技术，代表了某一时段铜镜制作的最高水平。例如，湖南长沙枫树山战国墓出土透雕蟠螭方镜，湖北江陵出土战国透雕蟠螭镜，河南信阳长台关战国楚墓出土朱漆彩绘云纹镜，湖南长沙伍家岭211号西汉墓出土鎏金中国大宁四神博局镜，陕西西安北郊白家口出土西汉彩绘人物镜，河南洛阳涧西晚唐陈曦夫妇合葬墓出土螺钿高士宴乐镜，河南三门峡市区唐墓出土螺钿云龙镜，陕西西安韦曲出土银平脱宝相花镜，陕西西安韩森寨出土金筐宝钿花叶镜，可以说国博馆藏铜镜佳作不断，美轮美奂。

三是题材广泛，形制多样。在铜镜所运用的题材上，国博藏镜大体可分为人物、动物、植物、器物、铭文及多种元素兼顾。1975—1976年，湖北云梦睡虎地秦代墓出土武士斗兽镜，是目前中国科学考古发现最早的人物镜。动物中的四神形象，是汉镜中最为常见的题材。隋唐之际，四神十二生肖形象也用于镜背之上。植物纹饰，自战国出现，从叶子到花朵形象，有一个逐渐变化的过程。及至唐代达到顶峰，呈现出"花舞大唐春"的局面。在唐宋时期的铜镜上，各类器物纹饰，如建筑、古琴、胡瓶等形象，也在镜背上有所反映，后世镜上亦有呈现。自西汉早期，铭文镜开始出现，历经汉魏南北朝、隋唐五代、宋元明清，篆、隶、楷等字体均见于铭文镜之上。

国博所藏先秦铜镜以圆形为主，方形为辅，两汉魏晋南北朝至隋代铜镜均为圆形。自唐镜开始，形制逐渐丰富起来，除了圆形之外，方形、亚字形、菱花形、葵花形，异彩纷呈。及至宋代，新出现形制特殊的有柄镜使用渐多，另有鼎形、钟形、盾形。元明清时期，大多为圆形，少见方形镜、有柄镜。

四、结语

通过以上三个方面的阐述，笔者对一百多年来国博铜镜的收藏、展览、整理及研究等诸多方面进行了较为全面、系统的梳理与探讨，对其特点做了归纳，为今后国博铜镜的研究提供一个可以参照的坐标。

第一，在国博铜镜收藏与展览方面，虽然铜镜收藏数量比例以传世品为主，考古发掘品为辅，但是后者的质量在全国居领先水平，在中国铜镜发展史上占据突出位置，国博已成为我国古代铜镜重要的鉴藏中心。同时，馆藏铜镜配合国博“古代中国”基本陈列，放置于展柜之中，成为赏心悦目、观赏效果极佳的展品门类之一。今后国博铜镜的收藏途径，应该是在保证铜镜来源合法性的前提下，进一步加大对铜镜珍品的征集力度。种类丰富的铜镜资源，为国博举办铜镜展览打下了坚实的藏品基础，可以从文化史、社会生活史的角度进行策划、设计，举办一系列有关国博藏镜的专题展览。2020年国博举办的“镜里千秋：中国古代铜镜文化”展览，就是一个典型范例。

第二，在铜镜藏品的整理方面，1992至1997年《馆藏铜镜选辑》十篇整理报告的发表，开启了国博铜镜资料系统整理的序幕，从而使学术界对国博藏镜的面貌有一个整体认识。在未来的工作中，对尚未发表的有关铜镜考古发掘品所在的墓葬材料，联合其他相关单位进行系统梳理，撰写考古报告或简报，将资料公诸于世。继续加强国博铜镜数据库建设，对国博藏镜实物进行3D扫描，并适时在网上公布部分国博铜镜多角度的图像资料，将这一最新的科技成果分享给社会大众。

第三，在铜镜研究方面，沈从文、孙机、孔祥星等国博学者出版的一系列相关研究成果，引领了铜镜研究的发展方向，具有标杆示范作用，对学术界产生了较大影响，反映出国博不仅是我国古代铜镜的收藏中心之一，而且在铜镜研究方面居于全国领先地位。在今后的研究中，应该有计划地组织专业团队，充分发掘国博馆藏铜镜资源，多学科交叉，按时段、分类别进行精细化专题研究。不仅为学术界提供质量上乘的第一手铜镜资料，而且要将最新的研究成果呈现在学者面前。

在对国博藏镜进行系列个案分析的基础上，做进一步升华，及时总结出关于国博藏镜考古发掘品及传世品的研究方法论，为其他铜镜研究者提供借鉴。从器物描述、类型分析等形而下的具体分析，逐步上升到思想史、文化史等形而上的高度来剖析铜镜，以小见大，将铜镜作为史料来解决历史问题，从而实现从史料向史学的转变。《周易·系辞下》：“夫《易》，彰往而察来，而微显阐幽。”[49]国博研镜，见微知著；鉴古知今，彰往察来。

---

[1] 据2020年10月21日国博藏品保管部提供的馆藏铜镜数据，另有数以千计尚待进一步整理的铜镜。

[2]《钜鹿宋代故城发掘记略》，《国立历史博物馆丛刊》第一年第一册，1926年。《国立中央研究院历史博物馆历史语言研究所十八年度报告》第五章《国立中央研究院历史博物馆筹备处十八年度报告》，欧阳哲生：《傅斯年全集》第六卷，湖南教育出版社，2003年，第93页。

[3]《信阳汉冢发掘记》，《国立历史博物馆丛刊》第一年第二册，1926年。

[4]《国立中央研究院历史博物馆筹备处十八年度报告》，欧阳哲生：《傅斯年全集》第六卷，第92—93页。

[5]《国立中央研究院历史博物馆历史语言研究所十九年度报告》第七章《国立中央研究院历史博物馆筹备处十九年度报告》，欧阳哲生：《傅斯年全集》第六卷，第235、265页。

[6]《中国历史博物馆八十年纪事》，《中国历史博物馆馆刊》总第18—19期，1992年。

[7]《本馆开馆纪事》，《国立历史博物馆丛刊》第一年第二册，1926年。

[8] 国立历史博物馆：《国立历史博物馆陈列室物品目录》，1928年，第7—9页。

[9]《国立中央研究院历史博物馆筹备处十八年度报告》，欧阳哲生：《傅斯年全集》第六卷，第83—84、94页。

[10] 历博图书馆：《中国历史博物馆史略》，《中国历史博物馆馆刊》总第13—14期，1989年。

[11] 北京博物馆学会：《北京博物馆年鉴（1988—1991）》，北京燕山出版社，1992年，第120—121页。1988至1989年，已办理全国28个省、自治区、直辖市96个文博单位的文物调拨或借用手续，调至馆内文物632件，其中一级文物90件。参见《中国历史博物馆八十年纪事》，《中国历史博物馆馆刊》总第18—19期，1992年。

[12] 北京博物馆学会：《北京博物馆年鉴（1912—1987）》，北京燕山出版社，1989年，第160页。

[13] 吕章申：《中国国家博物馆百年收藏集粹》，安徽美术出版社，2014年，第9页。

[14] 《中国历史博物馆八十年纪事》，《中国历史博物馆馆刊》总第18—19期，1992年。中国历史博物馆：《中国历史博物馆藏捐赠文物集萃》，长城出版社，1999年，第31、159页。

[15] 吕章申：《爱国情怀：章乃器捐献文物》，北京时代华文书局，2018年，第44—63页。

[16] 王春法：《镜里千秋：中国古代铜镜文化》，北京时代华文书局，2021年。

[17] 沈从文：《唐宋铜镜》，中国古典艺术出版社，1958年。后收入《沈从文全集》第二十九卷，北岳文艺出版社，2002年，第9、74、83页。图76四凫荷叶镜，沈注云："此图布置极精美，原物经手收入，只四元，为宋镜仅见好图案。"图86缠枝草花镜，沈注云："本图为宋官工镜子最有代表性的精品，经手花四元买来，馆中藏。宜陈列，或拓或绘出，附原物旁。"

[18] 杨桂荣：《馆藏铜镜选辑（一）》，《中国历史博物馆馆刊》总第17期，1992年。后选辑至《馆藏铜镜选辑（十）》，《中国历史博物馆馆刊》1997年第1期。杨桂荣（1937—2017），女，国博副研究馆员。

[19] 杨桂荣：《馆藏铜镜选辑（一）》，《中国历史博物馆馆刊》总第17期，1992年。

[20] 中国青铜器全集编辑委员会：《中国青铜器全集》第十六卷《铜镜》，文物出版社，1998年。

[21] 孔祥星：《隋唐铜镜的类型与分期》，《中国考古学会第一次年会论文集（1979）》，文物出版社，1980年，第380—399页。刘一曼、孔祥星：《中国早期铜镜的区系及源流》，宿白：《苏秉琦与当代中国考古学》，科学出版社，2001年，第569—584页。孔祥星、刘一曼：《秦汉蟠螭纹镜研究》，中国社会科学院考古研究所：《新世纪的中国考古学：王仲殊先生八十华诞纪念论文集》，科学出版社，2005年，第534—558页。孔祥星、刘一曼：《汉代博局镜中乳钉配置的研究》，中国社会科学院考古研究所：《新世纪的中国考古学（续）：王仲殊先生九十华诞纪念论文集》，科学出版社，2015年，第355—366页。

[22] 张素琳：《山西垣曲古城宋代铜镜》，《中国历史博物馆馆刊》1994年第2期。

[23] 苏强：《明代铜镜概述》，《中国国家博物馆馆刊》2012年第4期。苏强：《国博馆藏西汉新莽铜镜的类型与分期》，《中国国家博物馆馆刊》2013年第5期。

[24] 霍宏伟：《洛阳西朱村曹魏墓石牌铭文中的镜鉴考》，《博物院》2019年第5期。

[25] 孙机：《中秋节·千秋镜·月宫镜》，《中国文物报》1992年9月13日。后收入《仰观集：古文物的欣赏与鉴别》，文物出版社，2012年，第377—382页。孙机：《镜台》，《中国文物报》2012年4月11日。

[26] 石志廉：《齐家文化铜镜》，《中国文物报》1987年7月10日。

[27] 周铮：《"规矩镜"应改称"博局镜"》，《考古》1987年第12期。

[28] 孙克让：《一件记录明代地震的铜镜》，《文物天地》1987年第6期。孙克让：《千秋节和千秋镜》，《中国历史博物馆馆刊》1998年第2期。孙克让：《人鉴·水鉴·镜鉴》，《寻根》2001年第6期。孙克让：《唐代诗镜文化》，《寻根》2007年第6期。孙克让：《西汉镜铭与古诗歌》，《中国文物报》2011年5月25日。

[29] 关双喜：《谈西域文化对唐镜纹饰的影响》，《文博》1991年第1期。关双喜：《唐代铜镜的装饰艺术》，《文博》1991年第4期。

[30] 王赴朝：《从馆藏铜镜的修复谈中国古代工艺对文物修复的应用》，《中国历史博物馆馆刊》1998年第1期。

[31] 何堂坤、孔祥星：《关于古镜的常见缺陷缺损及其修补技术》，《中国历史博物馆馆刊》1998年第2期。

[32] 胡健：《唐代螺钿铜镜的样式和工艺新探》，《中原文物》2017年第3期。

[33] 张天莉：《唐代铜镜中葡萄纹饰的由来》，《中国文物报》2006年7月26日。李小燕：《生动崇实的宋代铜镜》，《中国文物报》2005年2月16日。

[34] 沈从文：《唐宋铜镜》，收入《沈从文全集》第二十九卷，北岳文艺出版社，2002年，第8页。

[35] 孔祥星、刘一曼：《中国古代铜镜》，文物出版社，1984年，第2页。

[36] 孙机：《汉代物质文化资料图说》，文物出版社，1991

年；该书增订本于2008年由上海古籍出版社出版。

[37] 孔祥星、刘一曼：《中国铜镜图典》，文物出版社，1992年；该书修订本于2020年由上海古籍出版社出版。

[38] 郭玉海：《故宫藏镜》，紫禁城出版社，1996年，第3页。

[39] 王纲怀、孙克让：《唐代铜镜与唐诗》，上海古籍出版社，2007年。孙克让：《暇韵生辉：孙克让文选》，内部资料，2012年，第8页。

[40] 霍宏伟、史家珍：《洛镜铜华：洛阳铜镜发现与研究》（全二册），由科学出版社于2013年出版，2018年再版。

[41] 云翔：《〈洛镜铜华〉读后》，《中国文物报》2014年5月23日。

[42] 霍宏伟：《鉴若长河：中国古代铜镜的微观世界》，生活·读书·新知三联书店，2017年。

[43] 孔祥星：《拓宽体裁　景象盈目——评〈鉴若长河：中国古代铜镜的微观世界〉》，《中国文物报》2018年1月23日。

[44] 郭玉海：《故宫藏镜》，紫禁城出版社，1996年，第3—4页。

[45] 马今洪：《上海博物馆藏铜镜综论》，上海博物馆：《练形神冶　莹质良工：上海博物馆藏铜镜精品》，上海书画出版社，2005年，第10页。

[46] 据天津博物馆“镜影：天津博物馆藏古代铜镜展”展览说明信息。

[47] 陕西历史博物馆：《千秋金鉴：陕西历史博物馆藏铜镜集成》，三秦出版社，2012年，第5页。

[48] 辽宁省博物馆：《净月澄华：辽宁省博物馆藏古代铜镜》，辽宁大学出版社，2014年，第1页。

[49] （宋）朱熹注：《周易本义》，上海古籍出版社，1987年，第67页。

中国国家博物馆藏铜镜传世品综述

苏强

中国国家博物馆（以下简称“国博”）收藏有历代铜镜约2000面。这批铜镜的年代上起距今四千多年前的齐家文化，下止于明清时期。其中传世品铜镜约1900面，占比95%，其余为考古发掘品。由此可见国博藏镜以传世品铜镜为大宗。

一、来源

国博所藏传世品铜镜的来源复杂多样，主要有以下几个渠道：

（一）旧藏

主要为民国时期，国立历史博物馆（国博前身之一）自1912年7月设立后至1948年底的旧存藏品。例如西汉昭明连弧纹铜镜（本书编号：46）、东汉尚方变形四叶兽首纹铜镜（本书编号：69）、北宋缠枝莲委角方形铜镜（本书编号：170）、明代云龙纹菱花形铜镜（本书编号：257）等，纹饰、铭文清晰，保存完好，为此一时期的珍贵藏品。

（二）拨交

20世纪50年代为筹办“中国通史陈列”及筹建中国历史博物馆（国博前身之一），由原文化部文物管理局、上海文管会、上海博物馆等单位先后调拨了大批传世品铜镜。例如新莽始建国二年瑞兽博局纹铜镜（本书编号：56），现为馆藏一级文物，是馆藏现存年代最早的传世品纪年铜镜。唐代羽人花鸟金银平脱葵花形铜镜（本书编号：151），现为馆藏一级文物。此镜为特种工艺镜，纹饰华丽优美，工艺精湛。此外，战国三龙十六连弧纹铜镜（本书编号：19）、新莽新有善铜四神博局纹铜镜（本书编号：59）、三国吴永安五年对置式神兽铜镜（本书编号：101）、隋至唐初灵山孕宝四瑞兽铭带铜镜（本书编号：108）、唐代六瑞兽葡萄铜镜（本书编号：121）、宋代吉州李道工夫葵花形铜镜（本书编号：177）、金代承安二年犀牛望月铜镜（本书编号：227）、明代嘉靖运城弘教寺纪念铜镜（本书编号：284）等均为传世铜镜精品。1987年国家文物局又将西汉见日之光草叶纹铜镜（本书编号：40）等一批香港缉私铜镜拨交中国历史博物馆，从而丰富了馆藏。

（三）捐赠

国博接受铜镜捐赠可追溯至民国时期。1923年7月23日鲁迅先生将所藏清代薛晋侯造福禄寿喜镜捐赠给国立历史博物馆[1]，为馆藏最早的捐赠铜镜（图一）。此镜直径41.8厘米、缘厚0.3厘米，镜背铸有篆书铭文“福禄寿喜”四字，镜钮铸有“薛晋侯造”四字。1950年曾参加苏联“中国艺术品展览”。1956年中国历史博物馆将此镜调拨北京鲁迅博物馆收藏[2]。

1949年新中国建立后至1959年，迎来了第一次铜镜捐赠高潮。1949年霍明志先生捐赠铜镜达80余面。此外，陈大年先生、徐梦华先生、史树青先生、李华明先生等纷纷把自己收藏的铜镜捐赠给博物馆。其中霍明志先生捐赠的金代海水双鱼纹铜镜（本书编号：218），直径达36.7厘米。

陈大年先生捐赠的战国折叠式菱纹铜镜（本书编号：17）、西汉铜华云雷纹铜镜（本书编号：49），徐梦华先生捐赠的东汉李师作四神禽兽纹铜镜（本书编号：65），史树青先生捐赠的金代缠枝牡丹纹葵花形铜镜（本书编号：209）等，纹饰清晰精美。李华明先生捐赠的战国五山纹铜镜（本书编号：15），纹饰少见。

20世纪80年代，又迎来了第二次铜镜捐赠

图一　鲁迅先生捐赠铜镜

高潮。著名爱国人士的后代及普通群众等均无私捐赠了大批铜镜。1981年章立凡先生，按照父亲章乃器先生的生前遗愿，将章乃器先生所藏铜镜30余面捐赠给当时的中国历史博物馆。其中如战国四叶纹铜镜（本书编号：12）、西汉四乳羽人四神瑞兽纹铜镜（本书编号：54）、新莽宜子孙七乳四神瑞兽纹铜镜（本书编号：62）、东汉方枚鸟兽纹铜镜（本书编号：93）、唐代双鹰猎狐纹圆角方形铜镜（本书编号：161）、明代万历篆书铭文铜镜（本书编号：286）等，纹饰精美。又如苏继新先生捐赠的齐家文化重轮星芒纹铜镜（本书编号：1），是我国目前所知年代最早的古代铜镜之一，弥足珍贵。李彦河先生捐赠的唐代云龙纹葵花形铜镜（本书编号：157），工艺精湛，纹饰优美。这些捐赠铜镜充实了库房和陈列展览。

（四）征集购买

国博征集购买铜镜的历史可上溯至国立历史博物馆时期。1922年国立历史博物馆即开始通过购买的方式征集汉唐铜镜。新中国建立后，20世纪50年代以来，从振寰阁、通古斋、韵古斋、乐古山房、虹光阁、上海文物仓库等文物商店及收藏家个人等处又征集购买了大批铜镜。例如1957年购藏的嘉兴元年对置式神兽铜镜（本书编号：100），现为馆藏一级文物，铭文反映了三国吴末帝孙皓改元的史实。1964年购藏的明大顺三年双龙纹铜镜（本书编号：258），现为馆藏一级文物，对于研究明末清初大西政权的短暂历史具有重要意义。此外，20世纪50年代购藏的战国六山纹铜镜（本书编号：16）、新莽几何博局纹铜镜（本书编号：61）、宋代木偶戏方形铜镜（本书编号：186）、金代煌丕昌天海船纹菱花形铜镜（本书编号：223）、元代镂雕舞台戏纹铜镜（本书编号：254），60年代购藏的东汉□嘉元年变形四叶对凤纹铜镜（本书编号：70）、宋代蹴鞠纹铜镜（本书编号：187），80年代购藏的唐代云龙纹葵花形铜镜（本书编号：156）、四瑞兽花枝菱花形铜镜（本书编号：117），及21世纪初购藏的唐代缠枝花卉金壳菱花形铜镜（本书编号：153）、金代景教十字莲花纹铜镜（本书编号：242）等均为铜镜珍品。

二、整理与研究

自20世纪50年代以来，已出版的多部图录中收录了部分馆藏传世铜镜精品，例如沈从文先生于1958年编著的《唐宋铜镜》，其中大部分宋镜系馆藏品[3]。1997年出版的《华夏之路》收录馆藏传世品铜镜16面[4]、2005年出版的《中国青铜器全集·铜镜》收录馆藏传世品铜镜15面[5]、2010年出版的《中华文明》收录馆藏传世品铜镜10面[6]、2011年出版的《中国国家博物馆》收录馆

藏传世品铜镜4面[7]。2018年出版的《爱国情怀：章乃器捐献文物》收录馆藏传世品铜镜17面[8]。2020年出版的《中国铜镜图典》（修订本）收录馆藏传世品铜镜23面[9]。

1992年至1997年，杨桂荣女士在对馆藏传世品铜镜进行系统整理和研究的基础上发表的《馆藏铜镜选辑》[10]，共收录齐家文化至明清时期铜镜542面，除9面为考古发掘品外，其余均为传世品。文中详细论述了馆藏各时期传世铜镜的特点，但略为遗憾的是文中配图均为铜镜拓片或黑白照片。此外，石志廉先生[11]、孙克让先生[12]、苏强先生[13]等发表论文，对部分馆藏传世品铜镜进行了论述。这些整理与研究都为今天的工作奠定了坚实的基础。

为了向学术界提供较为系统和完整的资料，本书共收录馆藏铜镜293面，其中253面为具有代表性的传世品铜镜精品，依年代先后顺序编次，其中大部分铜镜的高清彩色图版属首次公布，满足了研究需要。

三、各时期铜镜特点

馆藏传世品铜镜不仅数量众多，而且造型多样，纹饰精美，题材广泛，铭文内容丰富，具有鲜明的时代特征。

（一）齐家文化铜镜

馆藏传世品铜镜中，年代最早的为重轮星芒纹铜镜（本书编号：1）。此镜传甘肃临夏出土，圆形，桥形钮，其外饰两周凸弦纹，由向外放射出平行线段组成多角星纹。镜体呈灰黑色，有绿锈。与之纹饰相近的尚有1977年青海贵南尕马台M25出土七角星纹铜镜（M25:6）[14]。尕马台铜镜的年代，学界通常将其视为齐家文化晚期遗物，故此镜的时代亦应与其相近。亦有观点认为尕马台墓地有一定数量二次葬，流行俯身葬，骨、贝、绿松石及青铜类装饰品丰富，这些都异于典型的齐家文化，接近卡约文化早期。齐家文化的绝对年代相当于中原夏代，而卡约文化的早期已进入早商，故可将尕马台出土铜镜年代推定为相当于中原的夏至早商阶段[15]。此外，1975年甘肃广河齐家坪齐家文化墓地M41曾出土平缘素面镜（M41:1）[16]。有研究表明，此类齐家文化具钮镜很大可能是在西亚冶金技术的影响下自主生产的[17]。

（二）战国铜镜

馆藏这一时期传世品铜镜约70余面，主要有地纹镜、花叶镜、山字镜、菱纹镜、龙纹镜、凤鸟镜、蟠螭镜。

镜形：均为圆形，镜体轻薄，镜面平整。

镜钮：三弦或四弦钮，钮体较小。

钮座：圆形、方形、花瓣形，外多围以凹面圈带。

镜缘：多为素窄卷缘，还有内向连弧纹缘。

合金成分：战国至唐五代时期，基本是一种含铅的高锡青铜[18]。

表面形态：镜体呈黑漆古、银灰、灰黑等色，有点状或片状绿锈、红锈、蓝锈。

纹饰特点：多由地纹和主纹两层花纹组成，纹饰繁缛，细密整齐，是这一时期铜镜纹饰的显著特征之一。纹饰布局有对称式、环绕式。表现手法主要采用单线勾勒轮廓的“线条式”作法。

断代分期：

战国早期，流行地纹镜、叶纹镜、四山镜。

战国中期，流行五山镜。

战国晚期，流行六山镜、菱纹镜、蟠螭镜、龙纹镜、凤鸟镜。

铜镜类型：

蟠螭镜，纹饰以单线勾勒，曲折缠绕，有的蟠螭头部清晰，有的仅能看出躯体和四肢关节。其中蟠螭圆点镜（本书编号：26），以云雷纹为地纹，主题纹饰为三组蟠螭纹，其间饰三圆点。与之类似的有《尊古斋古镜集景》收录的一面四蟠螭镜，蟠螭间以四圆点分隔[19]。此类镜通常以四叶纹或菱纹分隔，如湖南长沙战国晚期楚墓M914出土镜（M914:1）[20]、M406出土镜（M406:1）[21]，而以圆点分隔较为少见。

山字镜，以细密的羽状纹为地纹，主题纹饰为绕钮座排列的山字纹。馆藏山字镜，按照山字纹数量不同，可分为四山镜、五山镜和六山镜。其中以四山镜最为常见，五山、六山镜较为少见。

馆藏五山镜仅有2面，均为传世品。其中一面为五山五叶镜（本书编号：15），以羽状纹为地纹，山字纹逆时针旋转，每个山字的底边都与相邻山字一边的延长线相交，组成了以钮座为中心的五角星形，钮座圈带外伸出五叶纹配置于五角内。

另一面为五山五叶五花镜（图二），以羽状纹为地纹，钮座圈带外亦伸出五叶，外围由相互叠压的弧线组成的五角星形，五角的顶端各有一朵四瓣花，其间配置逆时针旋转的山字纹，纹饰布局少见。

在目前所发现的五山镜中，出土信息明确者可举出以下几面：

图二　五山镜（中国国家博物馆藏）

湖南长沙M206号战国中期墓曾出土一面五山镜（M206:3）[22]，以羽状纹为地纹，主纹为逆时针旋转的五山，无其他纹饰。

安徽潜山彰法山战国墓曾出土一面五山镜[23]，形制、纹饰与湖南长沙战国墓M206出土五山镜基本相同。

河南南阳市万家园M177西汉早期墓曾出土一面五山镜[24]，以羽状纹为地纹，主纹为逆时针旋转的五山，山字间隔较大，无其他纹饰。

湖北江陵九店M15号战国晚期墓曾出土一面五山镜（M15:1）[25]，以羽状纹为地纹，五山顺时针旋转，底边右肋横出一尖角，形成五瓣形。

湖南长沙M1304号战国晚期墓曾出土一面五山十叶镜（M1304:1）[26]，以羽状纹为地纹，逆时针旋转的五山纹组成五角星形，钮座圈带外伸出五叶纹，山字左肋处又各饰一叶纹。

湖南常德德山晚期楚墓曾出土一面五山十五花苞镜[27]，以羽状纹为地纹，钮座圈带外伸出五株连贯式二花苞，五山顺时针旋转，底边右肋横出一尖角，形成五瓣形。山字竖道左侧各有一花苞。

此外，上海博物馆收藏有一面五山五叶镜[28]，形制、纹饰与国博镜基本相同，惟叶脉纹更加清晰。

上述五山镜，按照纹饰不同大致可分为三类：第一类为湖南长沙M206、安徽潜山彰法山、河南南阳M177、湖北江陵九店M15出土镜，主纹仅有山字纹；第二类为国博镜、上海博物馆镜及湖南长沙M1304出土镜，饰有叶纹；第三类为湖南常德出土镜，饰有花苞纹。

馆藏六山镜仅有1面（本书编号：16），亦为传世品。逆时针旋转的六山字纹组成六角星形，钮座圈带外伸出六叶纹，与近镜缘处的六叶纹以凹面窄带相连，组成六瓣纹。

在目前已发现的六山镜中，出土信息明确的可举出以下几面：

广东广州西汉南越王墓曾出土一面六山十二叶镜[29]，属于南越王生前收藏的战国时期铜镜[30]，其形制、纹饰与国博镜基本相同。

河北张家口宣化M15号战国晚期墓曾出土一面六山镜（M15:22）[31]，以羽状纹为地纹，逆时针旋转的六山字纹形成六角星形。

湖南郴州山川塘1号战国晚期墓曾出土一面六山镜[32]，地纹分为两层，下层为云雷纹，上层为粗疏的C形、S形线条构成的不规则图案。逆时针旋转的六山字纹形成六角星形。

河南洛阳西工区C1M3943号战国晚期墓曾出土一面镶嵌琉璃珠六山镜[33]，无地纹，顺时针旋转的六山字纹形成六角星形，钮座圈带外及山字上方左右两侧共镶嵌18颗琉璃珠。

安徽六安白鹭洲M566号战国中期（或中晚期）墓曾出土一面六山镜（M566:4）[34]，以羽状纹为地纹，主题纹饰与洛阳西工区出土六山镜相近，纹饰间有18个小圆圈，或为镶嵌物缺失而成。

上述六山镜，按照纹饰不同大致可分为三类：第一类为河北张家口M15、湖南郴州出土镜，主纹仅有六山纹；第二类为广州南越王墓镜、国博镜，主纹为山字纹配以叶纹；第三类为洛阳西工区C1 M3943、六安白鹭洲M566出土镜，山字纹间有镶嵌物。

通过上述分析，馆藏五山、六山镜的纹饰发展有一定的规律，其趋向是：先有羽状纹地山字镜，之后开始变化，在钮座圈带外、山字之间加上叶纹，或将叶纹改为花苞纹，或镶嵌琉璃珠。这些变化大概始于战国中期，延续到战国晚期。

关于山字纹的名称及含义，学界有山字说、器物纹饰演变说、宇宙模式说等不同观点，孔祥星先生著文做了详尽论述（参见本书收录的《铜镜名称及纹饰寓意研究集成》）。

（三）西汉铜镜

馆藏这一时期传世品铜镜约300余面，主要有蟠螭镜、蟠虺镜、四花瓣镜、草叶纹镜、星云镜、四乳铭文镜、连弧圈带铭文镜、四乳禽兽镜、博局纹镜、多乳禽兽镜、连弧镜、变形四叶镜、神兽镜、画像镜、夔凤镜、龙虎镜、禽兽镜、禽鸟镜。

镜形：均为圆形，镜体较为厚重。

镜钮：西汉时期由弦纹钮、伏兽钮、半环钮变为以圆形钮为主，西汉中期新出现了连峰钮。东汉时期镜钮变得大而高。

钮座：伏兽形、圆形、方形、联珠形、四叶形。

镜缘：窄卷缘、宽平缘、连弧纹缘、斜缘。

表面形态：镜体呈灰黑、灰褐、绿漆古、银灰等色，其中除绿漆古外，多生有点状或片状绿锈、红锈、褐色锈。

纹饰特点：西汉时期铜镜题材更加丰富，新出现了草叶、星云、蟠虺、博局、四神（青龙、白虎、朱雀、玄武）等纹饰，由乳钉或博局纹进行分区布置。新莽时期纹饰延续了西汉晚期铜镜纹饰的特点，流行博局纹，并与四神、瑞兽等纹饰相配。东汉时期神兽镜、画像镜流行，新出现了变形四叶、神人、车马人物、龙虎等纹饰。两汉时期铜镜主纹突出，地纹逐渐消失，由中心对称变为轴对称布局。表现手法有线条式、浮雕式。

断代分期：

西汉早期，流行蟠螭镜。

西汉中期，流行蟠虺镜、草叶纹镜、星云镜。

西汉晚期及新莽时期至东汉早期，流行连弧圈带铭文镜、四乳禽兽镜、博局纹镜、多乳禽兽镜。

东汉中晚期，流行连弧镜、变形四叶镜、神兽镜、画像镜、夔凤镜、龙虎镜、禽兽镜、禽鸟镜。

铜镜类型：

草叶纹镜是具有西汉时期铜镜风格的重要镜类之一。无地纹，以四乳钉为基点四分法布局。草叶常与铭文带、花苞、叶纹组合，形式多样。除单层草叶纹外，还有双叠式草叶纹（本书编号：41）、三叠式草叶纹[35]（图三）。馆藏心思君王草叶镜（本书编号：39），草叶为单层，铭文带四隅各伸出一桃形叶纹，与常见的单层草叶镜在铭文带四隅各伸出二叶一花苞不同（本书编号：40），较为少见。关于草叶纹的寓意，学界有神山象征、麦穗象征、社稷观念、长生观念等不同观点，仍有待进一步探讨[36]。

博局纹镜是深受学者关注的汉代镜类之

图三　草叶纹镜（河南洛阳西汉中期墓出土）

一。博局纹又称规矩纹，由T、L、V符号组成，常与四神、瑞兽、禽鸟、神人等纹饰组合使用。关于博局纹的名称及含义，学界有日晷说、式占盘说、其它纹样演变说、规矩说、八极纹说、宇宙模式说、博局说等多种不同观点[37]。

始建国二年瑞兽博局纹镜（本书编号：56），为新莽始建国二年即公元10年铸造。在目前已发现的纪年镜中，年代最早的是1996年洛阳五女冢新莽墓96HM267出土的永始二年四神博局镜[38]（图四），永始二年是西汉末年成帝刘骜的年号，为公元前15年。其次为1924年朝鲜汉乐浪郡遗址出土的居摄元年连弧镜[39]（图五），居摄元年是西汉末年孺子婴在位（王莽摄政）的第一年，为公元6年。第三即此国博藏镜，是目前年代最早的传世品纪年镜，其时代明确，流传有绪，为断代提供了可靠依据。

画像镜采用高浮雕技法，纹饰凸起，与线条

图四　永始二年四神博局镜（洛阳博物馆藏）

图五　居摄元年连弧镜（东京五岛美术馆藏）

勾勒纹饰相比较，视觉效果生动，具有强烈的立体感。馆藏传世品画像镜依据纹饰不同，可分为神人车马画像镜、神人龙虎画像镜、神人禽兽画像镜、神人杂技画像镜、瑞兽画像镜等。

羽人龙虎瑞兽纹画像镜（本书编号：81），由四乳钉分成的四区内分饰龙、虎、鹿、独角瑞兽。值得注意的是，在鹿纹后有二羽人在垂钓，鹿身前有一鱼纹。龙纹身前和身下亦各有一鱼纹。类似的纹饰还见于故宫博物院收藏的一面渔猎博局纹镜[40]，其中一组纹饰表现的是羽人捕鱼的情景，但羽人垂钓和鱼纹如此集中出现于一面铜镜上较为少见。

长宜官夔凤纹镜（本书编号：84），钮座两侧饰S形夔凤纹，一端为口有利齿的夔首，一端为头有长冠的凤首。此类镜多为双夔或双凤，而此镜为夔凤纹，较为少见。

铭文特点：西汉时期铭文开始大量出现在铜镜上，流行心思铭、日光铭、昭明铭、铜华铭、清白铭等。西汉末年新出现了纪年铭，流行新有善铜铭、泰言铭等。东汉时期铸镜工匠人名大量出现在镜铭中。镜铭多呈圈带式布局，还有竖行、田字格、方枚或榜题的布局形式。

铭文的书体：篆书、隶书、篆隶式变体。

（四）三国魏晋南北朝铜镜

馆藏这一时期传世品铜镜约40余面，主要有变形四叶镜、神兽镜、四神瑞兽镜。

镜形：均为圆形。

镜钮：大扁平钮、双龙钮。

钮座：圆形。

镜缘：宽平缘、斜立缘。

表面形态：镜体呈灰黑色、灰绿色、银灰色，有点状或片状红锈、绿锈。

纹饰特点：流行变形四叶、对鸟、兽面、神人、瑞兽等纹饰。采用浅浮雕的表现手法。

铜镜类型：

嘉兴元年对置式神兽镜（本书编号：100），二神人夹钮对置端坐，两侧饰禽鸟、神兽。嘉兴元年是十六国时西凉第二代君主李歆年号，为公元417年，故此镜曾长期被认为铸于西凉时期。有学者认为其形制、纹饰与三国吴孙权黄武（222–229）、黄龙（229–231）年间所铸的许多对置式神兽镜相近，镜铭辞句亦与湖北鄂州出土的一面黄龙元年对置式神兽镜几乎完全一致，故不能排除此镜为三国时期吴国所铸镜的可能性，或与三国吴末帝孙皓追改“嘉禾六年”（237）为“嘉兴元年”的史实有关[41]。

永安五年对置式神兽镜（本书编号：101），神人夹钮而坐，间饰神兽、禽鸟纹。永安五年是三国吴景帝孙休年号，为公元262年。从目前出土和传世的永安纪年镜来看，永安纪年铭由永安元年（258）至永安七年（264），铭文格式通常年、月、日俱全，铸镜者有费氏、将军杨勋等，内容多为祈求长寿、吉祥、子孙昌盛、高官厚禄等，纹饰布局有环绕式、对置式、重列式。

铭文特点：流行四字吉语铭、纪年铭。

铭文的书体：隶书。

（五）隋唐铜镜

馆藏这一时期传世品铜镜约300余面，主要有四神十二生肖镜、瑞兽镜、瑞兽葡萄镜、蜂蝶花鸟镜、瑞兽鸾鸟镜、禽鸟镜、对鸟镜、花枝镜、龙纹镜、神仙人物故事镜、宗教图纹镜、特种工艺镜等。

镜形：除传统的圆形、方形外，出现了亚字形、葵花形、菱花形等新形式。镜体通常较为厚重。

镜钮：以圆形为主，还有伏兽钮、龟形钮。

钮座：以圆形为主，还有伏兽形、花瓣形、荷叶形。

镜缘：宽平缘、窄平缘。

表面形态：镜体多呈亮银色、银灰色，少数呈黑褐色。有点状或片状绿锈、红锈、蓝锈。

纹饰特点：通常由一周凸起的斜立高圈分为内外两区，或平铺布置纹饰。题材内容自由写实，更加贴近现实生活。植物、花鸟、人物故事等纹饰中均有新的题材出现。装饰手法有浮雕、减地平雕。这一时期流行的金银平脱镜、银壳鎏金镜、螺钿镜是对传统装饰手法上的创新，代表了我国制镜工艺的高超水平。

断代分期：

隋至唐高宗时期，流行四神十二生肖镜、瑞兽镜。

唐高宗至唐玄宗开元时期，流行瑞兽葡萄镜、瑞兽鸾鸟镜、蜂蝶花鸟镜、花枝镜、龙纹镜。

唐玄宗开元天宝至德宗时期，流行神仙人物故事镜、金银平脱镜、银壳鎏金镜、螺钿镜。

唐德宗至晚唐时期；流行八卦镜。

铜镜类型：

淮南起照神兽十二生肖铭带镜（本书编号：106），内区八边形内以四神人与四神相间配置。外区有铭文带、十二生肖环绕。陕西永寿曾出土纹饰、铭文相近的铜镜[42]。此类镜神人形象、方枚与半圆枚相间配置的布局方式，均与东汉末至六朝流行的神兽镜有相似之处。四神、十二生肖纹与铭文内容则与隋至唐初流行的四神十二生肖镜相近，可见此类镜具有承上启下的风格。

绝照揽心四瑞兽铭带镜（本书编号：110），内区双线方格与曲尺纹划分的四区内各饰一瑞兽，与隋至唐初瑞兽镜上常见的奔跑状瑞兽不同，此镜瑞兽作噬咬小兽状，较为少见。

瑞兽葡萄镜是唐代最著名的镜类，又称为海马葡萄镜、海兽葡萄镜、禽兽葡萄镜、狻猊葡萄镜等。关于此类铜镜的定名、寓意学界有不同观点[43]。葡萄并非中国原产，汉武帝时由张骞从西域引种到中原。东汉时期已经出现瑞兽与葡萄纹样的组合，在今新疆民丰一座合葬墓中曾出土了走兽葡萄纹绮[44]。随着葡萄在唐代的大范围种植，葡萄图案已经相当流行，在铜镜、金银器中广泛出现了瑞兽葡萄纹[45]。馆藏瑞兽葡萄镜较多，以圆形镜最为常见，纹饰分为内外两区，题材多样。

六瑞兽葡萄镜（本书编号：120），圆钮，内区葡萄纹间饰奔跑的六瑞兽，外区饰葡萄蔓枝、瑞兽、禽鸟等图案。陕西西安武则天神功二年（698）独孤思贞墓曾出土与之纹饰相近的铜镜[46]。

六瑞兽葡萄镜（本书编号：121），伏兽钮，内区葡萄纹间饰攀援枝蔓的六瑞兽，外区饰葡萄蔓枝、禽鸟等图案。河南偃师杏园武则天长寿三年（694）李守一墓（M1366）曾出土与之类似的铜镜[47]。

瑞兽孔雀葡萄镜（本书编号：123），内区葡萄纹间饰二瑞兽、二孔雀，外区饰葡萄蔓枝、禽鸟、蜻蜓、蝴蝶。陕西西安世家星城M255号中晚唐或晚唐墓曾出土类似的铜镜[48]。

四鹊葡萄镜（本书编号：125），圆钮，内区葡萄纹间饰四鹊鸟，外区饰葡萄蔓枝。河北沧县前营晚唐墓M2曾出土类似的铜镜[49]。

四瑞兽葡萄镜（本书编号：126），伏兽钮，内区葡萄纹间饰攀援枝蔓的四瑞兽，外区饰葡萄蔓枝、禽鸟。内区葡萄蔓枝由高圈顶端延伸到外区，形成“过梁现象”。河南洛阳唐中宗景龙三年（709）安菩墓（C7M27）[50]、河南偃师唐玄宗开元十年（722）卢氏墓（M1137）[51]、河南偃师武则天证圣元年（695）宋思真墓（M1041）[52]曾出土类似的铜镜。

通过从纹饰分析，馆藏圆形瑞兽葡萄主要为盛唐时期的作品。

四瑞兽花鸟葡萄方形镜（本书编号：124），伏兽钮，内区葡萄纹间饰伏卧的四瑞兽，外区饰葡萄蔓枝、禽鸟、蜻蜓、蝴蝶等图案。此类方形瑞兽葡萄镜较为少见，浙江衢州上圢头曾出土一面与之纹饰基本相同的铜镜[53]。耀州窑博物馆[54]、陕西历史博物馆[55]、广西壮族自治区博物馆[56]、广西灌阳县文物管理所[57]、日本正仓院[58]亦收藏有此类镜。

云龙纹葵花形镜（本书编号：156），一龙绕钮呈C形盘曲，张口作吞珠状，龙身周围环绕云纹。陕西西安东郊郭家滩第34号唐墓曾出土类似的铜镜[59]，但国博镜的云纹由多朵连成一片为其独特之处。

双犀花枝葵花形镜（本书编号：118），二犀牛夹钮相对而立，额顶及鼻上各生一角。钮上方饰竹林，钮下方有水池，其间点缀小鸟、蜂蝶、花枝等纹饰。与之类似的铜镜在甘肃平凉唐宣宗大中五年（851）刘自政墓曾有出土[60]。犀牛在我国商周时期已经广泛分布于秦岭、淮河以南的大部分地区[61]。其形象在青铜器中亦可见到，如陕西兴平豆马村出土的错金银云纹犀尊（图六）、山东寿张梁山出土的小臣艅犀尊[62]（图七）。这两件青铜犀尊造型写实，与亚洲现存的苏门答腊犀形象相近，均为双角犀。由于滥捕滥杀，汉代以后中原地区的野生犀牛已经罕见。唐代时，京畿苑囿中偶尔豢养从国外得来的贡品。此镜纹饰中的犀牛头部似犀而身躯似鹿，体型刻画得不伦不类，说明铸镜工匠等一般人很难见到犀牛，应与这种珍贵动物在中国逐渐灭绝有关[63]。

图六　错金银云纹犀尊（中国国家博物馆藏）

图七　小臣艅犀尊（美国旧金山亚洲艺术博物馆藏）

双鸾八卦葵花形镜（本书编号：137），为道教题材镜。钮上弦纹圈内有一“镇”字，外饰日月星辰及八卦纹。钮下方框内饰连山纹、水波纹。外圈铭文对图案作了解释。此镜钮下纹饰亦见于故宫博物院[64]及洛阳博物馆[65]收藏的上清含象镜，与《正统道藏》洞玄部灵图类收录的《上清含象鉴剑图》基本相符。

羽人花鸟金银平脱葵花形镜（本书编号：151），采用金银平脱装饰技法，以雀鸟、蜂蝶、羽人、鸾鸟、花卉等为主题纹饰。这种工艺来源于商代的金银箔贴花技术，是用极薄的金银箔片刻成各种复杂的图案，将它们用胶漆等粘合于铜镜表面，然后在其上髹漆数层，再经打磨显露出金银花纹[66]。这种装饰技法，制作过程复杂，工艺精细，给人以豪华美观、富丽堂皇之感。此类铜镜在河南偃师武则天长安三年（703）张盈墓[67]、河南洛阳关林唐玄宗天宝九年（750）墓[68]、河南偃师杏园唐代宗大历十年（775）王嫮墓（M4026）[69]、河南偃师杏园唐代宗大历十三年（778）郑洵墓（M5036）[70]、河南偃师杏园唐文宗大和三年（829）墓（M2003）[71]都曾有出土。

缠枝花卉金壳菱花形镜（本书编号：153），在镜背粘贴錾刻有鱼子纹地和缠枝花卉纹饰的金板，使之显得华美贵重。从出土情况看，此类镜主要以银壳鎏金为主[72]。与此镜一同入藏的还有鎏金青铜剪刀、梳背、蚌形盒、圆盒，共同组成一套梳妆用具（图八）。剪刀表面錾刻叶纹，为女红常备用具，用以修剪花钿。梳背表面錾刻花叶纹，是梳子插在发髻上后，留在发髻外作为装饰。蚌形盒表面錾刻折枝花鸟纹，圆形盒表面錾刻鹦鹉衔花纹，均用以盛放化妆品。河南偃师杏园唐玄宗开元二十六年（738）李景由墓（M2603）曾出土一件银箔平脱方漆盒，其内即盛放有与之类似的成套妆具[73]。

图八　妆具（中国国家博物馆藏）

铭文特点：铭文内容以吉语铭文、诗句铭文为主。

铭文的书体：楷书。

（六）五代两宋铜镜

馆藏这一时期传世品铜镜约400余面，主要有花卉镜、双龙镜、花鸟镜、双鱼镜、神仙人物故事镜、八卦镜、官私作坊铭文镜、吉祥铭文镜、仿镜等。

镜形：除继承唐代以来的圆形、亚字形、方形、葵花形、菱花形、圆形有柄外，出现了桃形、盾形、云托日形、鼎形、钟形等新形式。

镜钮：小圆钮、弓形钮、龟形钮。

钮座：花瓣钮座。

镜缘：素宽平缘、窄卷缘。

合金成分：与汉唐以来铜镜合金成分不同，从这一时期开始，绝大多数铜镜含锡量明显降低，含铅量明显升高[74]。

表面形态：镜体呈灰黑、青灰、银灰、深绿、青绿等色，有片状绿锈、蓝锈、灰白色锈、土黄色锈。

纹饰特点：花卉纹、双龙纹流行。随着道家文化的兴盛，新出现了丹炉、双剑、仙人龟鹤等图案。表现社会生活的木偶戏、蹴鞠等纹饰是前所未见的。此外，双龙纹和人物故事纹中似桥似岸的图案，是宋代铜镜的一个重要特点。表现手法有浅浮雕、剔地等。

断代分期：

北宋时期，流行花卉镜、梅雀水月镜、双鱼镜、飞仙散花镜、仙人龟鹤齐寿镜、官私作坊铭文镜等。

南宋时期，流行双龙镜、双凤镜、双剑镜、木偶戏镜、蹴鞠镜、官私作坊铭文镜等。

铜镜类型：

花卉镜，是北宋时期最流行的镜类之一。多为人们喜闻乐见的图案，如牡丹（本书编号：169）、莲花（本书编号：170）等。与唐代花卉纹多采取散点对称式布局不同，宋代花卉纹常采用缠枝的形式环绕于镜背，以浅浮雕技法刻画饱满硕大的花朵，以阳线勾勒纤细柔软的枝条，布局繁密，风格细腻写实，可见是受到宋代绘画中渐趋成熟的花卉写实技法的影响。

双龙镜（本书编号：197），是南宋时期流行的镜类之一。此类镜在唐代已经出现，双龙作站立状，龙首相对，两龙间有云纹[75]。与之相比较，宋代双龙俯冲而下，龙头相对，作双龙夺珠状。双龙下方通常饰海岸，岸上有一座三足香炉，应与道教有关。

仙人龟鹤齐寿镜（本书编号：189），是北宋时期新出现的一种流行镜类，有多种构图，通常以仙人配以童子、仙鹤、灵龟、修竹、大树等。有学者认为此类图案源自宋代广为流行的“寿星图”，图中仙人即“寿星”，或称“老人星”“南极老人”“南极仙”[76]。

木偶戏方形镜（本书编号：186），木偶戏又称傀儡戏，始于汉代，唐代渐趋完善，宋代达到鼎盛。宋代傀儡戏可分为杖头傀儡、悬丝傀儡、药发傀儡、肉傀儡、水傀儡。此镜纹饰表现的即是儿童进行杖头傀儡演出的场景[77]。目前所见表现木偶戏演出题材的铜镜仅此一件。

天汉新强方形镜（本书编号：166），“天汉”年号在历史上有过两次，其一为西汉武帝刘彻（前100—前97），其二为十国前蜀高祖王建（917）。此镜形制、铭文字体无任何汉镜特征，故应为前蜀时期。北京故宫博物院[78]和台北“故宫博物院”[79]均收藏有同铭镜。此年号仅存一年，次年改元“光天”，可见此镜十分珍贵。

都省铜坊镜（本书编号：167、168），镜背光素，仅有“都省铜坊”四字铭文。类似铭文的铜镜在纪年墓中亦有出土，如安徽合肥南唐保大三年（945）墓[80]、保大四年（946）墓[81]、保大十一年（953）墓[82]，江西九江北宋雍熙三年（986）墓[83]、江西瑞昌北宋景祐二年（1035）墓[84]，可见此类铜镜流行于南唐至北宋初年。镜上除“都省铜坊”铭文外，还常铸有“官”字和匠人姓名，如张彦、李成、房悰、倪成、□谅等，说明此类铜镜为官营作坊所铸，实行匠人负责制。

湖州镜，是这一时期具有鲜明特点的镜类（本书编号：179—182）。铭文铸于钮两侧或钮右侧长方框内，竖行排列。关于湖州镜的年代，从纪年墓出土情况看，始铸于北宋早期，如江苏镇江乌龟山北宋早期墓[85]、北宋乾德四年（966）墓[86]曾有出土。流行于北宋中晚期至南宋时期，如北宋建中靖国元年（1101）墓[87]、政和元年（1111）墓[88]、宣和五年（1123）墓[89]、南宋乾道元年（1165）墓[90]、乾道四年（1168）墓[91]、淳熙元年（1174）墓[92]、淳熙九年（1182）墓[93]、嘉定六年（1213）墓[94]、宝祐元年（1253）墓[95]等均曾有出土。

铭文特点：这一时期铜镜常被称为“照子”或“鉴”，乃为避宋太祖赵匡胤祖父（即“翼祖”）赵敬之讳[96]。以湖州镜为代表的私营铸镜商标字号铭文流行。镜铭中的“叔”“郎”是对铸镜艺师的社会习惯称呼。镜铭中的“真”“无比”“久炼”“工夫”等词语，则反映了宋代商品经济竞争的激烈。

铭文的书体：楷书、篆书。

（七）辽代铜镜

馆藏这一时期传世品铜镜约10余面，主要有纪年铭文镜、龙纹镜、花卉镜、人物故事镜等。

镜形：圆形、葵花形。

镜钮：圆形。

镜缘：素宽平缘、窄卷缘。

纹饰特点：流行龙纹、凤纹、花卉纹等题材。表现手法有浅浮雕。

表面形态：镜体呈银灰色、青灰色、红褐色等，有片状或点状绿锈、红褐色锈、黑色锈。

铜镜的类型：

乾统七年四凤镜（本书编号：202），乾统是辽天祚帝耶律延禧年号，七年为公元1107年。值得注意的是，此镜上又有金代“都右院官[押]”检验刻记。此类加刻金代检验刻记的辽代纪年镜尚有吉林辽源出土的天庆十年镜[97]，其上有“朔州马邑县验记官”和“□□验记官”检验刻记。说明这两面铜镜在金代曾有使用，反映了金代严格的铜禁制度。

盘龙纹镜（本书编号：205），绕钮座饰一盘龙，张口作吞珠状。龙的体型粗壮，气势非凡，继承了唐代盘龙镜的特征。此镜与内蒙古赤峰辽太宗会同四年（941）耶律羽之墓出土的盘龙镜[98]相近，是辽代单龙镜的代表。

牵牛花镜（本书编号：204），由放射状十字形珠点线条将镜背分为四扇形区域，每区域饰一朵牵牛花。与之类似的还有河北康宝辽墓出土的花果纹镜[99]、辽宁阜新辽墓出土的菊花纹镜[100]等，此类花卉镜构图别具一格，颇具辽镜特点。

（八）金代铜镜

馆藏这一时期传世品铜镜约70余面，主要有龙纹镜、双鱼镜、花卉镜、凤纹镜、瑞兽镜、人物故事镜、钱纹镜、吉语铭文镜、仿镜等。

镜形：延续了宋代以来的传统形制，有圆形、方形、长方形、葵花形、菱花形、圆形有柄等。

镜钮：圆钮、兽形钮。

镜缘：宽平缘、窄平缘、窄卷缘。

表面形态：镜体多呈灰黑、青灰、深绿、褐等色，有片状或点状绿锈。

纹饰特点：除宋代以来常见的花卉、双凤外，在人物故事纹中出现了许多新的题材。双鱼纹、婴戏纹则是这一时期具有特色的图案。表现手法有浅浮雕。

铜镜的类型：

双鱼镜（本书图版218）是金代流行的镜类之一，在今东北三省的吉林、黑龙江等地出土较多，以双鲤鱼纹最为常见。女真人世居松花江流域，人们从事渔猎，鲤鱼与女真人关系密切。类似的双鱼镜在宋代已经出现，如四川阆中北宋崇宁四年（1105）陈安祖墓出土的双鱼镜[101]，镜体小而薄，双鱼造型瘦弱呆板，且无地纹。与之相比较，金代双鱼镜的镜体大而厚重，以波浪、水草纹为地纹，双鲤鱼作浅浮雕，鱼身肥大，在水波中游动，形象更加生动写实。有学者认为金代双鱼镜的造型已经十分成熟，与灭辽克宋的历史背景有关，当为金统治区内的原宋朝工匠铸造[102]。亦有学者认为双鱼镜当铸造于熙宁和海陵两朝，与萨满教崇拜有关[103]。

人物故事镜，种类较之唐宋时期有所增加，出现了海舶（本书编号：223、224）、王质观弈（本书编号：225）、达摩渡海（本书编号：226）、犀牛望月（本书编号：227—230）、柳毅传书（本书编号：231、232）、许由洗耳（本书编号：233）等新内容。其中海舶镜反映了宋金时期海上贸易的繁荣发展。而达摩渡海、犀牛望月、柳毅传书、许由洗耳等耳熟能详的汉地故事流行，以多种构图刻画故事内容，反映了这一时期的民族文化融合现象。

婴戏纹镜（本书编号：235—237）亦是金代流行的镜类之一。宋代铜镜上已经出现婴戏题材，如表现儿童观看杖头傀儡表演的木偶戏镜（本书编号：186）。金代的婴戏纹镜有童子戏花和童子戏花举财两种，虽表现同一题材，但儿童的体貌和个性特征却不相同。此类童子戏花纹亦见于宁夏贺兰拜寺口双塔出土的婴戏莲纹印花绢（图九）[104]，应是当时普遍流行的题材，反映了人们对美好幸福生活的向往。

图九　婴戏莲纹印花绢局部（宁夏博物馆藏）

铭文特点：官府检验刻记和花押流行是这一时期的显著特点。金代实行严格的铜禁制度，多次发布禁止私铸铜镜的禁令。如金大定八年（1168），“民有犯铜禁者，上曰：‘销钱作铜，旧有禁令，然民间犹有铸镜者，非销钱而何。’遂并禁之”。又大定十一年二月（1171）下令“禁私铸铜镜，旧有铜器悉送官，给其直之半”[105]。因此，通过“官[押]”“河中□□官[押]”“真德州验记官[押]”“太原府录事司官记[押]”“左巡院验记官[押]”“韩州司判赵[押]”等检验刻记，对探讨这一时期铜镜的流行时代、地域和特点有重要意义。

铭文的书体：楷书、变体蝌蚪文。

（九）元代铜镜

馆藏这一时期传世品铜镜约40余面，主要有龙凤纹镜、摩羯纹镜、神仙人物故事镜、梵文镜等。关于元代铜镜，因墓葬出土的资料很少，确定其年代还是有难度的。尤其是元代、明代铜镜的划分，还需要进一步研究。

镜形：除常见的圆形、圆形有柄外，出现了花叶形、花叶有柄形等新形式。镜体通常大而厚重。

镜钮：圆形、扁圆形。

镜缘：素宽平缘、素窄卷缘。

表面形态：镜体多呈青灰、深绿、褐等色，有片状绿锈。

纹饰特点：除继续流行双龙、双凤、神仙人物故事外，出现了舞台戏纹的新题材。表现手法有浅浮雕、镂雕。

铜镜类型：

镂雕舞台戏纹镜（本书编号：254），展现五人在戏台表演杂剧的场景，二人并排而坐作说唱状，一人伏身跪地，一人弹琵琶，一人击鼓。此类题材的铜镜，尚可举出以下几面：

上海斜桥肇家浜路明墓曾出土一面[106]（图十），舞台由铺瓦屋顶、隔扇门窗、栏杆等构成，戏台上有四人捧物相向而立，前台栏杆处有二人。

上海桂林公园明张萱家族墓曾出土一面[107]（图十一），现藏上海博物馆[108]。舞台形制与斜桥墓出土镜基本相同，有二人在戏台上表演。

河北保定土产曾收购一面[109]（图十二），被定为明代。舞台形制与上述二镜基本相同，有二人相向而立，其中一人手拿宝扇，另一人作拱手状。前台栏杆处站立一人。

图一〇　戏台镜（上海斜桥肇家浜路明墓出土）

图一一　戏台人物杂宝镜（上海桂林公园明墓出土）

图一二　镂空舞台人物杂宝镜

关于此类铜镜的年代，学界有不同观点。有学者认为上海博物馆收藏的戏曲人物镜的舞台同山西芮城元潘德冲墓石椁前壁上的戏台线图结构相似，其时代为元代[110]。或有学者认为上海明墓出土的两面铜镜，其时代在明朝弘治前后，铜镜上的戏台建筑风格与山西太原晋祠明水镜台戏台相似[111]。因此，本书收录的这面舞台戏纹镜的时代仍需进一步探讨。

铭文特点：除纪年铭、官押铭外，出现了用梵文装饰的新形式。

铭文的书体：楷书。

（十）明代铜镜

馆藏这一时期传世品铜镜约400余面，主要有纪年镜、禽鸟镜、花卉镜、神仙人物故事镜、五马镜、吉祥铭文镜、官私作坊铭文镜、仿镜等。

镜形：以圆形为主，方形、菱花形、葵花形较少。镜体多规整厚重，铜质以黄铜为主。

镜钮：除常见的圆形外，银锭形钮流行。出现了平顶圆柱形、山形、花瓣形、龟趺驮碑形和卧马形等新形式。

镜缘：宽平缘、窄平缘、窄卷缘。

表面形态：镜体多呈灰黑、青灰、褐等色，有片状或点状绿锈。

纹饰特点：除传统的龙凤、花卉图案外，五马纹、人物多宝纹成为这一时期具有特色的题材。表现手法多采用浅浮雕。

铜镜类型：

大顺三年双龙纹镜（本书编号：258），龙纹是铜镜上的传统题材，此镜龙纹由宋代以来的双龙俯冲式改为双龙环绕式，一后肢亦不与龙尾相交。大顺为明末清初农民军领袖张献忠所建立的大西政权年号，大顺三年为公元1646年，孟秋月为阴历七月。此类大顺三年镜尚有孟夏月（阴历四月）造[112]。大顺年号仅存在三年，此镜是研究这一短暂历史的珍贵资料。

五马纹镜（本书编号：282），马的形象在东汉铜镜上已经出现，通常与神人、瑞兽组合。如在车马人物画像镜上表现为多匹马驾车向前飞奔（本书编号：75），在天马白虎神人画像上则表现为单马回首奔跑（本书编号：77）。而此镜以姿态不同的五匹马为主题纹饰，构思巧妙，题材少见，颇具田园风光意境。

人物多宝纹镜（本书编号：279—281），在元代已经出现，以仙人、宴乐人物配以多宝纹[113]。此类镜是明代流行的题材之一，或以人物、楼阁配以多宝纹，或以童子、仙鹤配以手拿宝物的仙人，通常有吉祥如意的寓意。

纪年铭文镜，数量较多，时间明确，为断代提供了依据。如明代早期的有洪武二十二年（1389）龙纹镜（本书编号：255）。明代晚期的有嘉靖十八年（1539）袁南村置镜（本书编号：283）、嘉靖三十四年（1555）运城弘教寺纪念镜（本书编号：284）、隆庆三年（1569）何鲢省置方形镜（本书编号：285）、万历壬寅（1602）双凤纹镜（本书编号：263）、大顺三年（1646）双龙纹镜（本书编号：258）。

铭文特点：铭文种类丰富，主题思想更加世俗化。流行“喜生贵子”“福寿双全”“五子登科”“状元及第”“麟趾螽斯”等四字吉语铭。私人作坊铸镜铭文后常冠以“造”“置”“号”或“记”字。这一时期铭文常铸在平顶圆柱形钮的钮顶上。

铭文的书体：楷书、篆书。

（十一）清代铜镜

馆藏这一时期传世品铜镜约50余面，主要有纪年镜、吉祥图纹镜、人物故事镜、吉祥铭文镜。

镜形：圆形、方形、有柄形。

镜钮：圆钮、平顶圆钮。

合金成分：多为含锌量较高的黄铜质。

表面形态：镜体多呈黄褐、灰绿等色，有点状或片状绿锈。

纹饰特点：除传统的凤纹外，出现了五蝠、天仙送子等新题材。表现手法有浅浮雕、髹漆。

铜镜类型：

嘉庆七年慎思堂铸十二生肖有柄镜（本书编号：289），嘉庆为清仁宗爱新觉罗·颙琰年号，七年为公元1802年。此镜十二生肖纹布局与隋至唐初流行的四神（四兽）十二生肖镜[114]类似。此外，故宫博物院收藏有一面嘉庆双鱼镜[115]，纹饰仿金代盛行的双鱼镜[116]，铭文为“大清嘉庆庚申闰十二月吉日仿双鱼式，造于滇南”，嘉庆庚申为嘉庆五年，即公元1800年。值得注意的是，这两面铜镜均铸于滇南，纹饰均有仿古之意。

湖州薛晋侯造婴戏图镜（本书编号：291），描绘有36个嬉戏玩耍的儿童，神态各异，形象生动，生活气息浓郁。故宫博物院收藏有一面纹饰类似的铜镜（图十三）[117]，亦为薛晋侯所造，人物多达46个，内容丰富有趣。此类纹饰反映出人们生活中欢乐、美好的一面，是广大百姓所喜闻乐见的题材。

髹漆描金天仙送子有柄镜（本书编号：293），底髹红漆，纹饰描金而成，色彩艳丽，绘制精细，吉祥喜庆。旅顺博物馆[118]和上海博物馆[119]均收藏有相同的铜镜。惟上博镜的锡质镜座保存完好（图十四），镜座上部为月牙形镜托，中间有插孔。下部为透雕卍字纹插屏式底座，上下横梁各有一扁孔，可将镜柄插入镜托。由此可以了解此类镜的使用方法。

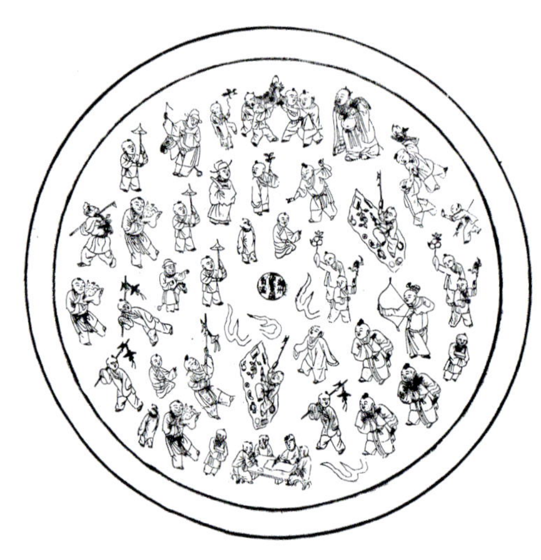

图一三　百子图镜（故宫博物院藏）

图一四　髹漆描金天仙送子镜（上海博物馆藏）

铭文特点："双喜"铭流行。

铭文的书体：楷书、隶书。

综上所述，国博收藏的传世品铜镜不仅自成体系，颇具特点，而且反映出各历史时期铜镜在形制、纹饰、铭文等方面的演进过程，是研究当时社会政治、经济、文化等方面发展的珍贵实物资料，具有极高的学术价值。

---

[1] 鲁迅：《鲁迅全集》第15卷，人民文学出版社，2005年，第475页。

[2] 姜玉涛：《国家博物馆百年受赠文物》，《文物天地》2013年第1期。

[3] 沈从文：《唐宋铜镜》，中国古典艺术出版社，1958年。

[4] 中国历史博物馆：《华夏之路》，朝华出版社，1997年。

[5] 中国青铜器全集编辑委员会：《中国青铜器全集》第十六卷，文物出版社，2005年。

[6] 中国国家博物馆：《中华文明》，中国社会科学出版社，2010年。

[7] 吕章申：《中国国家博物馆》，长征出版社，2011年。

[8] 吕章申：《爱国情怀：章乃器捐献文物》，北京时代华文书局，2018年。

[9] 孔祥星等：《中国铜镜图典》（修订本），上海古籍出版社，2020年。

[10] 杨桂荣：《馆藏铜镜选辑》，《中国历史博物馆馆刊》1992年第17-19期、1993年第1-2期、1994年第1-2期、1995年第1-2期、1996年第1期、1997年第1期。

[11] 石志廉：《齐家文化镜》，《文物报》1987年7月10日。

[12] 孙克让：《一件记录明代地震的铜镜》，《文物天地》1987年第6期。

[13] 苏强：《国博馆藏西汉新莽铜镜的类型与分期》，《中国国家博物馆馆刊》2013年第5期。

[14] 青海省文物考古研究所、北京大学考古文博学院：《贵南尕马台》，科学出版社，2016 年，第 104、130 页。

[15] 陈小三：《河西走廊及其邻近地区早期青铜时代遗存研究——以齐家、四坝文化为中心》，吉林大学博士学位论文，2012年。潘静、井中伟：《中国早期铜镜的类型、流布和功能》，《西域研究》2020年第2期。

[16] 安志敏：《中国早期铜器的几个问题》，《考古学报》1981年第3期。

[17] 潘静、井中伟：《中国早期铜镜的类型、流布和功能》，《西域研究》2020年第2期。

[18] 何堂坤：《中国古代铜镜的技术研究》，紫禁城出版社，1999年，第33页。

[19] 黄濬：《尊古斋古镜集景》，上海古籍出版社，1993年，第197页。

[20] 湖南省博物馆等：《长沙楚墓》，文物出版社，2000年，图二二七。

[21] 同[20]，图二三〇；彩版三四，3。

[22] 同[20]，图一八三；彩版二七，1。

[23] 李丁生：《潜山县博物馆藏战国两汉铜镜》，《文物》2013年第2期。

[24] 南阳市考古研究所：《南阳出土铜镜》，文物出版社，2010年，图二二；图版七，1。

[25] 湖北省文物考古研究所：《江陵九店东周墓》，科学出版社，1995年，图一六四；图版三，3；八〇，4。

[26] 同[20]，图一八四；彩版二七，2。

[27] 湖南省博物馆：《湖南常德德山楚墓发掘报告》，《考古》1963年第9期。

[28] 上海博物馆：《练形神冶　莹质良工：上海博物馆藏铜镜精品》，上海书画出版社，2005年，图版4。

[29] 广州市文物管理委员会等：《西汉南越王墓》，文

物出版社，1991年，图一七九，3；图版一六二，2。
[30] 全洪：《南越国铜镜论述》，《考古学报》1998年第3期。
[31] 张家口市宣化区文物保管所：《河北张家口宣化战国墓发掘简报》，《文物》2010年第6期。
[32] 邓秋玲：《战国六山纹铜镜几个问题的探讨》，《湖南省博物馆馆刊》第1期。
[33] 霍宏伟、史家珍：《洛镜铜华：洛阳铜镜发现与研究》，科学出版社，2013年，图版19。
[34] 安徽省文物考古研究所、六安市文物管理局：《安徽六安市白鹭洲战国墓M566的发掘》，《考古》2012年第5期。
[35] 同[33]，图版39。
[36] 参见本书收录的孔祥星：《铜镜名称及纹饰寓意研究集成》。
[37] 同上。
[38] 洛阳市第二文物工作队：《洛阳五女冢267号新莽墓发掘简报》，《文物》1996年第7期。霍宏伟、史家珍：《洛镜铜华：洛阳铜镜发现与研究》，科学出版社，2013年，图版95。
[39] 王纲怀：《中国纪年铜镜：两汉至六朝》，上海古籍出版社，2015年，图2。
[40] 郭玉海：《故宫藏镜》，紫禁城出版社，1996年，图版34。
[41] 王仲殊：《黄龙元年镜与嘉兴元年镜铭辞考释——试论嘉兴元年镜的年代及其制作地》，《考古》1995年第8期。
[42] 陕西省历史博物馆：《千秋金鉴：陕西历史博物馆藏铜镜集成》，三秦出版社，2012年，第298页。
[43] 同[36]。
[44] 张晓霞：《来自异域的葡萄纹》，《苏州大学学报（工科版）》2007年第5期。
[45] 齐东方：《唐代金银器研究》，中国社会科学出版社，1999年，第132-133页。
[46] 中国社会科学院考古研究所：《唐长安城郊隋唐墓》，文物出版社，1980年，图版六〇，1。
[47] 中国社会科学院考古研究所：《偃师杏园唐墓》，科学出版社，2001年，图58；图版31-1。
[48] 张小丽：《西安新出土唐代铜镜》，《文物》2011年第9期。
[49] 沧州市文物保护管理所、沧县文化馆：《河北沧县前营村唐墓》，《考古》1991年第5期。
[50] 洛阳市文物工作队：《洛阳龙门安菩夫妇墓》，《中原文物》1982年第3期。
[51] 同[47]，图60；图版31-3。
[52] 同[47]，图59；图版31-2。
[53] 王士伦、王牧：《浙江出土铜镜》（修订本），文物出版社，2006年，图版114。
[54] 杨敏佚：《耀州窑博物馆馆藏铜镜》，《文博》1996年第6期。
[55] 同[42]，第343、344页。
[56] 广西壮族自治区博物馆：《广西铜镜》，文物出版社，2004年，图版118。
[57] 同[56]，图版119。
[58] 同[9]，第724页。
[59] 陕西省文物管理委员会：《陕西省出土铜镜》，文物出版社，1959年，图147。
[60] 刘玉林：《唐刘自政墓清理简记》，《考古与文物》1983年第5期。
[61] 黄家芳：《中国犀演变简史》，陕西师范大学硕士学位论文，2009年。
[62] 中国青铜器全集编辑委员会：《中国青铜器全集》第四卷，文物出版社，1998年，图版134。
[63] 参见孙机：《古文物中所见之犀牛》，《文物》1982年第8期。
[64] 同[40]，图版121。
[65] 同[33]，图版260。
[66] 申永峰、刘中伟：《唐代金银平脱工艺浅析》，《中原文物》2010年第2期。
[67] 韩占坡：《偃师张盈墓发掘简报》，《文物鉴定与鉴赏》2010年第9期。
[68] 洛阳博物馆：《洛阳关林唐墓》，《考古》1980年第4期。
[69] 同[47]，图125-2；图版32-4；彩版9-3。
[70] 同[47]，图127；彩版9-1、2。
[71] 同[47]，图205-2；图版37-2。
[72] 同[9]，第884页。

[73] 同[47]，图143。
[74] 同[18]，第46页。
[75] 周世荣：《铜镜图案》，人民美术出版社，1986年，第55页。
[76] 廉萍：《宋代出土文物中"寿星图"的辨识》，《中国国家博物馆馆刊》2020 年第 8 期。
[77] 刘琳琳：《宋代傀儡戏研究》，首都师范大学博士学位论文，2007年。
[78] 同[40]，图版124。
[79] 台湾故宫博物院编辑委员会：《故宫铜镜特展图录》，裕台公司中华印刷厂，1986年，第229页。
[80] 程红：《合肥出土、征集的部分古代铜镜》，《文物》1998年第10期。
[81] 石谷风、马人权：《合肥西郊南唐墓清理简报》，《文物参考资料》1958年第3期。
[82] 葛介屏：《安徽合肥发现南唐墓》，《考古通讯》1958年第7期。
[83] 吴水存：《九江出土铜镜》，文物出版社，1993年，图版76。
[84] 瑞昌县博物馆：《江西瑞昌发现两座北宋纪念墓》，《文物》1986年第1期。
[85] 镇江市博物馆：《镇江宋墓》，《文物资料丛刊（10）》，文物出版社，1987年。
[86] 此墓初葬后，曾进行迁葬。参见李丁生：《安徽潜山县太平村北宋潘氏墓》，《考古》2008年第10期。
[87] 同[53]，图版161。
[88] 济南市考古研究所：《山东济南长清崮云湖宋墓发掘简报》，《文物》2016年第2期。
[89] 泰州市博物馆：《泰州市北宋墓群清理》，《东南文化》，2006年第5期。
[90] 孙以刚：《江西德兴市宋乾道徐衎墓》，《考古》1995年第2期。
[91] 潘表惠：《浙江新昌收藏的宋代铜镜》，《考古》1991年第6期。
[92] 同上。
[93] 四川省博物馆、重庆市博物馆：《四川省出土铜镜》，文物出版社，1960年，图48。
[94] 成都市文物考古研究所：《成都市青龙乡石岭村宋墓发掘简报》，《成都考古发现》2003年。
[95] 郑东、周翠蓉：《福建厦门发现宋代纪年墓》，《南方文物》2000年第2期。
[96] 《宋朝事实》卷一曰："翼祖讳敬、竟、镜、獍、璥、曔。"参见（宋）李攸撰：《宋朝事实》，清乾隆武英殿聚珍版丛书本。但宋镜铭文中亦有称为"镜"者，当与元祐元年（1086）、绍兴三十二年（1162），赵敬的神位"祧庙依礼不讳"有关。参见刘琳等校点：《宋会要辑稿》，上海古籍出版社，2014年，第2576、2578页。
[97] 唐洪源：《吉林省辽源市出土一面辽代铜镜》，《文物》1983年第8期。
[98] 内蒙古文物考古研究所等：《辽耶律羽之墓发掘简报》，《文物》1996年第1期。
[99] 张家口地区文管所、康保县文管所：《河北康保县白脑包发现辽代石椁墓》，《文物春秋》，1989年第4期。
[100] 刘淑娟：《辽代铜镜研究》，沈阳出版社，1997年，第95页。
[101] 张启明：《阆中馆藏铜镜选鉴》，《四川文物》1992年第6期。
[102] 史策：《金代铜镜纹饰研究——以上京地区为中心》，哈尔滨师范大学硕士学位论文，2017年。
[103] 李秀莲：《浅谈金代鱼纹铜镜》，《黑龙江农垦师专学报》，2000年第2期。
[104] 冯海英、李跃华：《宁夏博物馆馆藏西夏婴戏莲纹印花绢赏析》，《收藏界》2019年第2期。
[105] [元]脱脱：《金史》（志二十九·食货三），中华书局，1975年，第1070页。
[106] 何继英：《上海明墓》，文物出版社，2009年，彩版一〇七：2。
[107] 同[106]，彩版二〇：1。
[108] 同[28]，图版139。
[109] 河北省文物研究所：《历代铜镜纹饰》，河北美术出版社，1996年，图版414。
[110] 同[108]。
[111] 周丽娟：《上海地区汉墓和明墓出土铜镜》，《东南文化》2005年第6期。
[112] 同[28]，图版147。

[113] 同[9]，第1243页。

[114] 同[9]，第673、674、676、677、689页。

[115] 同[40]，图版198。

[116] 同[9]，第1146—1151页。

[117] 同[40]，图版204。

[118] 旅顺博物馆：《旅顺博物馆藏铜镜》，文物出版社，1997年，图版236。

[119] 同[28]，图版150。

1. **重轮星芒纹铜镜**

编号：C5.3595

时代：齐家文化

尺寸：直径14.6厘米，缘厚0.15厘米

来源：传甘肃临夏出土

圆形，镜面略凸，镜背中央钮近圆形，三重凸弦纹圈将镜背分为圆形钮座和内外双轮，双轮内分饰象征太阳光芒的十三角和十六角的星芒纹。齐家文化铜镜是我国目前所见时代最早的铜镜，存世少见，除本镜外，还有1975年甘肃广河县齐家坪M41出土的素面铜镜[1]、1977年青海贵南县尕马台M25出土的七角星纹铜镜[2]。（盛为人）

[1] 安志敏：《中国早期铜器的几个问题》，《考古学报》1981年第3期。

[2] 青海省文物管理处考古队：《青海省文物考古工作三十年》，《文物考古工作三十年》，文物出版社，1979年。

2. 叶脉纹铜镜

编号：M5：786

时代：商

尺寸：直径12.5厘米，缘厚0.4厘米

来源：1976年河南安阳殷墟妇好墓出土

圆形，镜面平直，镜背中央弓形钮，圆钮座，钮座和镜缘间以十字形双弦线均分四区，每区内各有四个呈放射状的条形区，内饰短斜线，形似植物的叶脉纹理，镜缘饰排列规整的小乳钉纹一周。妇好墓内共出土铜镜四面，此镜出于椁室内[1]，镜径居四镜之首。镜背纹饰含义有待考证，或认为是古时的星象分区图式[2]。（盛为人）

[1] 中国社会科学院考古研究所:《殷墟妇好墓》，文物出版社，1980年，第103—104页。

[2] 王煜：《殷墟妇好墓出土铜镜寓意试探》，《中原文物》2014年第2期。

3. **弦纹铜镜**

编号：M5：45

时代：商

尺寸：直径11.9厘米，缘厚0.2厘米

来源：1976年河南安阳殷墟妇好墓出土

圆形，镜面微凸，镜背中央弓形钮，圆钮座，钮座外饰凸弦纹七周，弦纹间夹饰密集而整齐排列的短线。该镜出土于距墓口深5.6米的墓室中部偏南处[1]。镜背纹饰待考，或认为是盖天观念下的天的运动形式[2]。（盛为人）

[1] 中国社会科学院考古研究所：《殷墟妇好墓》，文物出版社，1980年，第103—104页。

[2] 王煜：《殷墟妇好墓出土铜镜寓意试探》，《中原文物》2014年第2期。

4. 鸟兽纹铜镜

编号：Y87
时代：西周末—春秋初
尺寸：直径6.7厘米，缘厚0.35厘米
来源：1957年河南三门峡上村岭虢国墓地（M1612）出土

圆形，镜面平直，镜背中央有两个平行弓形钮，钮的上下分饰立鹿和双翅平展回首的鸟，左右两侧饰对称虎纹。该镜出土于M1612的棺内葬者脚部西侧，镜背纹饰以单线勾勒，装饰风格与同出的随葬铜器纹饰及虢太子墓（M1052）所出夔龙虎纹铜阳燧迥异[1]，而与内蒙古宁城小黑石沟夏家店上层文化遗址出土的铜短剑等器物上单线勾勒的动物纹饰风格相似[2]。可知此镜与当时的北方草原文化有着很深的渊源。（盛为人）

[1] 中国科学院考古研究所：《上村岭虢国墓地》，科学出版社，1959年，第27页。

[2] 内蒙古自治区文物考古研究所、宁城县辽中京博物馆：《小黑石沟：夏家店上层文化遗址发掘报告》，科学出版社，2009年。

5. **素面铜镜**

编号：Y88

时代：春秋

尺寸：直径5.9厘米，缘厚0.25厘米

来源：1957年河南三门峡上村岭虢国墓地（M1650）出土

6. 素面铜镜

编号：Y89
时代：春秋
尺寸：直径6.4厘米，缘厚0.3—0.35厘米
来源：1957年河南三门峡上村岭虢国墓地（M1650）出土

圆形，镜体平直，镜背中央有一弓形钮，边缘略微凸起一周，镜背面留有多处布痕，应是原有包裹镜体织物的残迹。该墓共出土两件素面铜镜，两镜呈复合状置于葬者胸部[1]。（盛为人）

[1] 中国科学院考古研究所:《上村岭虢国墓地》，科学出版社，1959年，第27页。

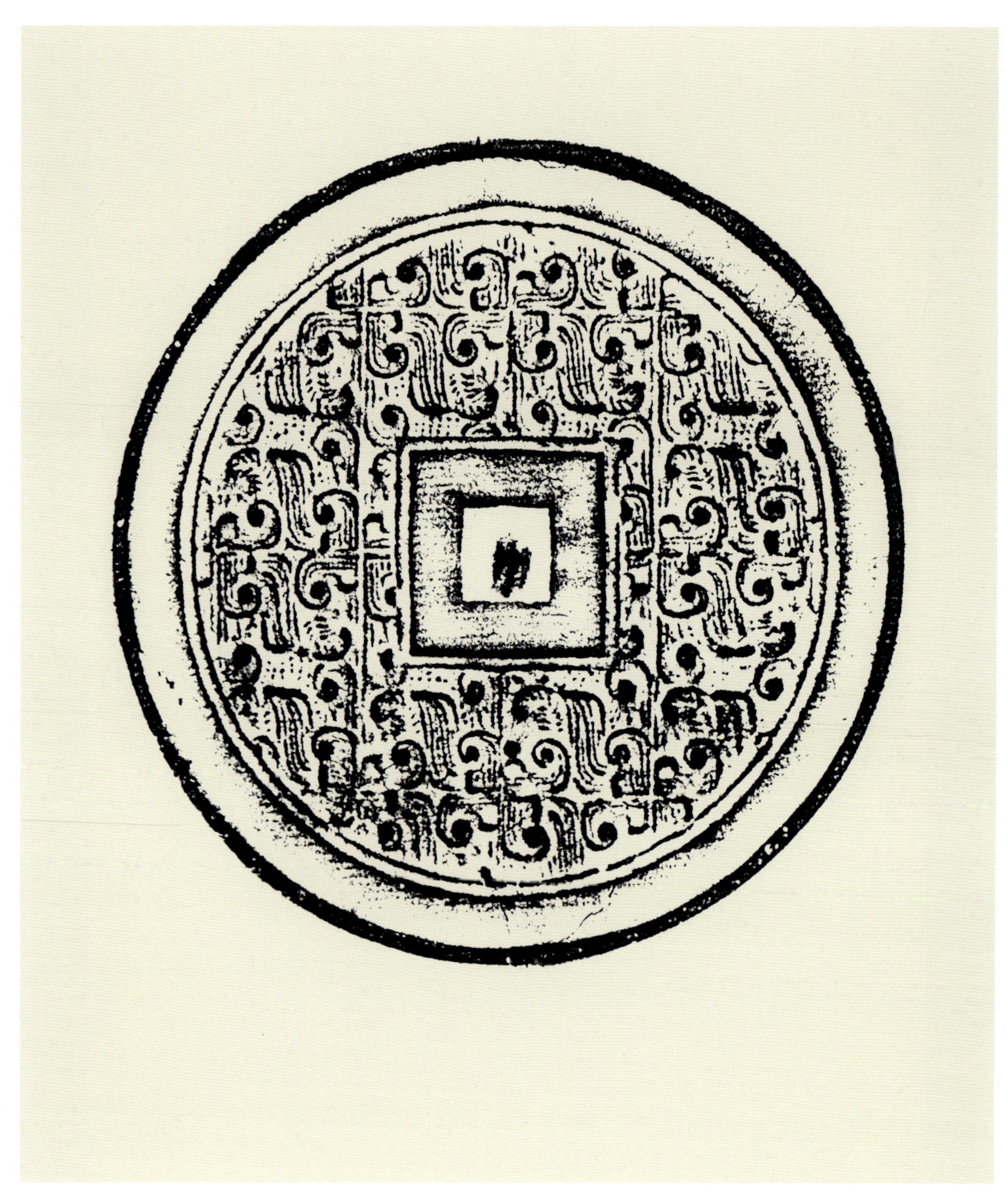

7. **羽状纹铜镜**

编号：C5.573

时代：战国

尺寸：直径8.7厘米，缘厚0.3厘米

圆形，三弦钮，双重方钮座，全镜纹饰为羽状纹,即把羽翅纹和涡状纹组合在一起，平行排列，正反相对，形成一个长方形的花纹单位。这些花纹单位连续拼接，布满镜背。低卷平缘。羽

状纹是楚式镜中常见的一种纹饰，有的满布镜面纯作地纹装饰，也有的是衬托其他主题纹饰的地纹装饰。梅原末治称之为“变形羽状兽纹”，梁上椿称为“兽纹”或“变形兽纹”，现在均称羽状纹。羽状纹的形成大致有三种说法：一是认为从饕餮纹局部演变而来；二是认为可能是云纹和叶脉纹的混合产物；三是认为由蟠螭纹身躯一部分演变作装饰的[1]。（韩宝宁）

[1] 孔祥星、刘一曼：《中国古代铜镜》，文物出版社，1984年，第14页。

8. 羽状纹铜镜

编号：川博165

时代：战国

尺寸：直径8.9厘米，缘厚0.15厘米

来源：1955年四川成都羊子山172号墓出土

圆形，四弦钮，双重凹圆钮座，钮外有弦纹三周，以云雷纹为地。全镜纹饰均为变形羽状纹，分别由环纹、羽毛纹、涡纹、云雷纹、三角形雷纹、鳞纹构成，在涡纹中心凸起成乳钉，整个镜背的纹饰不对称。从钮座起向外伸出四条由三角雷纹组成的斜纹带直抵镜缘，把镜背分为面积不等的四区。在四区内不均匀地分布着由弧线或斜线、三角纹组成的大小不一的旋涡纹，周围再有小涡纹。在较大的一区内，靠近镜缘处有一小拱形区，内填充鳞纹；另一大区内有一组由弧线、斜线组成的羽毛纹，由镜缘向内延伸、弯曲。低素平卷缘。此类镜也称羽鳞纹镜，出土位置位于成都羊子山172号墓的人头骨后部[1]，椁的东部。此类铜镜出土甚少，只见于湖南、四川战国墓中，其出现的时间可能属于战国中期[2]。（韩宝宁）

[1] 四川省文物管理委员会：《成都羊子山第172号墓发掘报告》，《考古学报》1956年第4期。

[2] 孔祥星、刘一曼：《中国古代铜镜》，文物出版社，1984年，第40页。

9. 云纹铜镜

编号：C5.569

时代：战国

尺寸：直径8.7厘米，缘厚0.15厘米

圆形，三弦钮，三重圆钮座，钮座外饰有横竖各五行的双线，彼此交叉构成斜方格纹，每格内都有一卷涡状的云纹图案。大宽素凹缘。此镜钮座和镜缘面积宽大，基本与云纹饰带等距分布。此种铜镜属于云雷地纹镜类的三种之一，与羽状纹铜镜均为纯地纹镜类，但云雷地纹镜出土数量要比羽状地纹镜少的多，主要发现于河南、安徽、湖南等地[1]。（韩宝宁）

[1] 孔祥星、刘一曼：《中国古代铜镜》，文物出版社，1984年，第28页。

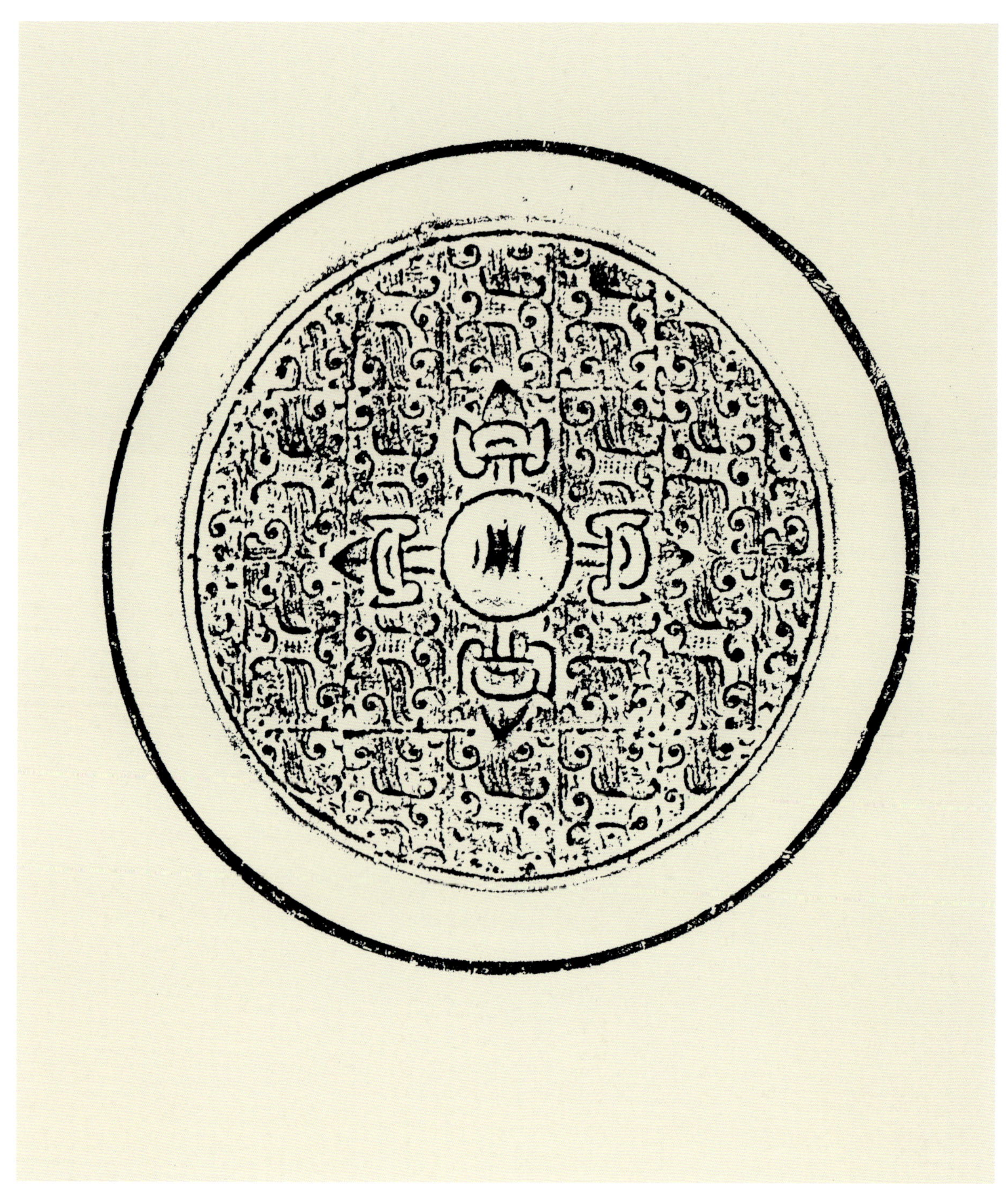

10. **四叶纹铜镜**

编号：C5.580

时代：战国

尺寸：直径11.4厘米，缘厚0.4厘米

圆形，四弦钮，圆钮座，以羽状纹为地。由钮座向外，饰有四个带柄三尖形叶纹，与一般的桃形叶纹不同，此四叶纹是以凸起线条勾勒而成，以叶柄和横椭圆形叶片为主体，分别有三片尖形叶片纹勾勒在椭圆形叶片的左中右的位置。高素平卷缘。（韩宝宁）

11. **四叶纹铜镜**

编号：C5.3457

时代：战国

尺寸：直径11.1厘米，缘厚0.3厘米

来源：1981年章立凡捐赠

圆形，单弦钮，宽绳纹圆钮座，以羽状纹为地。由钮座向外，有四个带柄大桃形叶纹，叶纹以单线勾勒而成，每叶内又套饰三出花瓣纹。低卷缘。此镜纹饰线条清晰，纹样精美，也是比较典型的羽状地四叶纹铜镜样式。四叶镜是叶纹镜中发现较多的一种，在战国早期已出现，战国中期继续流行，以后逐渐衰落。（韩宝宁）

12. **四叶纹铜镜**

编号：C5.578

时代：战国

尺寸：直径11.1厘米，缘厚0.3厘米

圆形，三弦钮，双重圆钮座，以羽状纹为地。由钮座向外，饰有四个无柄小桃形叶纹，四叶较小，素平叶片外饰以一圈绳纹。素高卷缘。这种桃形四叶纹铜镜比较多见，是比较典型的战国中期羽状地纹四叶纹铜镜样式，但此镜的四叶片纹饰相对较小。（韩宝宁）

13. 花叶纹铜镜

编号：C5.576

时代：战国

尺寸：直径6.95厘米，缘厚0.1厘米

圆形，三弦钮，双重圆钮座，地纹是以碎点纹、云纹和菱纹组成的细云雷纹。由钮座外四出竹叶式长叶纹，叶纹再以单线勾勒形成双重叶纹。四叶纹间列四组二瓣连贯式桃形花瓣。低平缘。这种花叶镜与叶纹镜同属花叶镜类，约属战国中期，但其时代要比四叶镜略晚。（韩宝宁）

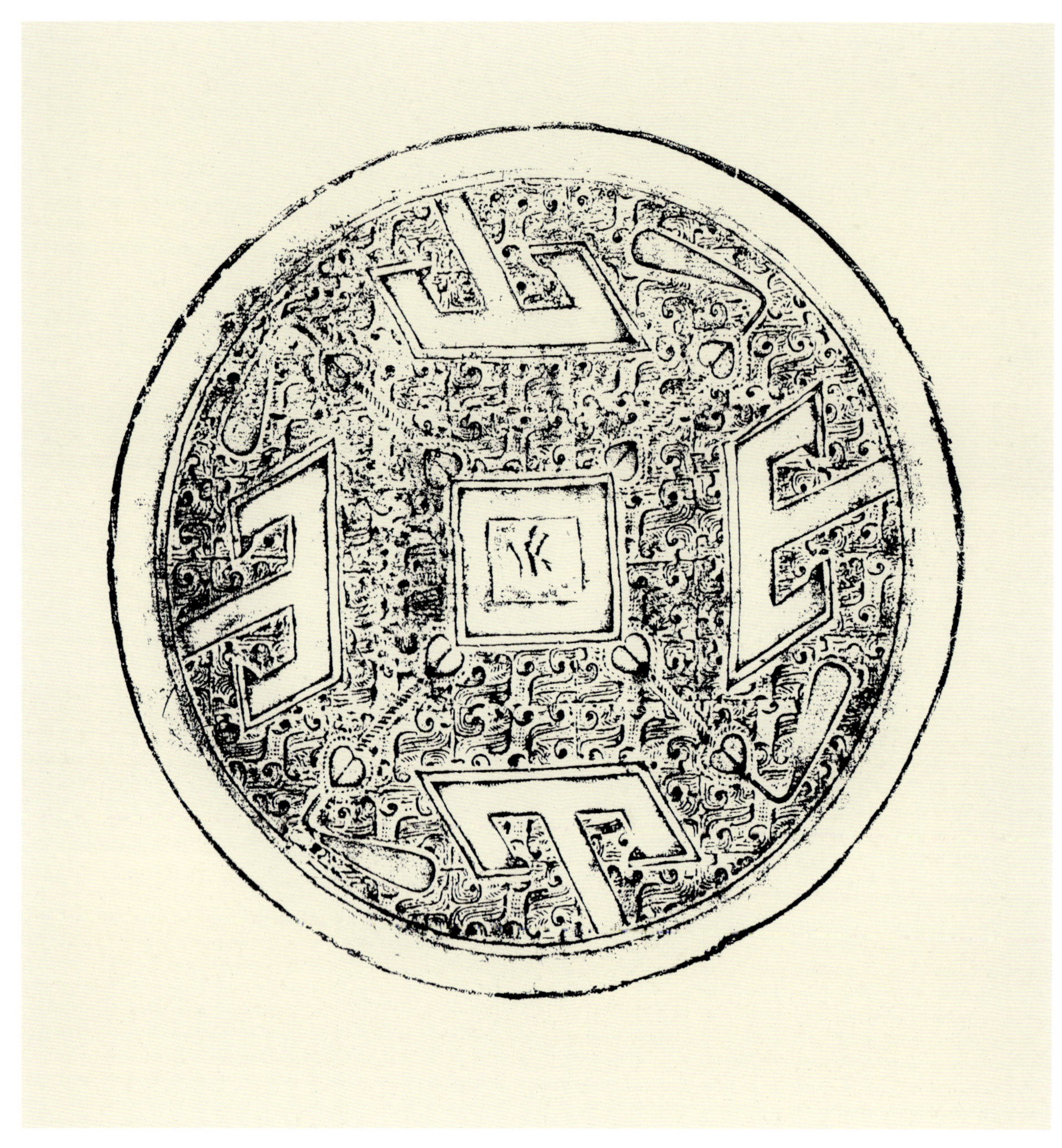

14. 四山纹铜镜

编号：C5.567

时代：战国

尺寸：直径15.8厘米，缘厚0.5厘米

圆形，三弦纹钮，双重方凹钮座，由钮座四角各出二花瓣，并连一长叶，花瓣与长叶均以绳纹连贯之。铜镜以羽状纹为地，主题纹饰为四山纹，四个山字逆时针旋转排列，山字的中间一竖直抵镜缘，其余两短竖向内转折呈锐角状，山字底边与钮座边线平行，两短竖及底边外有弦纹。素高窄卷缘。山字纹镜是战国时期数量最多的铜镜，也是楚式镜中的主要种类，其中以四山纹镜最为多见。最早的山字纹镜出现在春秋晚期，流行于战国早中期，晚期也有发现。国外学者也称之为“丁”字镜、“T”字镜。山字镜的称谓是因纹饰形状类似于后世“山”字的外形而得名，而“山”字形纹饰的意义现在尚无定论。关于山字纹的纹饰来源主要有中山国山字形器说[1]、青铜器中勾连云纹的变形说[2]、古代编织纹说[3]、

以山字代形说[4]等。它可能和云雷纹、龙纹、凤纹、羽翅纹一样，都来源于青铜器，再根据铜镜圆形的特点，加以改变，在图案设计中，成为与镜型相配的“适合纹样”[5]。（韩宝宁）

[1] 程如峰：《从山字镜谈楚伐中山》，《江淮论坛》1981年第6期。

[2] 孔祥星、刘一曼：《中国古代铜镜》，文物出版社，1984年，第35页。

[3] 周世荣：《金石瓷币考古论丛》，岳麓书社，1998年。李梦璋：《楚式“山”字纹镜不是“以字代形”——兼谈“山”字纹的来源》，《南方文物》2004年第3期。

[4] 湖南省博物馆等：《长沙楚墓》，文物出版社，2000年，第513页。

[5] 马今洪：《上海博物馆藏铜镜综论》，《练形神冶 莹质良工：上海博物馆藏铜镜精品》，上海书画出版社，2005年，第14页。

15. 五山纹铜镜

编号：C5.565

时代：战国

尺寸：直径13.1厘米，缘厚0.5厘米

来源：1959年李华明捐赠

圆形，单弦钮，双重圆凹钮座，以羽状纹为地。钮座外为五出花瓣。主题纹饰为逆时针旋转的五山字纹，五山字倾斜度较大，山字中间一长竖直抵镜缘，左右的两短竖向同方向转折，两短竖及底边外有弦纹。每个山字的底边都与左边山字的三竖为同一倾斜方向，而各山字左边的延长线延伸到旁边山字的底边，就形成了以钮座为中心的五角星，五个花瓣尖则对着五角星的内角。

高平缘。五山纹铜镜大约在战国中期出现。近些年的研究表明，山字纹镜的纹饰发展有一定的规律："先有较小的羽状纹山字镜，到战国中期开始变化，先在钮座四周加上四叶，再在山字之间加一叶，然后又在山字一侧加一叶，共达十二叶……这些令人眼花缭乱的变化，大概始于战国中期后段，延续到战国晚期。"[1]（韩宝宁）

[1] 高至喜：《论楚镜》，《文物》1991年第5期。

16. 六山纹铜镜

编号：C5.571

时代：战国

尺寸：直径23.2厘米，缘厚0.6厘米

圆形，三弦钮，双重凹圆钮座，以羽状纹为地。钮座外为六出花瓣，花瓣外有逆时针旋转的六个山字形纹饰，山字纹道较窄，倾斜度很大，山字中间的一长竖道直抵镜缘，其余两短竖向同方向倾斜转折，每个山字的外框镶有细边，山字左竖道外的细边又延伸到另一山字的底边，形成六角星芒形，钮座外的六个花瓣尖正对六角星内角。在山字纹的右上方又各有一花瓣纹，此十二个花瓣由绳纹弧线相连，也组成了六瓣形状的图案，与六角星芒交错而置。低卷平缘。此镜形体大，纹饰精美。除此件外，上海博物馆[1]、美国哈佛大学萨克勒博物馆[2]、瑞典斯德哥尔摩东方博物馆[3]、日本东京国立博物馆[4]各收藏一面，广东广州西汉南越王墓（现藏西汉南越王墓博物馆）[5]、湖南郴州山川塘1号墓[6]、安徽六安白鹭洲战国墓（现藏六安市皖西博物馆）[7]各出土一面，河南洛阳西工区3943号战国墓（现藏洛阳博物馆）[8]出土两面，均残。此外，《古镜今照：中国铜镜研究会成员藏镜精粹》[9]、《中国王朝の粋》[10]各著录一面六山纹铜镜。（韩宝宁）

[1] 马今洪：《上海博物馆藏铜镜综论》，《练形神冶 莹质良工：上海博物馆藏铜镜精品》，上海书画出版社，2005年，第80页，图版5。

[2] [日]梅原末治：《汉以前古镜の研究》，东方文化学院京都研究所，1935年，图版十，4。

[3] Bernhard Karlgren: *Early Chinese Mirrors*, Pl.16 C38, The Museum of Far Eastern Antiquities, Bulletin No.40.

[4] [日]樋口隆康：《古镜》，新潮社，1979年，图版一一，22。

[5] 广州市文物管理委员会等：《西汉南越王墓》，文物出版社，1991年，第261页，图版一六二，2。

[6] 唐涛、雷子干：《郴州市山川塘湘林运输公司战国墓》，《湖南省博物馆馆刊》第一辑，2004年。

[7] 安徽省文物考古研究所、六安市文物管理局：《安徽六安市白鹭洲战国墓M566的发掘》，《考古》2012年第5期。

[8] 洛阳市文物工作队：《洛阳市西工区C1M3943战国墓》，《文物》1999年第8期。

[9] 浙江省博物馆：《古镜今照：中国铜镜研究会成员藏镜精粹》，文物出版社，2012年，第38页。

[10] [日]难波纯子：《中国王朝の粋》，大阪美术俱乐部，2004年，第89页。

17. 折叠式菱纹铜镜

编号：C5.577

时代：战国

尺寸：直径10.1厘米，缘厚0.5厘米

来源：1959年陈大年捐赠

圆形，四弦钮，圆钮座，以羽状纹为地。主题纹饰是人字形凹带组成的对称折叠式菱形纹，构成了九个菱形小区。钮座区及相邻四区以圆形图案为中心饰有四出花瓣纹，其余四区由边缘向内各出一花瓣。也有称之为方连纹镜的。这种折叠式菱纹镜是把菱形的四边分别断开，一分为二，再与另一半边折叠组合成“V”字形态，内角对应着花瓣纹的尖端。高平缘。战国时期的

菱形纹铜镜大多是圆形，极少数为方形。还有一种连贯式菱纹镜，这两种图案样式都是菱形细地纹样的继承和放大。在1955年湖南长沙廖家湾38号战国墓[1]、河南南阳市拆迁办161号战国墓[2]、1954年湖南衡阳公行山第27号战国墓[3]和湖南长沙沙湖桥第23号楚墓[4]等地都出土过此类铜镜。（韩宝宁）

[1] 湖南省博物馆：《湖南出土铜镜图录》，文物出版社，1960年，第46页。

[2] 南阳市文物考古研究所：《南阳出土铜镜》，文物出版社，2010年，第18页，图二三。

[3] 周世荣：《铜镜图案——湖南出土历代铜镜》，湖南美术出版社，1987年，第28页。

[4] 李正光、彭青野：《长沙沙湖桥一带古墓发掘报告》，《考古学报》1957年第4期。

18. 变形兽纹铜镜

编号：C5.3393

时代：战国

尺寸：直径11.3厘米，缘厚0.3厘米

来源：1981年章立凡捐赠

圆形，三弦钮，双重圆钮座，以羽状纹为地。从钮座外的弦纹直接延伸出四个图案化的变形兽纹，以单弦纹勾勒而成。变形兽纹主体为两个向内卷曲的涡纹，与钮座连接，涡纹一侧突出一截伸向镜缘，而变形兽纹的尾部则向另一侧延伸出粗绳纹，尾端连接一片叶状纹，叶状纹外再饰一圈绳纹。高卷缘。（韩宝宁）

19. 三龙十六连弧纹铜镜

编号：C5.582

时代：战国

尺寸：直径14厘米，缘厚0.2厘米

圆形，三弦钮，八出葵花形钮座，葵花形外再有一周弦纹。钮座外为三只回首走兽式龙，绕钮排列，龙体弓身回首反顾，巨口大张，怒目圆睁，额头生角，尾部呈长伸卷曲状。但三只龙中只有两只的尾部是卷曲成涡状，另一只尾部仅是卷曲勾起。地纹为在小菱形格内填以云雷纹。铜镜边缘为向内的十六连弧纹。楚式镜的种类中，龙纹镜的数量很多，可能与楚人崇尚龙凤的现象有关。（韩宝宁）

20. 三龙纹铜镜

编号：C5.2683

时代：战国

尺寸：直径13.7厘米，缘厚0.3厘米

圆形，三弦钮，双重圆钮座，地纹为回勾形菱纹，并以碎点填充。主题纹饰为三只姿态各不相同的回首长尾龙，龙尾细长延伸并回勾，龙口大张，凸目圆睁，均作弓身回首状。窄平缘。战国时期这类爬行走兽式的龙纹，常常呈现这种回首反顾的举止。此镜属于龙纹镜中的一种。（韩宝宁）

21. 三龙纹铜镜

编号：C5.3479

时代：战国

尺寸：直径15厘米，缘厚0.25厘米

来源：1981年章立凡捐赠

圆形，三弦钮，凹圆钮座，钮座外有一道弦纹，地纹是回勾形菱纹，间以云雷纹填充。主题纹饰作三等分，为三个姿态相似的长尾龙，绕钮排列，浅浮雕状，头后有角，张口瞪目，立身回首，体躯向两侧展开似为龙翼，长尾伸出并向钮座方向回勾，在身躯上再装饰有细小圆涡纹饰。低窄卷缘。（韩宝宁）

22. 四凤鸟纹铜镜

编号：C5.579

时代：战国

尺寸：直径12.5厘米，缘厚0.3厘米

圆形，四弦钮，云雷纹地双重方钮座，地纹以双弦纹划分出菱形格，格内是两组对称细雷纹，并以连珠纹填充。主题纹饰为回首勾喙四立凤，分别位于方钮座的四角位置，凤头居中，长颈卷体，勾喙弯曲大，有羽冠，颈部有鳞纹，颈末有长伸卷曲的羽翅。四凤身躯旋转似涡状，全身呈S形，身躯后部绕经凤头伸向镜缘处卷曲，爪小且恰好立于钮座四角，尾部有分支。四立凤间列有四小鸟纹，小鸟纹相对于凤纹倒置，鸟足下是由内伸出的折叠式菱形纹。窄平缘。此四凤鸟纹镜是单体凤纹和单体鸟纹，类似的纹饰较少，也有称这类凤纹为夔凤纹的[1]。1952年湖南杜家山799号墓出土过此纹类铜镜[2]，四川成都羊子山工地也曾收集过一件相同纹饰铜镜[3]。（韩宝宁）

---

[1] 马今洪：《上海博物馆藏铜镜综论》，《练形神冶 莹治良工：上海博物馆藏铜镜精品》，上海书画出版社，2005年，第114页。

[2] 周世荣：《铜镜图案——湖南出土历代铜镜》，湖南美术出版社，1987年，图24。

[3] 四川省博物馆、重庆市博物馆：《四川省出土铜镜》，文物出版社，1960年，图版3。

23. 四凤鸟纹铜镜

编号：5.1658

时代：战国

尺寸：直径10.5厘米，缘厚0.15厘米

圆形，三弦钮，双重方凹钮座，地纹为双线勾连雷纹，双线内以碎点纹填充，勾连雷纹间填以圆涡纹和三角纹。钮座四角外为回首勾喙四立凤，头部居中，圆眼，尖嘴回勾，双翅微展。四立凤身躯旋转似涡状，凤鸟一足靠向钮座四角方向，另一足后抬，尾部呈锯齿状且有分支。四立凤间列四个叶纹，叶中填以阴线圆圈纹和八字形纹，尖头向钮座。叶纹与镜缘中间则是由边缘向内伸出折叠式菱形纹。低平缘。凤鸟纹镜与兽纹镜同属禽兽纹镜类，但凤鸟纹镜出现的时间要比兽纹镜略晚，大约在战国中期以后，流行于战国晚期。（韩宝宁）

24. 蟠螭纹铜镜

编号：C5.564

时代：战国

尺寸：直径19.2厘米，缘厚0.4厘米

圆形，三弦钮，圆形素面钮座，以云雷纹为地。从钮座往外，分别是绳纹圈、云雷纹带、素凹圆圈、绳纹圈和弦纹。从弦纹处分别伸出对称长柄三角状尖形四叶，把主题纹饰分为四区，每区都有一蟠螭纹。蟠螭头部居中，张嘴回首，从颈以下，身躯盘旋成环状，尾卷曲，末端有歧枝。高窄卷缘。此镜蟠螭纹的表现形式属于分区排列式。在战国时期，铜镜背面的纹饰构图多由主纹、地纹相区别的多重纹饰构成。蟠螭纹镜流行于战国至西汉初期。（韩宝宁）

25. 蟠螭纹铜镜

编号：C5.563

时代：战国

尺寸：直径17厘米，缘厚0.45厘米

圆形，双弦云纹钮，凹面带纹圆钮座，以细云雷纹为地。主题纹饰为变形蟠螭纹，表现形式为连续缠绕式。四蟠螭为宽平条浅浮雕，相互缠绕，体躯盘旋作枝蔓状，从而组成繁密的纹饰效果。低素平卷缘。战国时期以蟠螭纹为题材的铜镜，纹饰形态大致相同，但在花纹形式和结构上还是有所区别的。（韩宝宁）

26. **蟠螭纹铜镜**

编号：C5.562

时代：战国

尺寸：直径14厘米，缘厚0.7厘米

圆形，三弦钮，圆钮座，钮座外饰有一周云雷纹带，再外为两道绳纹圈夹一凹圆圈带，以云雷纹为地。主题纹饰为分区排列式的三蟠螭纹，蟠螭腰身曲折缠绕，以三个圆饼纹相间隔。高平卷缘。这种以三圆饼间隔的纹饰较为少见。（韩宝宁）

27. **蟠螭菱纹铜镜**

编号：C5.572

时代：战国

尺寸：直径24厘米，缘厚1.2厘米

圆形，三弦钮，蟠螭纹圆形钮座，钮座外有一圈凹圆和绳纹圈，纹饰由地纹与主纹组合而成。地纹为云雷纹，主题纹饰为连续缠绕式的蟠螭纹，以菱形纹作间隔，为浅浮雕粗平线条造型。四蟠螭相互缠绕，仰首张嘴，尾部卷曲，互相之间身躯勾连折绕成菱形纹。高窄卷缘。此镜形体较大，纹样精细。战国时期盛行两蟠螭相交状或身躯做卷曲状的蟠螭纹，也称作卷龙纹和交龙纹，纹饰形体比较大或粗壮，通常以三到四组蟠螭构成主体纹饰。（韩宝宁）

28. 透雕蟠螭纹方形铜镜

编号：Y185

时代：战国

尺寸：边长13.4厘米，缘厚0.3厘米

来源：1954年湖南长沙枫树山595号墓出土

方形，弓形钮，素面圆钮座。铜镜背面的装饰纹样分为内外区，外区是素面宽平缘，边缘四角均有一圆形凹槽，其中三角镶有银泡，一角脱落。内区纹饰由八条身躯卷成圆环状、尾部卷曲的透雕蟠螭组成，其中四条蟠螭的嘴各衔方镜的一处边缘内侧，尾部靠镜钮；另外四条蟠螭的头在钮与四边边缘的正中间，各衔一圆形凹槽，其中两个圆形凹槽内嵌银泡，另外两个原有镶嵌物已脱落，蟠螭尾部与镜边缘相连。此件铜镜上的蟠螭纹均是圆形透雕状，风格生动写实，与这一时期的其他透雕铜镜纹样风格差异较大。战国时期的透雕夹层铜镜是古代铜镜形制中颇具特色的一种，这种铜镜的制作采用了多种工艺的加工手法，此镜应是以镜面周框与镜背连铸，而后嵌合镜面的。此镜出土于长沙枫树山595号墓（原编墓号为11号墓）[1]。与这件方镜形制相似者还有两面，一面现藏日本白鹤美术馆，表面有填彩痕迹；另一面现陈列于郑州“未来铜镜艺术馆”，其中四蟠螭首部衔有绿松石[2]。（韩宝宁）

[1] 湖南省博物馆等：《长沙楚墓》，文物出版社，2000年。

[2] 高西省：《新见四件战国夹层透雕铜镜》，《上海文博论丛》2007年第3期。

29. 透雕蟠螭纹铜镜

编号：Y2000

时代：战国

尺寸：直径20.5厘米，缘厚0.4厘米

来源：1976年湖北江陵张家山201号楚墓出土

圆形，小环钮，柿蒂纹钮座，镜背中部有重环纹、三角雷纹、平行短线相间排列的窄带两周，将镜背纹饰分为内外两区。内区是环钮镂雕、首尾相对的四对宽线蟠螭纹，八条蟠螭首部紧依柿蒂钮座，均作S形张口卷尾状，身躯以短斜线装饰描绘。在内区的蟠螭躯体和中部的两周窄带上，均匀排列着36枚乳钉纹。外区是透雕的双线交叉状几何云纹宽带。宽平缘。镜背与镜面为二次铸造，镜背包裹镜面，为表面平整的透雕纹样风格，整体纹饰造型生动。这类透雕铜镜的蟠螭纹是春秋战国时期流行的图样。此镜出于201号墓的椁内南室（边箱）[1]。（韩宝宁）

[1] 荆州地区博物馆：《江陵张家山201号楚墓清理简报》，《江汉考古》1984年第2期。

30. **武士斗兽纹铜镜**

编号：Y2003

时代：战国—秦初

尺寸：直径10.5厘米，缘厚0.2厘米

来源：1975—1976年湖北云梦睡虎地秦代9号墓出土

圆形，三弦钮，方钮座，围以凹面形重缘方框。一般认为，从镜背画面分布来看，框外四面分列两位武士、两只豹子形象，两两相对。两位武士服饰、形象、动作相同，均头戴盔，面部五官清晰。下着短裤，赤膊上阵，呈半蹲半立姿势。左臂在前收缩，手执盾牌，遮挡上半身，以保护自己；右臂在身后，手持长剑，准备随时刺向豹子。两只豹子形象、姿态各异。其中，一只豹子呈跳跃状，昂首挺胸，瞋目张口，前肢齐并，后肢用力蹬地，描绘出豹身即将腾空跃起、向前猛扑的精彩瞬间。另有一豹为立姿，回首瞪眼，望着武士。前爪一起一落，后爪一蹬地一抬起，S形长尾上扬于身后。作为镜背主体纹饰，人物与动物形象均为平雕加阴线刻。地纹为双线勾连纹，双线内填以细密的凸点纹，勾连雷纹内饰以正反互置的三角形纹。窄素卷缘。镜体呈黑褐色。

关于此镜图像还有另外一种解读方式，即该镜背所反映的是一位武士与一只豹子搏斗的两个场景。前一组画面，表现的是搏斗开始的情景，武士执盾持剑，为防守状，豹子一跃而起，呈进攻之势。后一组画面，武士仍保持防守姿态，豹子尾巴朝前，身体向后，回首张望，显露出溃败之姿。由此来看，此镜背的两组图像已具有一定的叙事特点。它不仅是目前中国考古发现年代最早的人物镜，也是我国最早具有连续式构图叙事特点的铜镜[1]。

这面斗兽镜出土于湖北云梦睡虎地9号秦代墓之中。9号墓的年代，大致与葬于秦始皇三十年（前217）的11号墓相近，即秦统一楚国故地之后。此墓随葬器物67件，有轺车与木马，且以漆器居多，与11号墓情况大致相同，推测墓主人身份应该为秦代低级官吏[2]。

此镜著录于《馆藏铜镜选辑（一）》[3]《中国青铜器全集·铜镜》[4]。这类斗兽题材的铜镜，数量罕见，仅见1928—1931年传洛阳金村东周大墓出土金银错斗兽镜[5]，《汉以前古镜的研究》图版一五，6与此镜纹饰完全相同[6]。（霍宏伟）

---

[1] 霍宏伟：《中国国家博物馆藏铜镜发掘品的考古情境》，四川大学博物馆等编《南方民族考古》第二十一辑，科学出版社，2021年，第197页。

[2] 湖北孝感地区第二期亦工亦农文物考古训练班：《湖北云梦睡虎地十一座秦墓发掘简报》，《文物》1976年第9期，图版壹。《云梦睡虎地秦墓》编写组：《云梦睡虎地秦墓》，文物出版社，1981年，第1—62、69—71页。

[3] 杨桂荣：《馆藏铜镜选辑（一）》，《中国历史博物馆馆刊》总第17期，1992年，第137页，图51。

[4] 中国青铜器全集编辑委员会：《中国青铜器全集》第十六卷《铜镜》，文物出版社，1998年，第35页，图版35。

[5] 霍宏伟、史家珍：《洛镜铜华：洛阳铜镜发现与研究》，科学出版社，2013年，第68—71页，图版23。

[6] 孔祥星、刘一曼：《中国铜镜图典》，文物出版社，1992年，第153页。

31. 云纹彩绘铜镜

编号：Y207

时代：战国

尺寸：直径14.3厘米，缘厚0.2厘米

来源：1957年河南信阳长台关1号墓出土

圆形，圆钮，彩绘圆钮座。镜背通体彩绘，并描绘出粗大卷曲的云纹纹饰。钮座外有彩绘的十字形对称轴，在与镜钮在同一直线上的纵轴两端，从镜钮向镜缘方向伸出一组对称的粗卷云纹，在其四周绘有两长两短、一端卷曲的弧线。在与镜钮垂直的横轴两端，则是从镜缘向镜钮方向伸出一组对称的粗卷云纹，在其两侧有八字形斜线。镜缘处再饰一周红线。窄缘。此镜纹饰新颖美观，色彩鲜艳亮丽，正面留有布纹痕迹，红铜质地，可能非实用器。这类对称云纹彩绘铜镜在河南信阳长台关1号墓中共出土了2件[1],皆出于椁内前室西部，另一件仅残存小半。彩绘铜镜流行于战国早期至西汉晚期。（韩宝宁）

[1] 河南省文物研究所：《信阳楚墓》，文物出版社，1986年。

32. 蟠螭纹铜镜

编号：C5.3075

时代：西汉

尺寸：直径11.7厘米，缘厚0.5厘米

圆形。正中为一盘曲的瑞兽，兽首昂起为镜钮，躯体为钮座。其外饰绳纹及凹面圈带一周。圈带外两周绳纹间以细云雷纹为地纹，饰三组双线勾勒的蟠螭纹，螭首为侧视，头上有角，张口咬住前一螭龙的后腿。螭身盘曲蜿蜒作菱形。镜缘狭窄上卷。

蟠螭纹是流行于春秋中、晚期至战国早期青铜器上的常见纹饰。根据目前的资料，蟠螭纹镜出现于战国中期，流行于秦、西汉初[1]。但西汉初期的蟠螭纹已由单线条变为双线勾勒。（苏强）

[1] 孔祥星、刘一曼：《中国古代铜镜》，文物出版社，1984年，第43页。

33. 宗乐贵富蟠螭纹铜镜

编号：C5.561

时代：西汉

尺寸：直径14厘米，缘厚0.6厘米

圆形。伏兽钮，蟠螭纹钮座。钮座外有十四字篆书铭文带一周，铭文连读为“宗乐贵富，得所喜。千秋万岁，宜酒食”，首尾以一鱼形符号隔开。铭文带外饰短斜线纹一周，其上、下、左、右各伸出一株三叠式长柄叶纹，将主体纹饰分为四区。每区均饰一组图案化的蟠螭纹，躯体盘曲缠绕。以云雷纹为地纹。窄缘上卷。与此镜纹饰、铭文相近的铜镜在江苏徐州奎山西汉早期偏晚至中期偏早墓M11[1]、河南南阳高管局住宅

小区西汉中期墓M12[2]曾有出土。

这种以叶纹分割主体纹饰的布局方式在战国时期铜镜上已经出现[3]。但是，战国时期铜镜上的叶纹呈桃形，而此镜叶纹形似宝塔（或称为火焰形）。此镜蟠螭纹以三线勾勒而成，与战国时期单线勾勒的蟠螭纹不同。铭文辞句完整，文字规整，反映了当时人们祈求富贵、享乐的美好愿望。（苏强）

[1] 徐州博物馆：《江苏徐州市奎山四座西汉墓葬》，《考古》2012年第2期。

[2] 南阳市文物考古研究所：《南阳出土铜镜》，文物出版社，2010年，图五八；图版二三，2。

[3] 孔祥星、刘一曼：《中国铜镜图典》，文物出版社，1992年，第117、118页。

34. **昭明蟠螭纹铜镜**

编号：C5.595

时代：西汉

尺寸：直径17厘米，缘厚0.6厘米

圆形，镜钮处为一伏兽，头部昂起为镜钮，躯体为钮座。钮座外饰绳索纹与短斜线纹，其间有二十四字篆书铭文带，顺时针旋读："内（纳）请（清）质以昭明，光煇（辉）象夫日月。心忽（沕）穆而愿忠，然壅塞而不龠（彻）。"钮座外伸出三枝带柄叶纹，间饰三组蟠螭纹，昂首张口，躯体呈S形弯曲，其间填饰波浪纹。通体以细密的圆点直线纹为地纹。窄卷缘。此镜纹饰与1999年陕西西安雅荷城市花园西汉早期墓M95出土昭明清白重圈三叶蟠螭纹镜（M95：4）相近[1]，但两镜相比，后者在外区比

前者多一圈“清白”铭。

此镜以三叶纹将主题纹饰分为三区。这种布局方式，在战国时期铜镜上已经出现[2]。但是，战国时期铜镜上的叶纹呈桃形，而此镜叶纹形似火焰。此外，蟠螭纹以三线勾勒而成，头、尾、足及关节的刻画较为形象，这些特点均与战国时期不同。此镜铭文辞句完整，文字规整。铭文结尾为“籥（徹）”字，尚未避讳汉武帝刘彻（徹）之名，故此镜制作年代当在汉武帝即位之前。汉武帝即位后此类铭文则改成了“然壅塞而不泄”。（苏强）

[1] 程林泉、韩国河：《长安汉镜》，陕西人民出版社，2002年，图七，2；图版六，2。

[2] 孔祥星、刘一曼：《中国铜镜图典》，文物出版社，1992年，第117、118页。

35. 大乐贵富博局蟠螭纹铜镜

编号：5.1457

时代：西汉

尺寸：直径13厘米，缘厚0.5厘米

圆形，半环状钮，伏螭纹钮座。钮座外有双线方格，内有十五字篆书铭文带，铭文连读为“大乐贵富，得所好。千秋万岁，延年益寿”，首尾以一鱼形符号隔开。主题纹饰以细云纹为地纹，饰线条勾勒的蟠螭纹和由四线勾勒的T、L、V纹组成的博局纹。窄卷缘。与其纹饰、铭文相近的铜镜在安徽潜山彭岭西汉早期墓M17[1]、湖南长沙赤岗冲西汉前期墓M7[2]、江苏徐州顾山西汉早期偏晚墓M2[3]、河北满城西汉中期2号墓[4]曾有出土。

此镜以博局纹与蟠螭纹组成的主题纹饰，是西汉早期新出现的一种纹饰。博局纹旧称规矩纹，它的布局十分有规律。在钮座外方格的每边正中向外伸出一个T形纹，与近镜缘L形纹相对，方框四角又与近镜缘的V形纹相对。这种纹饰也出现在汉代盛行的棋类游戏六博局上，《说文·竹部》：“簙，局戏也。六箸十二棋也。”由于汉代盛行博戏，博局更为人所习见，故规矩纹或被称为博局纹[5]。在考古资料

中，也发现了不少战国秦汉时期的博局用具[6]。由此可见，这种纹饰在战国时期已经出现。西汉早期铜镜上出现的博局纹，可能纯粹是对博局图案的一种模仿，以取得一种“美”的布局装饰效果[7]。（苏强）

[1] 安徽省文物考古研究所、潜山县文物管理所：《安徽潜山彭岭战国西汉墓》，《考古学报》2006年第2期。

[2] 长沙市博物馆：《楚风汉韵：长沙市博物馆藏镜》，文物出版社，2010年，第59页。

[3] 徐州博物馆：《江苏徐州市顾山西汉墓》，《考古》2005年第12期。

[4] 中国社会科学院考古研究所、河北省文物管理处：《满城汉墓发掘报告》，文物出版社，1980年，图一七八，2；图版一八一，2。

[5] 孙机：《汉代物质文化资料图说》（增订本），上海古籍出版社，2011年，第310页。

[6] 关于博局用具的出土情况，详见陈静：《汉代两京地区出土博局纹镜浅析》，郑州大学硕士学位论文，2006年。

[7] 程林泉、韩国河：《长安汉镜》，陕西人民出版社，2002年，第140页。

36. **四乳蟠虺连弧纹铜镜**

编号：C5.640

时代：西汉

尺寸：直径8厘米，缘厚0.2厘米

圆形，三弦钮，圆钮座。主题纹饰为四组蟠虺纹，由相连的C形弧线组成。蟠虺纹间有四乳钉纹。以涡纹为地纹。主题纹饰外饰内向十六连弧纹带。窄卷缘。与此镜纹饰相近的铜镜在河南南阳新光热电公司西汉中期墓M12亦有出土[1]，但后者地纹为斜线纹，与前者不同。此类镜纹饰虽与蟠螭纹相近，但图案更简化，地纹变得粗疏。（苏强）

[1] 南阳市文物考古研究所:《南阳出土铜镜》，文物出版社，2010年，第174页，续表121。

37. **彩绘人物铜镜**

编号：Y219

时代：西汉

尺寸：直径28.2厘米，缘厚0.5厘米

来源：1954年陕西西安北郊白家口出土

圆形，圆钮，圆钮座。座外有一周凹面圈带。圈带外饰四叶纹，以金彩描边。镜背以红彩为底色。主题纹饰分为四组，以黄、绿、赭等色描绘而成。第一组左侧绘一人，右侧绘三人一鹿。第二组上方绘三人端坐，身前左侧跪有二

人，相对的右侧跪有三人。第三组左侧绘二人相对而坐，右侧一人骑马而来，马后跟随一人。第四组纹饰因锈层所盖，难以辨识。素宽缘。

彩绘铜镜在战国时期已经出现，如河南信阳长台关楚墓[1]、湖北荆门包山楚墓[2]、湖北江陵九店战国墓[3]、江陵望山楚墓[4]、山东临淄齐故城战国墓[5]等均曾出土彩绘铜镜。此外，1928—1934年被盗掘的河南洛阳金村战国大墓亦曾出土彩绘铜镜[6]。这一时期所绘制纹饰的内容主要有花叶纹、卷云纹、双凤纹、夔凤纹、几何纹、龙纹等。西汉时期的彩绘铜镜，一方面受到战国时期楚文化的影响，以彩绘云纹为主题纹饰，例如陕西西安龙首原西汉早期墓M120、M170出土的彩绘铜镜[7]。另一方面则出现了以人物、车马等生活图像为主题纹饰的彩绘铜镜，例如陕西西安红庙坡村发现的彩绘镜[8]、广东广州西汉南越王墓出土的彩绘镜[9]。西安北郊白家口出土彩绘镜亦属此类。此外，陕西榆林学院陕北历史文化博物馆[10]、陕西历史博物馆[11]、法国巴黎吉美博物馆[12]等亦收藏有此类铜镜。彩绘镜在数量繁多的铜镜间是非常罕见的品种，只存在于战国到西汉中期这一时段[13]。有学者推测彩绘镜的颜色极易脱落，可能不是生活中的实用品，或许是专门为埋葬而在镜上绘制的[14]。（苏强）

---

[1] 河南省文物研究所：《信阳楚墓》，文物出版社，1986年，图版四七，彩版一三，3；图版一〇二，1，彩版一三，4；图版一〇二，2。

[2] 湖北省荆沙铁路考古队：《包山楚墓》，文物出版社，1991年，图二二；彩版一，4、5；图版一二，2。

[3] 湖北省文物考古研究所：《江陵九店东周墓》，科学出版社，1995年，图一六三，4；图版八三，6，图一六五，1；图版八一，1，图一六五，2。

[4] 湖北省文物考古研究所：《江陵望山沙冢楚墓》，文物出版社，1996年，图五二，3；图版二四，3。

[5] 董雪：《山东临淄出土战国彩绘铜镜》，《文物》2017年第4期。

[6] 霍宏伟、史家珍：《洛镜铜华：洛阳铜镜发现与研究》，科学出版社，2013年，图版10、25、32。

[7] 西安市文物保护考古所：《西安龙首原汉墓》，西北大学出版社，1999年，图九六，5、13；图一一四，13；图版五七，5。参见程林泉、韩国河：《长安汉镜》，陕西人民出版社，2002年，第52页。

[8] 傅嘉仪：《西安市文管处所藏两面汉代铜镜》，《文物》1979年第2期。

[9] 广州市文物管理委员会等：《西汉南越王墓》，文物出版社，1991年，图五八；彩版二一。

[10] 吕静：《榆林学院陕北历史文化博物馆藏西汉彩绘铜镜》，《文物》2011年第9期。

[11] 陕西历史博物馆：《千秋金鉴：陕西历史博物馆藏铜镜集成》，三秦出版社，2012年，第243页。

[12] 李学勤、艾兰：《欧洲所藏中国青铜器遗珠》，文物出版社，1995年，图版201。

[13] 李学勤：《谈大型连弧纹彩绘镜》，《故宫博物院院刊》2005年第1期。

[14] 程林泉、韩国河：《长安汉镜》，陕西人民出版社，2002年，第55页。

38. 四花纹铜镜

编号：C5.665

时代：西汉

尺寸：直径10.6厘米，缘厚0.5厘米

圆形，圆钮，十二连珠纹钮座。外围一周凸起的宽弦纹带。其外饰等距对称的四花纹，以乳钉为花心，并蒂四叶纹为座。宽平缘。与此镜相近的纹饰亦见于河南洛阳宜阳县韩城乡瑶上村出土的西汉四花连弧镜[1]及陕西历史博物馆收藏的四花纹镜[2]。（苏强）

[1] 霍宏伟、史家珍：《洛镜铜华：洛阳铜镜发现与研究》，科学出版社，2013年，图版42。

[2] 陕西历史博物馆：《千秋金鉴：陕西历史博物馆藏铜镜集成》，三秦出版社，2012年，第48—49页。

39 **心思君王草叶纹铜镜**

编号：C5.2688

时代：西汉

尺寸：直径8.9厘米，缘厚0.3厘米

圆形，三弦钮，方钮座。外围凹面宽弦纹与双线方框铭文带，铭文带四隅各伸出一桃形叶纹，将铭文带分为四区，每区篆书两字，连读为“心思君王，天上见长”，首尾以三圆点分隔。铭文带外每边正中各饰一圆座乳钉纹，两侧各饰一单层草叶纹。窄卷缘。此镜纹饰、铭文与北京故宫博物院收藏的西汉早期心思君

王镜[1]基本相同。

此镜三弦钮、窄卷缘的形制仍保留了战国铜镜的风格。乳钉纹上未伸出桃形叶纹，方框四角未伸出双叶花枝纹，故此镜应是草叶纹镜的早期形式。（苏强）

[1] 郭玉海：《故宫藏镜》，紫禁城出版社，1996年，黑白图版25。

40. 见日之光草叶纹铜镜

编号：C5.609

时代：西汉

规格：直径11.1厘米，缘厚0.3厘米

圆形，圆钮，四叶纹钮座。外围方框铭文带，每边篆书两字，顺时针旋读“见日之光，长毋相忘”。铭文带内四角各有一斜线方块。铭文带外每边正中饰一乳钉纹，其上伸出一桃形叶纹。两侧饰双层草叶纹。铭文带四隅各伸出一双叶花枝纹。内向十六连弧纹缘。与此镜纹饰、铭文相近的铜镜在陕西西安雅荷城市花园西汉中期墓M110[1]及河南南阳西汉中期、晚期墓[2]曾有出土，但后者铭文间有横线分隔。（苏强）

[1] 西安市文物保护考古所、郑州大学考古专业：《长安汉墓》，陕西人民出版社，2004年，图二一六；图版一五，3；图版一二九，1。

[2] 南阳市文物考古研究所：《南阳出土铜镜》，文物出版社，2010年，第210页，续表187、188。

41. 见日之光草叶纹铜镜

编号：C5.3576

时代：西汉

规格：直径13厘米，缘厚0.3厘米

圆形，圆钮，四叶纹钮座。外围方框铭文带，铭文带内四角各饰一桃形叶纹，将铭文带分成四区，每区篆书两字，连读为“见日之光，天下大明”，铭文间有短横线相隔。铭文带每边正中各饰一乳钉纹，乳钉上伸出一桃形叶纹，两侧饰单层草叶纹。铭文带四隅各伸出一株双叶花枝纹。内向十六连弧纹缘。与此镜纹饰、铭文相近

的铜镜在山东章丘女郎山西坡西汉中期墓M10[1]，河南陕县西汉中期或稍后的3003号墓[2]，河南南阳西汉早期、中期墓曾有出土[3]。

此镜镜钮、钮座及镜缘特点都是草叶纹镜的主流。铭文属常见的“日光大明”系列，此类铭文亦见于西汉中、晚期流行的连弧铭文镜上，但字体不同。（苏强）

[1] 济青公路文物考古队绣惠分队：《章丘女郎山战国、汉代墓地发掘报告》，《济青高级公路章丘工段考古发掘报告集》，齐鲁书社，1993年。

[2] 中国社会科学院考古研究所：《陕县东周秦汉墓》，科学出版社，1994年，图版一〇七，3。

[3] 南阳市文物考古研究所：《南阳出土铜镜》，文物出版社，2010年，第216、230页，续表196、219。

42. 星云连弧纹铜镜

编号：C5.633

时代：西汉

尺寸：直径10厘米，缘厚0.4厘米

圆形，连峰式钮，圆钮座。钮座外有凸弦纹、内向十六连弧纹及短斜线纹。主题纹饰由四枚圆座大乳钉划分为四区，每区正中有一圆座小乳钉，两侧各有二圆座小乳钉，小乳钉间以曲线相连接。外围一周短斜线纹。内向十六连弧纹缘。与此镜纹饰相近的铜镜在河南洛阳烧沟西汉中期及其稍后的173号墓[1]及河南南阳西汉中期、晚期墓[2]中曾有出土。

星云纹镜又称百乳镜。“因其形状似天文星象，故有星云之名。”[3]从纹饰上分析，星云纹的来源与四螭龙纹有密切的联系。由于“四螭龙纹直接来源于蟠螭纹”[4]，因此有的学者认为“所谓星云完全系由蟠螭纹渐次演变而成，小乳钉系蟠螭骨节变幻，云纹则为蟠螭体之化身”[5]。从各地的出土情况看，星云纹镜在武帝“元狩五年前后开始制作”[6]，主要流行于西汉中期至西汉晚期。（苏强）

[1] 洛阳区考古发掘队：《洛阳烧沟汉墓》，科学出版社，1959年，图六九，3；图版肆壹，3。

[2] 南阳市文物考古研究所：《南阳出土铜镜》，文物出版社，2010年，第236、248、250、252、254、258页，续表231、255、259、263、266、273。

[3] 孔祥星、刘一曼：《中国古代铜镜》，文物出版社，1984年，第65页。

[4] 程林泉、韩国河：《长安汉镜》，陕西人民出版社，2002年，第69页。

[5] 同[3]，第65页。

[6] 同[4]，第76页。

43. 家常贵富四乳禽鸟纹铜镜

编号：C5.602

时代：西汉

尺寸：直径9.5厘米，缘厚0.5厘米

圆形，圆钮，圆钮座。钮座外有凸弦纹带一周。钮座与弦纹带间有短弧线、直线装饰。其外两周短斜线纹间有四圆座乳钉将主题纹饰分为四区，每区各有篆书铭文一字，连读为“家常贵富”，每字两侧均有相对的禽鸟纹。宽平缘。与此镜纹饰、铭文相近的铜镜在吉林洮南城四家子古城[1]曾有出土。陕西西安北郊西汉晚期18号墓亦出土过同类镜[2]，但铭文不同。此镜与常见的“家常贵富”四乳铭文镜[3]不同，在铭文每字两侧均装饰有禽鸟纹，可看作四乳铭文镜与四乳八鸟纹镜的组合。（苏强）

[1] 张英：《吉林出土铜镜》，文物出版社，1990年，图版11。

[2] 中国社会科学院考古所唐城队：《西安北郊汉墓发掘报告》，《考古学报》1991年第2期。

[3] 孔祥星、刘一曼：《中国铜镜图典》，文物出版社，1992年，第221—222页。

44. 见日之光连弧纹铜镜

编号：C5.669

时代：西汉

尺寸：直径8厘米，缘厚0.4厘米

圆形，圆钮，圆钮座。钮座外有一周内向八连弧纹，钮座与连弧间饰人字纹、短弧线纹。连弧纹带外饰两周短斜线纹，其间有八字铭文带，字体似篆似隶，为篆隶式变体，连读为“见

日之光，长不相忘”，铭文间夹以菱形田字纹、涡纹。宽平缘。此镜纹饰、铭文与陕西西安雅荷城市花园西汉中晚期墓出土日光连弧铭带镜（M83：23）相近[1]。（苏强）

[1] 程林泉、韩国河：《长安汉镜》，陕西人民出版社，2002年，图二十二，10；图版三十五，1。

45. 昭明连弧纹铜镜

编号：C5.672

时代：西汉

尺寸：直径8.7厘米，缘厚0.2厘米

圆形，圆钮，圆钮座。座外有内向十二连弧纹一周。其外两周短斜线纹间有铭文带，连读为“内清以明，光象夫日月”，字间以“而”字相隔，字体较为方正，近于隶书。宽平缘。与此镜形制、铭文相近的铜镜在湖南永州鹞子岭西汉末年墓M2[1]、山东滕州官桥车站村西汉晚期至新莽时期墓M17[2]曾有出土。

昭明连弧纹镜因铭文句首有“内清质以昭明”的辞句，故而得名。完整铭文依李零先生

所释应为“内（纳）请（清）质以昭明，光煇（辉）象夫日月。心忽（沕）穆而愿忠，然壅塞而不泄”[3]。但此类镜铭多不完整，常有减句或减字现象。昭明连弧纹镜流行于西汉中后期，以西汉后期最盛行[4]。（苏强）

[1] 湖南省文物考古研究所、永州市芝山区文物管理所：《湖南永州市鹞子岭二号西汉墓》，《考古》2001年第4期。

[2] 山东省文物考古研究所鲁中南考古队、滕州市博物馆：《山东滕州市官桥车站村汉墓》，《考古》1999年第4期。

[3] 李零：《读梁鉴藏镜四篇——读汉镜铭文中的女性赋体诗》，《中国文化》2012年第1期。

[4] 孔祥星、刘一曼：《中国古代铜镜》，文物出版社，1984年，第69页。

46. 昭明连弧纹铜镜

编号：C5.597

时代：西汉

尺寸：直径12.7厘米，缘厚0.6厘米

圆形，圆钮，连珠纹钮座。钮座外有凸弦纹带与内向八连弧纹一周。其间饰短弧线纹、短斜线纹。其外两周短斜线纹间有铭文带，连读为“内清质以昭明，光象夫日月不泄”，以短横线结尾，字间以“而”字相隔，但不规律，铭文字体较为方正，近于隶书。素宽平缘。与此镜纹饰、铭文相近的铜镜在河南南阳西汉晚期至东汉早期墓[1]、广东龙川佗城东汉前期墓M1[2]、湖南资兴东汉早期296号墓[3]曾有出土。（苏强）

[1] 南阳市文物考古研究所：《南阳出土铜镜》，文物出版社，2010年，第306、322页，续表369、399。

[2] 广东省文物考古研究所、龙川县博物馆：《广东龙川县佗城东汉墓清理报告》，《四川文物》2005年第5期。

[3] 湖南省博物馆：《湖南资兴东汉墓》，《考古学报》1984年第1期。

47. 铜华连弧纹铜镜

编号：K5863

时代：西汉

尺寸：直径16厘米，缘厚0.3厘米

来源：1951—1952年湖南长沙伍家岭M211出土

圆形，圆钮，十二连珠纹钮座。钮座外饰一周短斜线纹及凸弦纹带，弦纹带与八内向连弧纹带间饰涡纹、变形山字纹、短弧线纹。其外两周短斜线纹间有三十八字铭文带，连读为"湅治铜华清而明，以之为镜宜文章，延年益寿去不羊（祥），与天毋（无）亟（极）而日月之光，千秋万岁，长生未央"，字体为篆隶式变体，字形较为方正。宽平缘。

此镜出土于湖南长沙伍家岭西汉后期墓M211棺椁内[1]。与此镜纹饰、铭文相近的铜镜在江苏盱眙东阳西汉晚期至新莽时期墓M7[2]、河南洛阳烧沟新莽及其稍后时期墓M103[3]、洛阳汉墓CM1487[4]曾有出土。（苏强）

[1] 中国科学院考古研究所：《长沙发掘报告》，科学出版社，1957年，第91—92页。

[2] 南京博物院：《江苏盱眙东阳汉墓》，《考古》1979年第5期。

[3] 洛阳区考古发掘队：《洛阳烧沟汉墓》，科学出版社，1959年，图七〇，2；图版肆贰，4。

[4] 霍宏伟、史家珍：《洛镜铜华：洛阳铜镜发现与研究》，科学出版社，2013年，图版70。

48. 铜华连弧纹铜镜

编号：C5.658

时代：西汉

尺寸：直径14.7厘米，缘厚0.4厘米

圆形，圆钮，十二连珠纹钮座。钮座外饰一周短斜线纹、凸弦纹带及内向八连弧纹，弦纹带与八内向连弧纹带间有变形山字纹、短直线纹（每组三线）等纹饰。其外两周短斜线纹间有铭文带，连读为“湅治铜华清而明，以之为铜宜文章，以延年益寿去不羊（祥），日光”，字体较为方正，字间以“而”字相隔，但不规律。宽平

缘。与此镜纹饰、铭文相近的铜镜在江苏盱眙东阳西汉晚期至新莽时期墓M7[1]、河南洛阳烧沟新莽及其稍后时期墓M103[2]曾有出土。

此类镜因铭文句首为“湅治铜华”或“清治铜华”而得名，主要流行于西汉晚期至新莽时期。（苏强）

[1] 南京博物院：《江苏盱眙东阳汉墓》，《考古》1979年第5期。

[2] 洛阳区考古发掘队：《洛阳烧沟汉墓》，科学出版社，1959年，图七〇，2；图版肆贰，4。

49. 铜华云雷纹铜镜

编号：C5.666

时代：西汉

尺寸：直径11厘米，缘厚0.4厘米

来源：1959年陈大年捐赠

圆形，圆钮，四叶纹钮座。钮座外两周凸弦纹间为云雷纹带。其外在两周弦纹间有二十七字铭文带，连读为“清治铜华以为镜，昭察衣服观容貌，糸（丝）组杂遝以为信，清光乎宜佳人”，字体为篆隶式变体，宽平缘。与此镜

纹饰、铭文相近的铜镜在河南洛阳西郊西汉晚期3206号墓[1]、陕西西安东郊红庆村第74号汉墓[2]及湖南省[3]曾有出土，但后者与前者相比，纹饰与铭文位置相反，即云雷纹在外圈，铭文在内圈。此类镜铭亦见于铜华圈带铭带镜上[4]。（苏强）

[1] 中国科学院考古研究所洛阳发掘队：《洛阳西郊汉墓发掘报告》，《考古学报》1963年第2期。

[2] 陕西省文物管理委员会：《陕西省出土铜镜》，文物出版社，1959年，图37。

[3] 周世荣：《铜镜图案——湖南出土历代铜镜》，湖南美术出版社，1987年，图40。

[4] 程林泉、韩国河：《长安汉镜》，陕西人民出版社，2002年，图三十二，1；图版四十七，1。

50. **清白连弧纹铜镜**

编号：C5.594

时代：西汉

尺寸：直径15.5厘米，缘厚0.4厘米

圆形，圆钮，十二连珠纹钮座。钮座外饰变形山字纹及十六内向连弧纹。其外饰鸟纹、短弧线纹及内向八连弧纹。之外两周短斜线纹间有二十九字铭文带，连读为“絜（挈）清而白事君，志污之弇明，玄锡之泽流，袁（遠）日忘美人，外承可兑，灵景（影）永绝”，铭文首尾以◎形符号相隔，镜铭辞句不完整，字体为篆隶式变体。素宽缘。此镜与2000年陕西长安方新村小区2000FXCM3出土清白连弧铭带镜（M3：9）[1]相近，年代属西汉晚期。（苏强）

[1] 程林泉、韩国河：《长安汉镜》，陕西人民出版社，2002年，图三十一，3；图版四十六，2。

51. 昭明清白重圈铭带铜镜

编号：K5935

时代：西汉

尺寸：直径12.7厘米，缘厚0.4厘米

来源：1951—1952年湖南长沙识字岭M327出土

圆形，圆钮，连珠纹钮座。钮座外两周凸弦纹间有二十一字变篆体铭文带，连读为“内清质以昭明，光而日月，心□□□□忠，雍（壅）塞而不泄”。之外两周短斜线纹间有二十七字变篆体铭文带，连读为“絜精白事君，志驩之合（弇）明，彼（微）玄锡之泽，恐日忘，美之穷（躬），承之可，愿毋绝”。宽平缘。

此镜出土于湖南长沙识字岭西汉晚期墓M327[1]。与此镜纹饰、铭文相近的铜镜在江苏盱眙东阳西汉中晚期墓M3[2]、河南南阳三杰公司住宅小区西汉晚期墓M49[3]、陕西西安北郊西汉晚期墓M11[4]曾有出土。（苏强）

[1] 中国科学院考古研究所：《长沙发掘报告》，科学出版社，1957年，第92—94页。

[2] 南京博物院：《江苏盱眙东阳汉墓》，《考古》1979年第5期。

[3] 南阳市文物考古研究所：《南阳出土铜镜》，文物出版社，2010年，图一八三；图版八六，2。

[4] 中国社会科学院考古所唐城队：《西安北郊汉墓发掘报告》，《考古学报》1991年第2期。

52. 四乳四虺纹铜镜

编号：C5.663

时代：西汉

尺寸：直径11厘米，缘厚0.5厘米

圆形，圆钮，圆钮座。钮座外饰宽弦纹带一周。钮座与弦纹带间饰短直线、短弧线纹。外围两周短直线纹间饰主题纹饰。由四圆座乳钉将主题纹饰分为四区，每区均饰S形虺纹，头、尾造型相近。虺纹两侧均饰鸟纹。素宽缘。与此镜纹饰相近的铜镜在湖南永州鹞子山西汉中期刘彊墓[1]、陕西西安电信局第二长途通信大楼西汉晚期墓M110[2]、陕西咸阳织布厂新莽时期墓M3[3]、河南洛阳东汉早期墓M49[4]、湖南耒阳东汉中期墓M257[5]以及河南南阳西汉晚期至东汉早期墓[6]曾有出土。

此类镜较为常见，与西汉中期流行的蟠虺纹镜相比，镜钮由三弦钮变为圆形钮，镜缘由窄卷缘变为宽平缘。虺纹为双线勾勒，并配以鸟纹。地纹已经消失。（苏强）

[1] 零陵地区文物工作队：《湖南永州市鹞子山西汉"刘彊"墓》，《考古》1990年第11期。

[2] 西安市文物保护考古所、郑州大学考古专业：《长安汉墓》，陕西人民出版社，2004年，图三六九；图版二〇二，2。

[3] 咸阳市文物考古研究所：《咸阳织布厂汉墓清理简报》，《考古与文物》1995年第4期。

[4] 中国社会科学院考古研究所洛阳唐城队：《1984至1986年洛阳市区汉晋墓发掘简报》，《考古学集刊》第7集，科学出版社，1991年。

[5] 衡阳市博物馆：《湖南耒阳市东汉墓发掘报告》，《考古学集刊》第13集，中国大百科全书出版社，2000年，第145页。

[6] 南阳市文物考古研究所：《南阳出土铜镜》，文物出版社，2010年，第342、344页，续表435、436、437、438、439。

53. 四乳八鸟纹铜镜

编号：C5.600

时代：西汉

尺寸：直径7.7厘米，缘厚0.2厘米

圆形，圆钮，圆钮座。钮座外有一周凸弦纹。钮座与弦纹间装饰有短直线纹。其外两周短斜线纹间有四圆座乳钉，其间饰四组两两相对的鸟纹。素宽缘。与此镜纹饰相近的铜镜在河南南阳西汉晚期墓[1]、河南洛阳烧沟西汉晚期至新莽时期80号墓[2]及陕西西安西北有色金属研究院新莽至东汉初期墓M1[3]曾有出土。

此镜纹饰为流行的四乳钉四分布局，禽鸟刻画得较为细致，鸟的首、尾、喙及羽翅清晰可辨。这类纹饰摆脱了蟠螭纹的神秘色彩，富有生活气息。（苏强）

[1] 南阳市文物考古研究所：《南阳出土铜镜》，文物出版社，2010年，第336—338页，续表426、427、429、430。

[2] 洛阳区考古发掘队：《洛阳烧沟汉墓》，科学出版社，1959年，图七四甲，6；图版肆肆，4。

[3] 西安市文物保护考古所：《西安东汉墓》，文物出版社，2009年，图一四，1；彩版二二，2。

54. **四乳羽人四神瑞兽纹铜镜**

编号：C5.3405

时代：西汉

尺寸：直径17.8厘米，缘厚0.6厘米

来源：1981年章立凡捐赠

圆形，圆钮，四叶纹钮座，叶纹间有小花叶图案。座外二周短斜线纹夹一凸弦纹带。其外四叶纹座乳钉将纹饰分为四区。顺时针分别为青龙配羽人骑鹿，羽人戏朱雀，白虎配羽人驯瑞兽，羽人骑玄武配羽人骑鹿。外围短斜线纹一周。素

宽平缘。此镜纹饰复杂，线条优美流畅，构图奇特，许多形象在其他镜子上难以见到，如羽人驯瑞兽、羽人骑鹿等。与此镜类似的铜镜在江苏省扬州市曾有出土[1]。此外，《中国铜镜图典》收录的四乳羽人四神禽兽镜与此镜亦相近[2]。（苏强）

[1] 徐忠文、周长源：《汉广陵国铜镜》，文物出版社，2013年，图版84、86。

[2] 孔祥星、刘一曼：《中国铜镜图典》，文物出版社，1992年，第250页。

55. **鎏金中国大宁四神博局纹铜镜**

编号：Y205

时代：西汉后期

尺寸：直径18.6厘米，缘厚0.6厘米

来源：1951—1952年湖南长沙北郊伍家岭211号西汉墓出土

圆形，圆钮，四叶纹钮座。其间饰以四个面目狰狞的兽首纹，独角直立，双耳斜伸，圆眼扁口，口部两侧有胡须，外围双线阳纹方框。框外以一周双弦纹圈加四枚等距分布的乳钉纹，将镜背分为内、外区。内区以方框外四面正中的双线T字形，与外区边缘的L、V相呼应，共同构成了博局纹。内区T形纹之间，分布着四组纹饰，即朱雀、玄武、人面兽身纹、有翼兽等。此镜设计的高妙之处在于，对镜背纹饰的处理手法灵活多变。它将内、外区之间的弦纹圈有时作为一道似乎无法逾越的界限，有时则将其打破，内、外区的纹饰合为一体，才能看到其整体形象，仿佛

一只神兽自由穿行于内、外区之间，如青龙、白虎、双角兽。外区边缘一周饰以密集的短细线纹。接近镜缘处，有一周五十二字铭文带，篆体阳铭，方笔为主，分布均匀，呈顺时针方向排列。铭文云："圣人之作镜兮，取气于五行。生于道康兮，咸有文章。光象日月，其质清刚。以视玉容兮，辟去不羊（祥）。中国大宁，子孙益昌。黄常（裳）元吉，有纪刚（纲）。"此镜中的铭文"黄常（裳）元吉"，源于《周易·坤卦》："六五，黄裳，元吉。"意为"黄裳"象征地位尊贵而又具有柔和谦下的美德，大为吉祥[1]。

该镜背动物纹饰均为浅浮雕，线条细腻流畅，繁缛复杂，屈曲回环，灵动飞扬，动感极强。镜背通体鎏金，属于特种工艺镜，罕见。因该镜长期处于墓葬之中，镜体破裂，有当代人修补的痕迹。曾于2017年国博举办的"秦汉文明"展览中，此镜作为最具特色的一件展品，放置于展览末尾，因为镜铭中的"中国大宁"四字，不仅寄托着两千多年前汉代人对于天下太平、国泰民安的向往，而且道出了今人的美好心声。

这面铜镜发现于长沙城北约四里的伍家岭211号西汉后期墓内，年代大约自西汉武帝至新莽时期。该墓出土铜镜共计三面。在墓室北部、略接近西壁处，有一长3.2米、宽2.5米的范围，发掘者推测此为棺椁所在位置。此处发现金饼一枚，铜镜两面，石璧一枚及大量五铢铜钱。其中一面铜镜为四乳四虺镜，另一面为鎏金中国大宁四神博局镜，盛放于直径约25厘米的圆形漆奁之中，惜漆奁已朽。在墓室西南部出土第三面铜镜铜华连弧镜，与陶器、铜器混在一起。

从该墓清理出一些较为特殊的随葬品来看，墓主人生前具有一定的身份、地位。由于长沙地区为酸性土壤，所以一般墓中尸骨已腐朽无存，未留痕迹。考古学者根据棺椁范围与随葬品的配置推测，此墓应该是一座合葬墓[2]。（霍宏伟）

[1] 余敦康：《周易现代解读》，中华书局，2016年，第21页。

[2] 中国科学院考古研究所：《长沙发掘报告》，科学出版社，1957年，第1—3、91—92、116、122—123、172页。图六八，图版肆玖，1；M211：32，图版陆柒，3；M211：20，图版陆捌，1；M211：3，类似M255：2，图版陆玖，1。

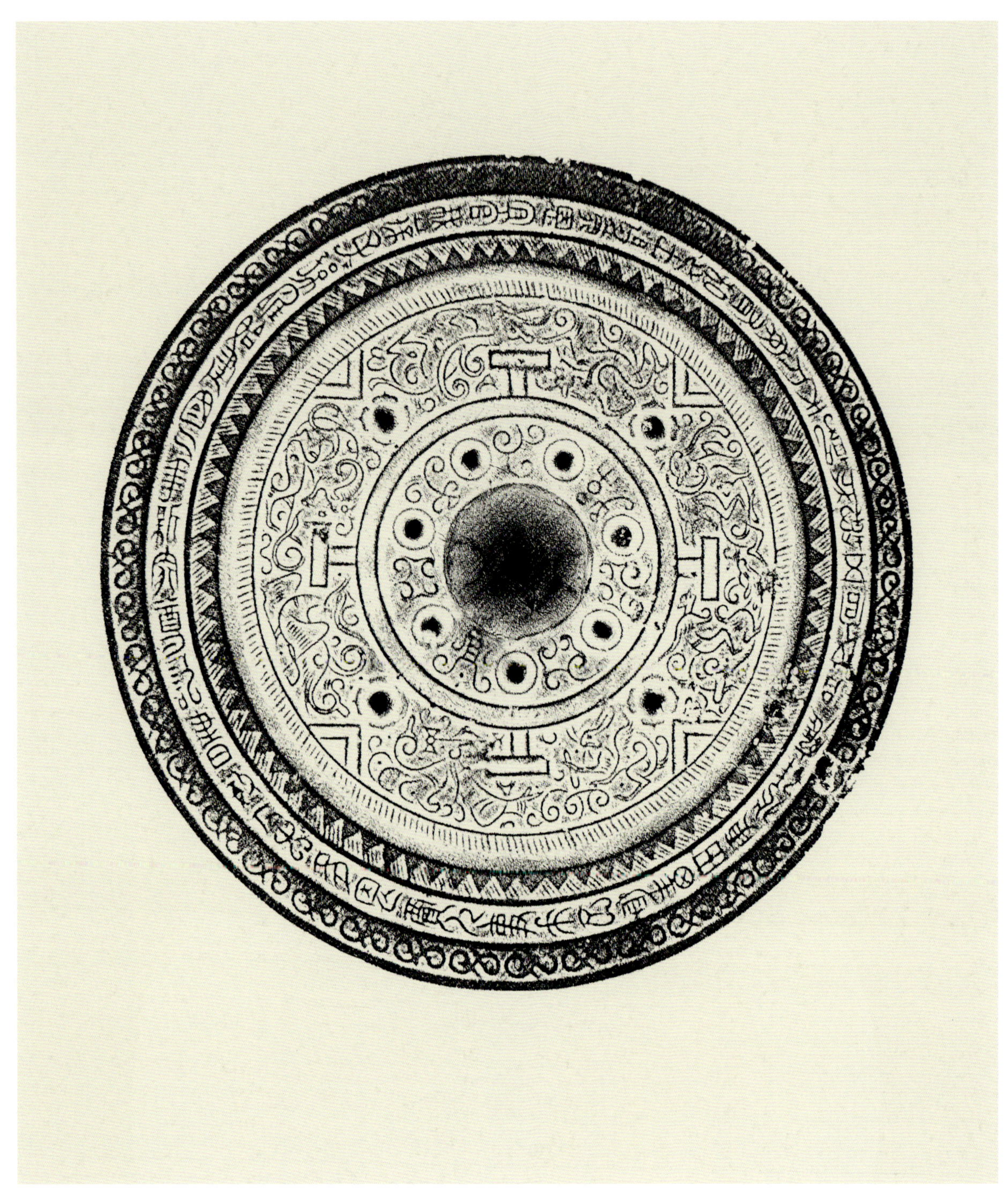

56. 始建国二年瑞兽博局纹铜镜

编号：Y244

时代：新莽始建国二年（10）

尺寸：直径16.1厘米，缘厚0.4厘米

圆形，圆钮，圆钮座。座外以一周凸起的弦纹圈带将镜背分为内、外两区。内区绕钮一周等距饰以七枚乳钉纹，其间分布有线条纤细的篆书体阳铭及变体涡纹，三字铭文连读为“宜子孙”。外区以T、L、V及四枚乳钉纹构成的博局纹为主体纹饰，其间饰以四组形象，分别为戴胜的西王母与玉兔捣药、独角兽与朱雀、羽人与卷角兽、羽人骑兽和羽人倒骑羊。外围栉齿纹、锯齿纹各一周。接近镜缘处，有

一圈篆书体阳铭带，呈逆时针方向排列。铭文为："唯始建国二年新家尊，诏书数下大多恩。贾人事市不躬啬田。更作辟雍治校官，五谷成孰（熟）天下安。有知之士得蒙恩，宜官秩，葆子子孙。"镜体原残，后经修复，从镜拓上可以分辨出两条相交后呈V字形的残痕。

这面始建国二年镜的发现与收藏过程较为曲折。有学者指出，清代同治年间，祥符周星诒（字季贶）官福建同知时，收得于福州采铜局，遍征当时名人题跋，后赠其外孙冒广生收藏。著录于《古镜图录》《小校经阁金石文字》《尊古斋古镜集景》《汉三国六朝纪年镜图说》等书。1956年秋，由上海市文物保管委员会收购入藏，并被看作是当时国内现存最早

的一面纪年镜[1]。1959年，调拨至中国历史博物馆（中国国家博物馆前身）。关于收藏此镜易主的说法，在罗振玉《古镜图录》一书中得到了印证。该书卷上收录有“新莽始建国二年镜”拓本。罗氏在自序中说：“光绪戊戌，旅居沪上，识周季贶太守（星诒），见所藏新莽始建国镜，始见镜文中纪年号者。”并在此镜目录下小字注云：“祥符周氏藏，今归如皋冒氏。”[2]“光绪戊戌”即清代光绪二十四年（1898）。“周氏”指周星诒，“冒氏”为冒广生。

1924年朝鲜平壤汉乐浪郡遗址出土、日本东京五岛美术馆藏西汉居摄元年（6）连弧镜曾被认为是以往所知最早的纪年镜，国博藏始建国二年镜被称作国内现存最早的纪年镜[3]。2013年，笔者首次提出1996年洛阳五女冢新莽墓96HM267出土西汉永始二年（前15）四神博局

镜，是我国目前发现年代最早的纪年镜[4]。国博藏镜退居纪年镜第三，其学术价值在于，镜背上有明确的时间纪年，此镜作为铜镜史上的标准器，为解决铜镜的年代学问题提供了标尺，因而受到学术界的重视。（霍宏伟）

[1] 沈令昕：《上海市文物保管委员会所藏的几面古镜介绍》，《文物参考资料》1957年第8期。

[2] 罗振玉：《古镜图录》卷上，上虞罗氏景印，1916年，第7页。

[3] 刘永明：《汉唐纪年镜图录》，江苏古籍出版社，1999年，第1—3页。

[4] 霍宏伟、史家珍：《洛阳铜镜发现与研究述论》，霍宏伟、史家珍：《洛镜铜华：洛阳铜镜发现与研究》，科学出版社，2013年，第11页。

57. **鎏金柒言四神瑞兽博局纹铜镜**

编号：Y215

时代：新莽

尺寸：直径16.5厘米，缘厚0.5厘米

来源：1956年陕西西安东郊十里堡出土

此镜表面鎏金，圆形，圆钮，圆钮座。钮座外双线方框内置十二圆座乳钉，乳钉间有悬针篆书“子、丑、寅、卯、辰、巳、午、未、申、酉、戌、亥”十二地支铭文。其外T、L、V博局纹将内区分为四方八极，T纹两侧各置一圆座乳钉，间隙分饰青龙、白虎、朱雀、玄武四神配以姿态各异的瑞兽。外区铭文三十五字，字体为隶书兼以悬针篆书，顺时针旋读“桼（七）言之纪从镜始，仓（苍）龙居左虎在右，辟去不羊（祥）宜古（贾）市，长保二亲利孙子，寿敝金石□□□（西王母）”。外饰短斜线及三角纹一周。宽平缘上饰云气纹。与此镜纹饰、铭文相近的铜镜在安徽寿县柏家台新莽时期墓M1曾有出土[1]。（苏强）

[1] 寿县博物馆、寿县文管所:《安徽寿县东津柏家台两座汉墓的清理》,《江汉考古》1992年第4期。

58. 新有善铜四神博局纹铜镜

编号：南京2

时代：新莽

尺寸：直径20.5厘米，缘厚0.5厘米

圆形，圆钮，圆钮座。钮座外双线方框内饰十二圆座乳钉，乳钉间有篆书“子、丑、寅、卯、辰、巳、午、未、申、酉、戌、亥”十二地支铭文。其外T、L、V博局纹将内区分为四方八极，T纹两侧各饰一乳钉。每区分饰青龙配禽鸟、朱雀配独角瑞兽、白虎配独角瑞兽、玄武配羽人。外区铭文四十九字，字体为隶书兼以篆书，连读为“新有善铜出丹阳，和以银锡清且明，左龙右虎□□□，朱爵（雀）玄武顺阴阳，□子九□治中央，刻娄（镂）博局去不羊（祥），家常大富宜君王”。外饰短斜线

一周。宽平缘上饰三角纹及云气纹各一周。此镜铭文中的“刻娄（镂）博局去不羊（祥）”辞句，为此类镜定名提供了重要依据。除此镜外，铜镜上出现“博局”铭文的，尚有1993年江苏东海县尹湾汉墓M4出土铜镜（M4：1）[1]、2000年河南省南阳市牛王庙村汉墓M1出土铜镜（M1：1）[2]等。（苏强）

[1] 连云港市博物馆：《江苏东海县尹湾汉墓群发掘简报》，《文物》1996年第8期。

[2] 南阳市文物考古研究所：《河南南阳牛王庙村1号汉墓》，《文物》2005年第12期。

59. 新有善铜四神博局纹铜镜

编号：C5.584

时代：新莽

尺寸：直径23厘米，缘厚0.5厘米

圆形，圆钮，四叶纹钮座。钮座外围双线方框，内有篆书“子、丑、寅、卯、辰、巳、午、未、申、酉、戌、亥”十二地支铭，间饰十二圆座乳钉。主题纹饰由T、L、V博局纹划分为四区，T形符号两侧各有一枚内向八连弧纹座乳钉。每区分饰四神纹，四神配置情况为：青龙捧日配凤鸟、白虎捧月配独角瑞兽、朱雀配羽人骑鹿、龟蛇合体的玄武配独角长尾瑞兽，其间填饰小鸟、羽人、云纹等纹饰。之外为六十四字铭文带，首尾以三个并列圆点符号隔开，字体为隶书，连读为“新有善铜出丹阳，湅治银锡清而明。尚方御竟（镜）大毋伤，巧工刻之成文章。左龙右虎辟不羊（祥），朱鸟玄武顺阴阳。子孙备具居中央，长保二亲乐富昌，寿敝金石如侯王兮”。其外饰短斜线纹一周，宽平缘上饰锯齿纹、云气纹各一周。

此镜由T、L、V博局纹将主题纹饰划分为四方八极，其间布置四神、瑞兽等，并与十二地支铭文组合在一起。四神的位置十分有规

律，青龙在寅、白虎在申、朱雀在巳、玄武在亥。其中“T、L、V形符号组成的是一个象征天宇的图案”[1]，四神代表星宿，按五行学说与十二地支相配，从而使此镜具有了“避不羊（祥）”“顺阴阳”的作用，既是这一时期人们宇宙观的反映，也是阴阳五行、谶纬学说流行的反映。

此镜铭文中的“新”，即王莽代汉建立的新朝，故此镜属新莽时期。尚方是汉代制造御用器物的官署，据《汉书·百官公卿表》记载是少府的属官[2]。《后汉书·百官志》云：“尚方令一人，六百石。本注曰：掌上手工作御刀剑诸好器物。”[3]此镜铭文中有“尚方御竟（镜）”的辞句，或即为尚方所做。（苏强）

[1] 孙机：《汉代物质文化资料图说》（增订本），上海古籍出版社，2011年，第312页。

[2] 《汉书》卷一九上《百官公卿表》，中华书局，1962年，第731页。

[3] 《后汉书》志二六《百官》，中华书局，1965年，第3596页。

60. **贵君子孙瑞兽博局纹铜镜**

编号：C5.646

时代：新莽

尺寸：直径16厘米，缘厚0.6厘米

圆形，圆钮，四叶纹钮座。钮座外有双线方框。主题纹饰由一周锯齿纹分为内外两区。内区T形符号和圆座四乳钉间饰羽人、瑞兽及隶书“贵君、子孙、苌（长）宜、车马”八字铭文。外区在L、V符号间饰瑞兽纹。近缘处饰短斜线纹。镜缘饰双线波折纹配连珠纹一周。此镜纹饰与河南洛阳铁路站线123号墓出土新莽鸟兽博局镜[1]相近，但前者博局纹外无一圈菱形纹。（苏强）

[1] 洛阳博物馆:《洛阳出土铜镜》，文物出版社，1988年，黑白图版30。

61. 几何博局纹铜镜

编号：C5.676

时代：新莽

尺寸：直径10.4厘米，缘厚0.5厘米

圆形，圆钮，四叶纹钮座，外围凹面宽带。主题纹饰区有T、L、V博局纹，在博局纹的T、L符号间有长方形条带，内填饰菱形几何纹。条带两侧饰禽鸟及云气纹。之外有短斜线纹一周。镜缘饰双线波折纹配连珠纹一周。与此镜纹饰相近的铜镜在河南洛阳烧沟新莽或稍后时期墓M60[1]及M1028A[2]曾有出土。（苏强）

[1] 洛阳区考古发掘队：《洛阳烧沟汉墓》，科学出版社，1959年，图七四甲，3；图版肆肆，2。

[2] 霍宏伟、史家珍：《洛镜铜华：洛阳铜镜发现与研究》，科学出版社，2013年，图版110。

62. 宜子孙七乳四神瑞兽纹铜镜

编号：C5.3407

时代：新莽

尺寸：直径18.4厘米，缘厚0.4厘米

来源：1981年章立凡捐赠

圆形，圆钮，圆钮座。钮座外环绕九乳钉，其间有篆书铭文“宜子孙”三字及花叶纹。外饰一周S形卷草纹及一周短斜线纹。主题纹饰由七个内向八连弧纹座乳钉划分为七区，每区分饰四神及羽人、瑞兽。边缘饰锯齿纹及云气纹。与此镜纹饰相近的铜镜在河南洛阳西郊新莽或稍后的3079号墓[1]、陕西西安西北有色金属研究院新莽时期墓M29[2]、广东广州东汉前期4005号墓[3]、广西贵县北郊东汉前期墓（木材M1）[4]曾有出土，但后三座墓出土铜镜与前者相比，均有铭文带。

四神也称四灵或四象。《三辅黄图》说：“苍龙、白虎、朱雀、玄武，天之四灵。”[5]

《论衡·物势篇》说："东方，木也，其星仓（苍）龙也；西方，金也，其星白虎也；南方，火也，其星朱鸟也；北方，水也，其星玄武也。"[6]故四神代表天空中东西南北四个方向的星宿，与五行相配，反映了当时人们的宇宙观和五行学说的流行。此镜以四神配以瑞兽，并有"宜子孙"铭文，说明此镜具有"辟不祥"的作用。（苏强）

[1] 中国科学院考古研究所洛阳发掘队：《洛阳西郊汉墓发掘报告》，《考古学报》1963年第2期。

[2] 西安市文物保护考古所、郑州大学考古专业：《长安汉墓》，陕西人民出版社，2004年，图一四一；图版五，2；图版八八，7。

[3] 中国社会科学院考古研究所等：《广州汉墓》，文物出版社，1981年，图版一〇九，6；图二〇八，5。

[4] 广西壮族自治区文物工作队：《广西贵县北郊汉墓》，《考古》1985年第3期。

[5] 何清谷：《三辅黄图校释》，中华书局，2005年，第160页。

[6] 黄晖：《论衡校释》，中华书局，1990年，第150、151页。

63. 三鸟三乳钉纹铜镜

编号：C5.604

时代：东汉

尺寸：直径10.2厘米，缘厚0.3厘米

圆形，圆钮，圆钮座。钮座外置三圆座乳钉，将纹饰分为三区。每区各饰一单线勾勒的鸟纹。外有十字铭文带一周，字间以四组三短斜线相隔，铭文中的文字多不可识，似为装饰性文字。外围短斜线纹及锯齿纹各一周。斜缘。此类镜纹饰通常为四乳四鸟、五乳五鸟、六乳六鸟[1]，而三乳三鸟较为少见。（苏强）

[1] 孔祥星、刘一曼：《中国铜镜图典》，文物出版社，1992年，第262、334、343页。

64. 汉有名铜四神博局纹铜镜

编号：C5.3397
时代：东汉
尺寸：直径23厘米，缘厚0.6厘米
来源：1981年章立凡捐赠

圆形，圆钮，圆钮座。钮座外双线方框内饰十二圆座乳钉，乳钉间有十二地支铭文，字体为篆书。其外T、L、V博局纹将内区分为四方八极，T纹两侧各饰一连弧纹座乳钉。分别饰有青龙配独角瑞兽、朱鸟配瑞兽、白虎配独角瑞兽、玄武配羽人和蟾蜍，纹饰间填饰云气纹。外区为四十二字隶书铭文带，连读为“汉有名铜出丹阳，锻以银锡清如明，左龙右虎主

三（四）彭，朱爵（雀）玄武顺阴阳，八子九孙治中央，刻以银锡成文章”，铭文首尾以圆点相分隔。外围短斜线纹一周。宽平缘上饰三角纹及瑞兽纹带。丹阳郡是汉代较为重要的产铜地。汉武帝元封二年（前109），更秦故鄣郡为丹阳郡，属扬州，有铜官。此镜边缘纹饰华丽，较为少见，类似的边缘纹饰亦见于湖南零陵、长沙瓦砚池等地出土的东汉汉有善铜博局纹镜[1]及浙江绍兴出土的东汉博局禽兽纹镜及博局四神纹镜[2]上。（苏强）

[1] 周世荣：《铜镜图案——湖南出土历代铜镜》，湖南美术出版社，1987年，图61、63、64。

[2] 王士伦、王牧：《浙江出土铜镜》（修订本），文物出版社，2006年，图版10、15。

65. 李师作四神禽兽纹铜镜

编号：C5.3041

时代：东汉

尺寸：直径17.7厘米，缘厚0.7厘米

圆形，圆钮，圆钮座。钮座外有九个圆座乳钉，间饰花瓣纹。外围两周短斜线纹间夹一凸弦纹带。其外为纹饰带，顺时针为玄武、朱雀、青龙、瑞兽、羽人、禽鸟、白虎，纹饰间由七个圆座乳钉相间隔。外为十八字隶书铭文带，顺时针旋读“李师作竟（镜）真大巧，上有仙人不知老，渴饮玉泉”。外为短斜线纹一周。镜缘纹饰复杂，顺时针为羽人、青龙、蛇缠鱼、长羽尾瑞兽、朱雀、白虎，均为浅平雕。与此镜纹饰相近

的铜镜在陕西西安东郊高楼村5号（补）第1号汉墓[1]、湖南长沙丝茅冲4区第3号墓[2]、广西贵港市铁路新村M2[3]曾有出土。

东汉铜镜的铭文中，出现了众多作镜工匠的姓氏，如田氏、陈氏、侯氏、张氏、龙氏、池式、柏氏、周氏、赵氏、李氏等，说明当时私人工匠铸镜已成风气，同时也具有商标的性质。（苏强）

[1] 陕西省文物管理委员会:《陕西省出土铜镜》，文物出版社，1959年，图版59。

[2] 湖南省博物馆:《湖南出土铜镜图录》，文物出版社，1960年，图版60。

[3] 广西壮族自治区博物馆:《广西铜镜》，文物出版社，2004年，图版54。

66. 田氏七乳四神羽人瑞兽纹铜镜

编号：Y217

时代：东汉

尺寸：直径22.7厘米，缘厚0.9厘米

来源：1956年河南南阳百里奚村汉墓出土

圆形，圆钮，圆钮座。座外环列九枚圆座乳钉，其间有铭文“长宜子孙”四字，字体为悬针篆。其外两周凸弦纹带内有铭文二十八字，字体为隶书，连读为“田氏作竟（镜）大毋伤，新有善同（铜）出丹阳，湅治银锡清如明，得此竟（镜）家当千万”。一周弦纹将主题纹饰分为内外两区。内区七枚四叶座乳钉间分饰线条勾勒的青龙、朱雀、玄武、白虎、羽人击铎、羽人

抚琴、羽人跳丸、卧羊。外区饰浅浮雕白虎、玄武、青龙、三足乌、羽人，虎、龙、蛇的躯体及尾部均细长弯曲。其外饰短斜线纹一周。镜缘内圈饰连珠纹一周，外圈饰平雕青龙、白虎、朱雀、三足乌及姿态各异的瑞兽。南阳百里奚汉墓属东汉前期墓[1]。与此镜类似的铜镜在湖南长沙、浙江绍兴漓渚曾有出土[2]。（苏强）

[1] 宋蓉：《南阳地区汉代墓葬研究——兼论南阳地区汉文化的形成》，《考古学报》2015年第2期。

[2] 孔祥星、刘一曼：《中国铜镜图典》，文物出版社，1992年，第349、350页。

（范立摄影）

67. 七乳禽兽纹铜镜

编号：C5.589

时代：东汉

尺寸：直径17厘米，缘厚1.3厘米

圆形，圆钮，圆钮座。钮座下叠压一伏兽，露出二后肢及卷尾。钮座左侧饰头生双角的站立怪兽，钮座上方饰玄武。外围双线圈带。其外饰等距排列的七圆座乳钉，乳钉间有双鸟、蛇、玄武、羽人等纹饰。外围单线圈带间有龙、虎、禽鸟、羊、羽人、瑞兽等纹饰。其外饰短斜线纹一周。勾连云气纹缘。与此镜类似的铜镜在广东韶关东汉前期墓曾有出土[1]。（苏强）

[1] 孔祥星、刘一曼：《中国铜镜图典》，文物出版社，1992年，第364页。

68. 君宜高官连弧纹凹面圈带铜镜

编号：C5.613

时代：东汉

尺寸：直径11.5厘米，缘厚0.4厘米

圆形，圆钮，圆钮座。钮座向外均匀放射出四蝙蝠形叶纹。叶纹间各有铭文一字，顺时针旋读为“君宜高官”，字体为悬针篆，具有装饰性。外围内向八连弧纹，连弧与镜缘间有一周凹面圈带。素宽平缘。

与此镜纹饰相近的铜镜在陕西西安雅荷智能家园东汉中期墓M4[1]、河南三门峡刘家渠东汉中晚期墓M3[2]、河南洛阳烧沟东汉晚期墓M147[3]、安徽萧县东汉晚期墓XPM173[4]、陕西西安西北国棉五厂东汉晚期墓M21[5]均曾有出土。（苏强）

[1] 西安市文物保护考古所：《西安东汉墓》，文物出版社，2009年，图八〇；图版四五，2。

[2] 三门峡市文物工作队：《三门峡市刘家渠汉墓的发掘》，《华夏考古》1994年第1期。

[3] 洛阳区考古发掘队：《洛阳烧沟汉墓》，科学出版社，1959年，图七七，1；图版肆伍，2。

[4] 安徽省文物考古研究所、安徽省萧县博物馆：《萧县汉墓》，文物出版社，2008年，图一四〇，1。

[5] 西安市文物保护考古所：《西安东汉墓》，文物出版社，2009年，图一八五，2；图版一三一，6。

69. 尚方变形四叶兽首纹铜镜

编号：C5.608

时代：东汉

尺寸：直径11.7厘米，缘厚0.3厘米

圆形，双龙钮，圆钮座。弧线四边形四委角连接蝙蝠形四叶纹。四叶内各饰一兽首，兽首作正视状，圆目，细鼻梁，阔口，额两侧飘起毛发。四叶间亦各饰一兽首纹，呈正视状，四周饰卷云纹毛发。其外两周弦纹间有三十字隶书铭文带，连读为“尚方作竟（镜）明如日月不已，寿如东王父西王母，长宜子孙，位至三公，君宜高官”，外围连珠纹及四十八内向连弧纹一周。镜缘饰几何菱纹带。

此镜纹饰与1986年湖北十堰市发现的变形四叶纹镜[1]相近，后者有铭文“光和四年……”为东汉灵帝年号即公元181年。此外，类似的铜镜在《中国纪年铜镜：两汉至六朝》一书收录有多面[2]，如永寿三年铭变形四叶兽首镜，永寿三年为东汉桓帝年号，即公元157年。延熹十年铭变形四叶兽首镜，延熹十年为东汉桓帝年号，即公元167年。建宁元年铭变形四叶兽首镜，建宁

元年为东汉灵帝年号，即公元168年。熹平三年变形四叶兽首镜，熹平三年为东汉灵帝年号，即公元174年。熹平四年变形四叶兽首镜，熹平四年为东汉灵帝年号，即公元175年。中平四年铭变形四叶兽首镜，中平四年为东汉灵帝年号，即公元187年。此类镜在三国时期仍可见，如甘露四年铭变形四叶兽首镜[3]，甘露四年是魏曹髦在位的第六年，即公元259年。甘露五年铭变形四叶兽首镜[4]，甘露五年是魏曹髦在位的第七年，即公元260年。故此类镜主要流行于东汉桓灵时期，沿用至三国时期。（苏强）

[1] 祝恒富：《湖北十堰市发现一枚汉代铜镜》，《考古》2004年第7期。

[2] 王纲怀：《中国纪年铜镜：两汉至六朝》，上海古籍出版社，2015年，图22、30、34、40、41、47。

[3] 刘永明：《汉唐纪年镜图录》，江苏古籍出版社，1999年，第84页。

[4] 同[2]，图114、115。

70. □嘉元年变形四叶对凤纹铜镜

编号：C5.590

时代：东汉

尺寸：直径17.7厘米，缘厚0.4厘米

圆形，圆钮，圆钮座。座外围饰以平雕剔地变形四叶纹，顶端呈宝珠形。四叶内角各有铭文一字，顺时针旋读为“长宜子孙”，字体为篆书。四叶间饰图案化的八凤纹，立冠垂尾，两两相对。外围十六内向连弧纹带一周。其外为七十六字铭文带，顺时针旋读“□加（嘉）元年五月丙午，造作广汉西蜀尚方明竟（镜）。和合三阳，幽練（湅）白黄，明如日月，照见四方，师得延年，长乐未央。买此竟（镜）者家富昌，五男四女为侯王，若买此镜居大市，家□南佳（街）名都里，有小弟字戊子”，字体为隶书。镜缘饰几何菱形纹。与此镜纹饰、铭文基本相同的铜镜在梁上椿《岩窟藏镜》一书中亦有收录[1]。

目前，学者们对于此镜铭文中的“□加（嘉）元年”存在不同释读。日本学者梅原末治补释作“永”[2]，即汉冲帝“永嘉元年（145）”。但中国学者方诗铭据钱大昕《十驾斋养新录》卷六“永憙年号”条，“嘉”实为“憙”字之误。东汉年号末一字为“嘉”字的，有顺帝的“阳嘉”、桓帝的“元嘉”，现姑定为“阳嘉元年（132）”[3]。

值得注意的是，此镜铭文中有“造作广汉西蜀尚方明竟（镜）”的辞句，说明此镜是在蜀地制作的，即所谓“纪年蜀镜”[4]。此类纪年蜀镜在河南南阳、湖南湘阴、浙江等地均曾有出

土。此外重庆三峡博物馆、湖北十堰市博物馆、河南南阳市博物馆、美国哈佛大学美术馆、美国华盛顿弗瑞尔美术馆亦有收藏。除变形四叶对凤镜外，尚有四神兽镜、半圆方枚神兽镜、环状乳半圆方枚神兽镜、四方枚瑞兽镜、变形四叶兽首镜等类型。纪年则有元兴元年（105）、永寿二年（156）、永寿三年（157）、延熹二年（159）、延熹三年（160）、延熹六年（163）、熹平三年（174）、光和四年（181）、中平四年（187）。故此类镜出现于东汉中期，流行于东汉晚期[5]。（苏强）

[1] 参见[日]梅原末治:《汉三国六朝纪年镜图说》，同朋舍，1984年，图版六。

[2] 同[1]，第18—19页。

[3] 方诗铭:《从出土文物看汉代“工官”的一些问题》，《上海博物馆集刊——建馆三十周年特辑》，上海古籍出版社，1983年。

[4] 苏奎:《东汉纪年蜀镜的初步考察》，《中国国家博物馆馆刊》2013年第12期。

[5] 参见赵化成:《广汉西蜀纪年镜综论》，《考古学研究（三）》，科学出版社，1997年。苏奎:《东汉纪年蜀镜的初步考察》，《中国国家博物馆馆刊》2013年第12期。

71. 君宜官变形四叶瑞兽纹铜镜

编号：C5.2569

时代：东汉

尺寸：直径14.2厘米，缘厚0.8厘米

圆形，圆钮，圆钮座。钮座外十字形伸出双重卷叶纹，将镜背纹饰分为四区。每区各饰一姿态不同的奔跑瑞兽。其中三区内瑞兽后部均有篆书铭文一字，连读为“君宜官”。外围一周凸弦纹及短斜线纹带。素宽平缘。此类铜镜在湖南、河南洛阳东汉墓曾有出土[1]，但变形四叶的形状不同。（苏强）

[1] 孔祥星、刘一曼：《中国铜镜图典》，文物出版社，1992年，第406—408页。

72. 吴郡张元公环状乳神人禽兽纹铜镜

编号：C5.694

时代：东汉

尺寸：直径11.7厘米，缘厚0.3厘米

圆形，圆钮，钮外为一圈小乳与线条相间。内区环绕钮座饰四组神人与四组禽兽相间。其中两组为神人端坐中央，左右两侧环状乳上分饰神鸟、瑞兽。另一组为神人端坐，神人前的环状乳上饰一神鸟，神人后的环状乳上饰一跪地侍者。相对一组为主神端坐中央，两侧环状乳上各站立一侍者。纹饰间饰三兽衔巨及一神鸟衔巨。其外一周半圆与方枚相间环列，半圆方枚饰涡纹，每一方枚内各有隶书铭文一字，顺时针旋读为："吾作明镜，幽湅三商，长□子孙。"外区饰锯齿纹一周。其外为隶书铭文四十七字，顺时针旋读"吴郡胡阳张元公，制作虚无，自异于众，造为明镜，日月合萌，四时永则，水□□王，光□和亲，富贵番昌，百精并存，其师命长"。镜缘饰涡纹。张元公为东汉镜工，1973年浙江绍兴县上游公社出土东汉环状乳半圆方枚神兽镜[1]，与此镜纹饰、铭文基本相同。（苏强）

[1] 王士伦、王牧：《浙江出土铜镜》（修订本），文物出版社，2006年，图版50。

73. 同向式神兽铜镜

编号：C5.653

时代：东汉

尺寸：直径12.1厘米，缘厚0.4厘米

圆形，扁圆钮，钮外饰连珠纹一周。内区纹饰分为三组。第一组在钮上方，饰二神人相对端坐，两侧各饰一瑞兽衔巨。第二组饰二神人夹钮相对，其中一神人端坐，另一神人坐于一神鸟上。第三组在钮下方饰二神人相对而坐，两侧饰二瑞兽衔巨。外围十二半圆与十二方枚相间环绕。半圆上饰涡纹，每方枚上有铭文一字。其外为锯齿纹一周。外区为铭文带。方枚与铭文带文字多为减笔，难以辨识。与此镜类似的铜镜在浙江绍兴、宁波、金华、龙游等地曾有较多出土[1]。（苏强）

[1] 王士伦、王牧：《浙江出土铜镜》（修订本），文物出版社，2006年，彩版50、51，图版55、57—58、67—68。

74. 吾作同向式神兽铜镜

编号：C5.674

时代：东汉

尺寸：直径9厘米，缘厚0.3厘米

圆形，圆钮，圆钮座。内区上部饰一神人端坐，两侧分饰青龙、白虎。中部饰二神人相对而坐。下部饰朱雀。外为十半圆与十方枚相间环绕。半圆上饰圆涡纹。每方枚内各有隶书铭文一字，连读为："作明三季至商周刻吉羊（祥）。"外饰锯齿纹一周。外区为隶书铭文四十一字，顺时针旋读"吾作明竟（镜），三湅至商，周刻無祀，白见耒卖，季之日月同光，自作大兼，长乐万宜章，夫百士王至三公，见命羊（祥）"。镜缘饰勾连云纹。（苏强）

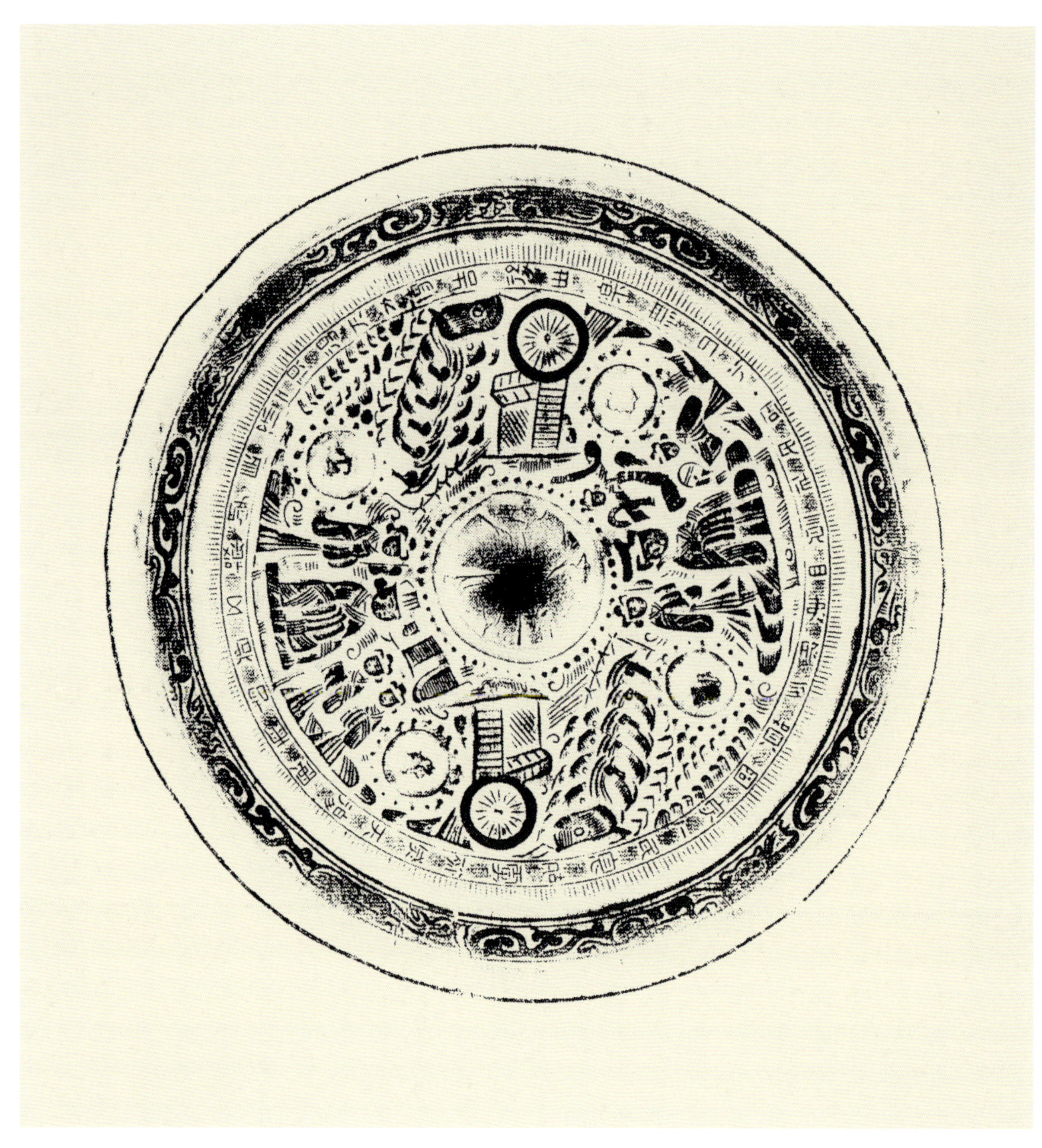

75. 周氏神人车马画像铜镜

编号：C5.2566

时代：东汉

尺寸：直径22厘米，缘厚1.9厘米

圆形，大圆钮，圆钮座，钮座外围连珠纹一周。其外置四枚圆座乳钉，座外亦围以连珠纹。乳钉将纹饰分为四区：钮上下两区均饰五马驾车向前飞奔，车舆甚高，车后曳帛，车内一人露出头部。马前饰重叠的山峰。钮左侧饰一主神端坐中间，左侧站立一侍者，右侧上部有一羽人，下部饰二侍者。钮右侧饰一主神端坐中间，左侧站立一侍者，右侧上部一人跳舞，下部一侍者手拿乐器伴奏。纹饰均为浅浮雕。其外有四十二字隶书铭文，顺时针旋读“周氏作竟（镜）四夷服，多贺国家人民息，胡虏殄灭天复，风雨时节五穀孰（熟），长保二亲得天力，传告后世乐无已兮”，铭文首尾以圆点相分隔。外围短斜线纹一

周。镜缘饰平雕飞禽走兽纹带。

此类画像镜在浙江绍兴、诸暨、奉化等地出土较多[1]。其中浙江绍兴出土的一枚神人车马画像镜铭文句首为“吴向阳周是作竟……”，“吴”为吴郡吴县（今江苏省苏州市），“向阳”为里名，“周是”即“周氏”，当为铸镜工匠的姓氏。《绍兴古镜聚英》收录有周氏作神人车马画像镜[2]，铭文句首为“周氏作竟四夷服……”。故此三枚铜镜当为同姓匠师所铸。（苏强）

[1] 王士伦、王牧：《浙江出土铜镜》（修订本），文物出版社， 2006年，彩版12—15，图版22。

[2] [日]梅原末治：《绍兴古镜聚英》，同朋舍，1984年，图版59。

76. 柏氏神人车马画像铜镜

编号：C5.648

时代：东汉

尺寸：直径20.1厘米，缘厚0.8厘米

来源：传浙江绍兴出土

圆形，圆钮，圆钮座，环绕一周连珠纹。钮座外为主区纹饰，四枚连珠纹圆座乳钉将纹饰分为四区。镜钮下方，一位神人头戴冠，端坐中央，右侧铸三字隶书阳文榜题“东王公”。有一侍者跽坐于其身后，面前有一人行礼叩拜。镜

钮上方，另一位神人坐于正中，左下角铸三字隶书阳文榜题“西王母”，字小横置，不易辨识。西王母身后一羽人踞坐吹笙，面前两羽人跳七盘舞，下有一羽人侍奉。镜钮左侧，四马驾辎车，奔腾驰骋。其中，两马昂首向前，两马回首顾盼。钮右侧，上部有一位武士骑马前行，持矛回身，刺向飞龙。下部一位武士骑在马上，张弓搭箭，反身射向一只扑来的猛虎。主区纹饰之外，环绕一周铭文带，共计四十五字，顺时针旋读，隶书体阳铭：“吴向里柏氏作竟（镜）四夷服，

多贺国家人民息，胡虏殄灭天下复，风雨时节五穀孰（熟），长保二亲天力，传告后世乐无极兮。”首字“吴”与尾字“兮”之间以三枚凸点纹相隔。外围栉齿纹、锯齿纹、双线波折纹、锯齿纹各一周。宽斜素缘。

镜背纹饰为浅浮雕，四分法环绕式构图，主题突出，布局缜密。铸造细致入微，造型能力较强。镜体呈黑色，因历时日久，黑色器表局部斑驳脱落，露出体内淡绿色。《馆藏铜镜选辑（三）》著录[1]。在东汉神人车马画像镜上，神人形象有榜题以确定身份者少见。镜背上铸以三字隶书阳文榜题“东王公”者较少，

而在一面镜上，同时出现榜题“东王公”“西王母”者更是稀见，另见于浙江绍兴出土的一面东汉神仙画像镜上[2]。国博藏柏氏神人车马画像镜就是这样一面两者兼备的铜镜，较为珍贵。（霍宏伟）

[1] 杨桂荣：《馆藏铜镜选辑（三）》，《中国历史博物馆馆刊》1993年第1期，第126页，图113。

[2] 王士伦、王牧：《浙江出土铜镜》（修订本），文物出版社，2006年，图版32，图版说明第229页。

77. 天马白虎神人画像铜镜

编号：C5.644

时代：东汉

尺寸：直径21厘米，缘厚1.3厘米

圆形，圆钮，圆钮座，环绕一周连珠纹。四枚连珠纹圆座乳钉将镜背分为四区。镜钮上下，头戴高冠的西王母与戴着三山冠的东王公，隔钮而置。两位神人均为居中而坐，其前后各有三羽人跽坐俯身。镜钮左侧，一匹骏马昂首张口，引颈回顾，四蹄奔腾，马尾上扬。马的左上角，一羽人侧身跽坐；马的右上角，铸两字篆书榜题“天马”，标明了骏马的品种非同寻常。镜钮右侧，一只翼虎转颈回首，虎目圆睁，虎口大张，

张牙舞爪，虎尾上翘。猛虎的左上角，铸两字篆书榜题“白虎”。主区纹饰之外，环绕两周双线凸弦纹，夹一周栉齿纹。外围云气纹一周。宽素斜缘。

虽然该镜背纹饰为浅浮雕，却具有较强的视觉冲击力。东王公、西王母的庄严肃穆，不仅和羽人的渺小、卑微，而且与天马、白虎的奔腾、咆哮，形成了反差。《馆藏铜镜选辑（三）》著录[1]。在汉代文物中，有榜题自名“天马”形象者极少，出现在铜镜上的“天马”铭文仅见此例。

“天马”一词，最早见于《山海经·北次三经》：“马成之山……有兽焉，其状如白犬而黑头，见人则飞，其名曰天马，其鸣自訆。”[2]这是指一种奇异的神兽。真正以“天马”作为骏马

之名者，《史记·大宛列传》有载，汉武帝“得乌孙马好，名曰‘天马’。及得大宛汗血马，益壮，更名乌孙马曰‘西极’，名大宛马曰‘天马’云”[3]。有学者指出，来自西域的良马，“其初始的意义在进入到中土之后却已经被彻底地加以了神化和改造，与中国先秦以来的以升仙不死为中核的‘昆仑’神话系统发生了密切联系。这些西域的良马被赋予能够托举乘者登仙，通过昆仑、天门（阊阖）最终进入‘天国’的神奇功能，因而被称为‘天马’。而这场‘造神运动’的始作俑者看来就是汉武帝本人。……由于汉代帝王深信西极天马是能够载其通达昆仑、天门进而升入天国的神马，对天马的崇拜之风也必定风行全国”。在今陕西、河南、四川等地出土

的一些玉器、陶器、画像石及画像砖上，均可看到汉代天马的形象[4]。国博收藏的这面带有“天马”铭文的画像镜，应当就是汉代天马崇拜之风盛行的产物。（霍宏伟）

[1] 杨桂荣：《馆藏铜镜选辑（三）》，《中国历史博物馆馆刊》1993年第1期，第126页，图116。

[2] 袁珂：《山海经校注》，上海古籍出版社，1980年，第86页。

[3] 《史记》卷一二三《大宛列传》，中华书局，1975年，第3170页。

[4] 霍巍、赵德云：《战国秦汉时期中国西南的对外文化交流》，巴蜀书社，2007年，第205—214页。

78. 神人龙虎纹画像铜镜

编号：C5.3695

时代：东汉

尺寸：直径18.4厘米，缘厚0.5厘米

圆形，圆钮，圆钮座。钮座四角饰三角纹及三组短斜线纹。外围双线方框。方框四角外各置一圆座乳钉，将纹饰分为四组。钮上部饰东王公端坐正中，两侧各有一羽人。钮下部饰西王母端坐正中，左侧有一跽坐羽人，右侧有一站立羽人，羽人与西王母间有隶书榜题“西王母”三字。钮左侧饰奔跑的白虎。钮右侧饰回首的青龙。外围短斜线一周。镜缘饰勾连云纹带。

此类画像镜在浙江绍兴、诸暨、兰溪等地出土较多[1]。西王母是仙人之名。据《山海经·西山经》记载：“又西三百五十里，曰玉山，是西王母所居也。西王母其状如人，豹尾虎齿而善啸，蓬发戴胜，是司天之厉及五残。”[2]此外，《竹书纪年》《穆天子传》等文献中也有关于西王母的描写。东汉画像镜上的西王母多形似世俗贵妇，身着大袖宽袍，两侧有羽人、玉女作为侍者。（苏强）

[1] [日]梅原末治：《绍兴古镜聚英》，同朋舍，1984年，图版27—32、35上、53、54。王士伦、王牧：《浙江出土铜镜》（修订本），文物出版社，2006年，彩版22—23，图版27—29、31。

[2] 袁珂：《山海经校注》，上海古籍出版社，1980年，第50页。

79. 神人禽兽画像铜镜

编号：C5.647

时代：东汉

尺寸：直径21.5厘米，缘厚1厘米

圆形，大圆钮，圆钮座，外围以花瓣纹和双线方框。方框四角各置一圆座乳钉，将纹饰分为四区。钮上部饰四怪兽并列飞奔，三羽人倒骑在怪兽上，手持长柄羽尾旗，其后有一长

颈兽。钮下部饰四回首怪兽，并列向前飞奔。钮左侧饰五马向前飞奔，三羽人手持长柄羽尾旗坐于马上，最外侧一马作回首状。五马后有一马回身后望。钮右侧中间一人在跳七盘舞。左上饰一投壶，后有二人端坐吹排箫，下饰一鸟。右上一人作投壶状，下有一人在抚琴，其后饰一神人骑凤。外围短斜线纹一周。镜缘饰勾连云纹带。

七盘舞，又称“盘鼓舞”，是汉代常见的一种舞蹈形式。表演时先将盘、鼓置于地上，舞者身着长袖服装，在盘、鼓上跳跃舞蹈。山东、河南等地出土的汉代画像石、画像砖中均有“七盘舞”的形象。（苏强）

80. **神人杂技纹画像铜镜**

编号：C5.599

时代：东汉

尺寸：直径13.8厘米，缘厚0.5厘米

圆形，大圆钮，圆钮座。钮座外五枚圆座乳钉将纹饰分为五区。钮上部饰端坐的西王母，左侧乳钉处有隶书榜题“西王母”三字。钮下部饰端坐的东王父，右侧有一倒置的瑞兽，其间有隶

书榜题“东王父”三字。钮左侧饰二人舞蹈。钮左下侧饰两匹奔马，一人骑于一马之上。钮右侧饰一人表演跳丸。外围短斜线纹及二周锯齿纹。斜缘。与此镜类似的杂技舞蹈画像镜在浙江绍兴曾有出土[1]。

跳丸是我国杂技中的传统节目，在先秦时称为弄丸。跳丸表演时杂技艺人用手熟练而巧妙地抛接多个弹丸，一般用七丸，但在汉代的图像中见有跳三、六、八、九丸者不等。（苏强）

[1] 王士伦、王牧：《浙江出土铜镜》（修订本），文物出版社，2006年，图版33。

81. 羽人龙虎瑞兽纹画像铜镜

编号：C5.2567

时代：东汉

尺寸：直径23.8厘米，缘厚1.1厘米

圆形，大圆钮，圆钮座，外饰波浪纹及双线方框。方框四角各置一枚四叶纹座乳钉，将纹饰分为四区。方框上部饰羽人骑一独角瑞兽，瑞兽头部与尾部各有一羽人。方框下部饰羽人喂鹿，羽人脚下有一条鱼，鹿后有二羽人正在垂钓。方框左侧饰羽人骑白虎，虎前、后各饰一羽人。方框右侧饰羽人骑青龙，青龙张口，前有一羽人手

捧物正在喂食。龙后亦饰一捧物羽人。龙下饰二条鱼。外围短斜线纹。镜缘内圈饰锯齿纹一周，外圈饰平雕禽兽纹带。

东汉铜镜上表现人们日常生活的纹饰题材逐渐增多，如捕鱼、狩猎、歌舞、百戏等。北京故宫博物院收藏的一面渔猎博局纹镜[1]，其中一组纹饰即表现的是羽人捕鱼的情景。但羽人垂钓纹饰在汉代铜镜上较为少见。（苏强）

[1] 何林:《故宫藏镜》，紫禁城出版社，2008年，图版16。

82. 瑞兽纹画像铜镜

编号：C5.3396

时代：东汉

尺寸：直径19.4厘米，缘厚0.4厘米

来源：1981年章立凡捐赠

圆形，大圆钮，圆钮座。座外伸出四单线勾勒的叶纹，其间由四短直线相分隔。外围双线方框。方框四角各置一圆座乳钉，将纹饰分为四区。方框上部饰一回首龙纹。方框下部饰一大角羊，羊背上饰一鸟。方框左侧饰朱雀。方框右侧饰一回首猴纹，身后的乳钉处伸出一兽首。外围短斜线纹一周。镜缘饰锯齿纹及平雕禽兽纹带。

此类画像镜在浙江绍兴、安吉、漓渚等地出土较多[1]。纹饰为浮雕，纹饰内容除青龙、白虎、朱雀外，尚有大角羊、鹿、羽人、猴、人面羊角兽等纹饰。（苏强）

[1] 王士伦、王牧：《浙江出土铜镜》（修订本），文物出版社，2006年，彩版21、28、29，图版35—40。

83. **瑞兽纹画像铜镜**

编号：C5.3098

时代：东汉

尺寸：直径18.6厘米，缘厚0.6厘米

圆形，圆钮，圆钮座。座外饰一周竹节纹。其外伸出四组山形纹。外围双线方框。方框四角各置一圆座乳钉，将主题纹饰分为四区。方框上部饰羽人与一回首龙纹。方框下部饰羽人追逐一瑞兽。方框左侧饰一回首瑞兽。方框右侧饰一回首鹿纹。外围一周短斜线纹。镜缘饰云气纹。斜缘。（苏强）

84. 长宜官夔凤纹铜镜

编号：C5.596

时代：东汉

尺寸：直径13.4厘米，缘厚0.3厘米

圆形，圆钮，圆钮座。钮座上下各有隶书铭文三字，由钮座向镜缘方向排列，上为“寿万年”，下为“长宜官”。钮座两侧各饰一条相对倒置的夔凤纹，躯体呈S形，两端有首，一端为夔首，一端为凤首。夔凤纹外为内向十二连弧纹，其外为一周凹弦纹带。素宽缘。

与此镜纹饰相近的铜镜在天津武清东汉中期鲜于璜墓[1]、河南洛阳烧沟东汉早、中期120号墓[2]均曾有出土。此类镜多为双夔纹，而此镜为夔凤纹，较为少见。（苏强）

[1] 天津市文物管理处考古队：《武清东汉鲜于璜墓》，《考古学报》1982年第3期。

[2] 洛阳区考古发掘队：《洛阳烧沟汉墓》，科学出版社，1959年，图七六，2；图版肆五，4。

85. 盘龙纹铜镜

编号：C5.615

时代：东汉

尺寸：直径9.3厘米，缘厚0.5厘米

圆形，圆钮，圆钮座。绕钮座饰一盘曲的龙纹。龙首为侧视，圆目，张口，独角。躯体后部叠压在镜钮下。外围短斜线纹、三角纹各一周。斜缘。此类铜镜在河南省南阳市裕华商城东汉晚期墓M2 [1]、浙江绍兴[2]、广西贵港[3]、安徽六安[4]、湖北鄂州[5]曾有出土。此外，此类镜在三国时期仍有沿用，如浙江绍兴出土的三国吴盘龙镜[6]等。（苏强）

[1] 南阳市文物考古研究所：《南阳出土铜镜》，文物出版社，2010年，图二二〇；图版一〇四，2。

[2] 王士伦、王牧：《浙江出土铜镜》（修订本），文物出版社，2006年，彩版57。

[3] 广西壮族自治区博物馆：《广西铜镜》，文物出版社，2004年，图版86。

[4] 安徽省文物考古研究所、六安市文物局：《六安出土铜镜》，文物出版社，2008年，图版77。

[5] 丁堂华：《鄂州铜镜》，中国文学出版社，2002年，图79—80。

[6] 同[2]，图版97。

86. 赵氏作双龙纹铜镜

编号：C5.616

时代：东汉

尺寸：直径13.2厘米，缘厚0.7厘米

圆形，圆钮，圆钮座。双龙纹躯体相交叠压于钮下。龙首为正视，双目凸出，龙角后弯。其外两周弦纹间有隶书铭文“赵氏作”三字。外围短斜线纹一周。镜缘饰锯齿纹、勾连云纹。斜缘。此镜纹饰与陕西西安珠江新城东汉中期墓M3出土双龙纹镜（M3：55）[1]相近。（苏强）

[1] 西安市文物保护考古所:《西安东汉墓》,文物出版社,2009年,图一四九;彩版二二,5。

87. 长宜子孙龙虎纹铜镜

编号：C5.626

时代：东汉

尺寸：直径11.7厘米，缘厚0.9厘米

圆形，大圆钮，圆钮座。高浮雕一龙一虎夹钮张口对峙。龙、虎形象均为侧视，躯体部分叠压在钮下。龙、虎首间夹一篆书铭文“子”字。龙虎躯体下部有篆书铭文“长宜孙”三字，虎尾后有篆书铭文“子”字，连读为“长宜子孙”。外围短斜线纹。镜缘饰两周锯齿纹间夹一周双线波折纹。斜缘。

龙虎纹镜是东汉铜镜的常见类型，如《浙江出土铜镜》（修订本）一书中收录了12面东汉龙虎纹镜[1]。龙虎纹镜在东汉中期已经出现，如陕西西安珠江新城东汉中期墓M3[2]、陕西西安理工大学东汉中期墓M6[3]等均有出土。主要流行于东汉晚期，如湖南资兴东汉晚期墓[4]、陕西西安西北农副产品批发市场东汉晚期墓M16[5]、浙江绍兴漓渚东汉末期墓[6]等均有出土。此外，龙虎纹镜在三国、西晋、南北朝时期仍有沿用[7]。（苏强）

[1] 王士伦、王牧：《浙江出土铜镜》（修订本），文物出版社，2006年，彩版54—56、图版87—95。

[2] 西安市文物保护考古所：《西安东汉墓》，文物出版社，2009年，图一四七；图版一〇三，2；图一五〇，1；彩版二三，1。

[3] 同[2]，图一九七，6；图版一四四，1。

[4] 孔祥星、刘一曼：《中国铜镜图典》，文物出版社，1992年，第486页。

[5] 同[2]，图一六一；图版一一三，6。

[6] 浙江省文物管理委员会：《绍兴漓渚的汉墓》，《考古学报》1957年第1期。

[7] 王士伦、王牧：《浙江出土铜镜》（修订本），文物出版社，2006年，图版96。霍宏伟、史家珍：《洛镜铜华：洛阳铜镜发现与研究》，科学出版社，2013年，图版153。孔祥星、刘一曼：《中国铜镜图典》，文物出版社，1992年，第479、483页。

88. 青羊作龙虎纹铜镜

编号：C5.661

时代：东汉

尺寸：直径9.8厘米，缘厚0.4厘米

圆形，圆钮，圆钮座。座侧伸出一龟首，与镜钮组成一龟纹。高浮雕式龙虎夹钮对峙，龙、虎均张口，部分身躯叠压在钮座下。头部间饰一“五朱（铢）”钱纹。龙虎躯体下部间有隶书铭文三字“青羊作”。其外有两周弦纹，两周弦纹间饰短斜线纹、锯齿纹。镜缘饰双线波纹。斜缘。

与此镜纹饰相近的铜镜在河南省洛阳市防洪渠东汉墓M80、河南省洛阳市新安县城关镇东扬岭王园村及河南省偃师市南蔡庄石桥村均曾有出土[1]。此外，洛阳博物馆收藏的“青羊作”龙虎对峙镜与此镜纹饰、铭文亦相近[2]。铭文中的“青羊”有多种解释，或认为是吴郡镜工之名[3]；或认为是“青铜”的代名词[4]。（苏强）

---

[1] 霍宏伟、史家珍：《洛镜铜华：洛阳铜镜发现与研究》，科学出版社，2013年，图135—137。

[2] 孙海岩：《洛阳博物馆藏汉代铜镜鉴赏》，《收藏界》2010年第12期。

[3] 王仲殊：《“青羊”为吴郡镜工考——再论东汉、三国、西晋时期吴郡所产的铜镜》，《考古》1986年第7期。

[4] 刘航宁：《三羊、青羊、黄羊镜铭新考》，《中原文物》1995年第2期。

89. 青盖龙虎纹铜镜

编号：C5.634

时代：东汉

尺寸：直径9.1厘米，缘厚0.4厘米

圆形，圆钮，圆钮座。高浮雕一龙一虎张口夹钮对峙，龙身与虎身叠压在钮下。龙虎躯体下部分饰一蛇、一羊。羊、蛇间有隶书铭文“青盖”二字。外围短斜线纹一周。其外饰锯齿纹带。窄平缘。

“青盖”署名铜镜存世较多，浙江永康、武义[1]，广西钟山[2]曾有出土。此外，《小校经阁金石文字》收录有17面“青盖”铭铜镜[3]。有学者认为，“青盖”为“青祥”的假借，代指优质金属。在制作御用器物的“尚方”中有以此吉祥语命名的工匠。此后，“青盖”从“尚方”独立出来，成立了个人作坊，大约在公元70年创作出龙虎镜[4]。（苏强）

[1] 王士伦、王牧：《浙江出土铜镜》（修订本），文物出版社，2006年，图版94、95。

[2] 广西壮族自治区博物馆：《广西铜镜》，文物出版社，2004年，图版93。

[3] 刘体智：《小校经阁金石文字（五）》，大通书局，1979年，第3078—3086页。

[4] [日]冈村秀典：《汉镜分期研究》，《汉镜文化研究》，北京大学出版社，2014年。

90. 龙虎纹铜镜

编号：浙197

时代：东汉

尺寸：直径12厘米，缘厚0.8厘米

圆形，圆钮，圆钮座。高浮雕一龙与一虎张口夹钮对峙，龙身与虎身相交，叠压在镜钮下。其外饰短斜线纹一周。镜缘饰变形蟠螭纹带。斜缘。与此镜纹饰相近的铜镜在江苏省高邮市曾有出土[1]。此外，此镜龙纹及镜缘纹饰与浙江绍兴出土的东汉盘龙镜亦相近[2]。（苏强）

[1] 徐忠文、周长源：《汉广陵国铜镜》，文物出版社，2013年，图版144。

[2] 王士伦、王牧：《浙江出土铜镜》（修订本），文物出版社，2006年，彩版57。

91. 龙虎双轮纹铜镜

编号：C5.3604

时代：东汉

尺寸：直径9.3厘米，缘厚0.4厘米

圆形，圆钮，圆钮座。环钮座饰浮雕龙虎纹。龙虎首尾相对，首、尾间各夹饰一轮形纹饰。其外两周弦纹间饰短斜线纹、锯齿纹，近缘处饰单线波纹。斜缘。此镜纹饰与1984—1988年湖南省耒阳市东汉中期墓出土兽纹镜（M365：5）相近[1]。（苏强）

[1] 衡阳市博物馆:《湖南耒阳市东汉墓发掘报告》,《考古学集刊》第13集,中国大百科全书出版社,2000年。

92. 龙氏龙虎纹铜镜

编号：C5.617

时代：东汉

尺寸：直径14.1厘米，缘厚0.95厘米

圆形，圆钮，圆钮座。一龙一虎张口夹钮对峙，龙纹后又有一龙张口相随。龙虎均为高浮雕，其间填饰云气纹。其外为四十字隶书铭文带，顺时针旋读“龙氏作竟（镜）四夷服，多贺君家人民息，胡羌除灭天下复，风雨时节五，官位尊显蒙禄食，长保二亲乐无已”。外围短斜线纹带一周。镜缘在两周锯齿纹间饰双线波折纹。斜缘。

“龙氏”为作镜工匠之名，署名“龙氏”所

作之镜在安徽寿县板桥镇黄安村曾有出土[1]，上海博物馆亦有收藏[2]。此外，《小校经阁金石文字》收录“龙氏”所作之镜10面[3]。（苏强）

[1] 安徽省文物考古研究所、六安市文物局：《六安出土铜镜》，文物出版社，2008年，图版135。

[2] 上海博物馆：《练形神冶 莹质良工：上海博物馆藏铜镜精品》，上海书画出版社，2005年，图版49。

[3] 刘体智：《小校经阁金石文字》（五），大通书局，1979年，第3034—3044页。

93. 方枚鸟兽纹铜镜

编号：C5.3463

时代：东汉

尺寸：直径9.7厘米，缘厚0.25厘米

来源：1981年章立凡捐赠

圆形，圆钮，圆钮座。环钮座饰两奔兽及一展翅的神鸟。鸟兽间有三方枚，每方枚上有隶书铭文一字，连读为“青作竟（镜）”。方枚下分饰方孔圆钱、华胜及狐狸纹。外围短斜线纹及锯齿纹各一周。素宽平缘。此类铜镜在陕西地区出土较多，如陕西西安东郊白鹿原东汉晚期墓五M4、绕M13均曾有出土[1]。（苏强）

[1] 陕西省考古研究所：《白鹿原汉墓》，三秦出版社，2003年，图一〇二，2；图版三十八，2；图一〇二，3；图版三十八，3。

94. 尚方禽鸟瑞兽纹铜镜

编号：C5.3403

时代：东汉

尺寸：直径12.3厘米，缘厚0.3厘米

来源：1981年章立凡捐赠

圆形，圆钮，圆钮座，外围一周连珠纹。其外十字形分布的四个田字格将纹饰分为四区，饰一禽鸟及三瑞兽纹。每个田字格内各有四字隶书铭文，连读为“尚方作竟（镜），富贵益昌，其师命长，买者侯王”，其外饰短斜线纹带一周，镜缘饰变形缠绕夔纹。斜缘。

此镜纹饰与陕西白鹿原东汉晚期墓出土方格铭文镜（五M3：7）[1]、陕西西安市电信局第二长途通信大楼东汉晚期墓出土君宜高官四方枚四兽镜（M163：21）[2]、陕西西安曲江雁湖小区东汉晚期墓出土四方枚神兽镜（M14：25）[3]相近。（苏强）

[1] 陕西省考古研究所：《白鹿原汉墓》，三秦出版社，2003年，图一〇二，1。

[2] 西安市文物保护考古所：《西安东汉墓》，文物出版社，2009年，图一二九；彩版二五，1。

[3] 同[2]，图二二七，1；图版一六九，3。

95. 飞鸟纹铜镜

编号：C5.671

时代：东汉

尺寸：直径8.9厘米，缘厚0.7厘米

圆形，圆钮，圆钮座。钮座下叠压一飞鸟，鸟首向上昂起，尖喙，圆目，细颈，双翅伸展，鸟尾上翘，双爪尖利。其外饰短斜线纹及锯齿纹各一周。斜缘。

此镜纹饰与山东滕州东小宫东汉中晚期墓出土飞鸟镜（M323：2）[1]、湖南资兴东汉晚期墓出土禽纹镜（496：2）[2]相近。此外，同类镜还见于晋、六朝墓中，如河南洛阳巩县韩庄出土晋翔鹤纹镜[3]、湖北鄂钢制氧站出土六朝时期飞凤镜[4]等。（苏强）

[1] 山东省文物考古研究所：《鲁中南汉墓》，文物出版社，2009年，图六五，6。

[2] 湖南省博物馆：《湖南资兴东汉墓》，《考古学报》1984年第1期。

[3] 洛阳博物馆：《洛阳出土铜镜》，文物出版社，1988年，黑白图版66。

[4] 湖北省博物馆、鄂州市博物馆：《鄂城汉三国六朝铜镜》，文物出版社，1986年，图版68。

96. 位至三公变形四叶兽首纹铜镜

编号：鄂博212

时代：三国·吴

尺寸：直径10厘米，缘厚0.3厘米

来源：1955年湖北武昌任家湾M113出土

圆形，圆钮。钮外弧线四边形四角连接蝙蝠形四叶纹，四叶纹内角有隶书铭文“位至三公”四字。四叶间各饰一变形兽首。镜缘饰几何形菱纹。斜缘。

M113为前带长方形墓道的前后室砖室墓。墓内共有随葬器物66件[1]。变形四叶纹镜类主要流行于东汉晚期桓帝、灵帝时期[2]，又同墓出土铅买地券上有东吴孙权的“黄武”年号[3]，故此类镜的时代当为东汉晚期至三国孙吴早期。（苏强）

[1] 武汉市文物管理委员会：《武昌任家湾六朝初期墓葬清理简报》，《文物参考资料》1955年第12期。

[2] 孔祥星、刘一曼：《中国古代铜镜》，文物出版社，1984年，第91页。

[3] 程欣人：《武汉出土的两块东吴铅券释文》，《考古》1965年第10期。白彬：《湖北武昌任家湾东吴初年“道士”郑丑墓再研究》，《江汉考古》2006年第4期。

97. 位至三公变形四叶对凤纹铜镜

编号：C5.639

时代：三国·吴

尺寸：直径14.1厘米，缘厚0.4厘米

圆形，大扁圆钮，圆钮座。座外围以连珠纹及四方委角形。委角形四角各伸出一宝珠形叶纹。委角内四角各有铭文一字，连读为“位至三公”，字体为隶书。叶纹间饰两两相对的图案化凤鸟纹。外围内向十六连弧纹。宽平素缘。此类铜镜在浙江金华[1]、江西九江[2]、湖北鄂城[3]曾有出土。（苏强）

[1] 王士伦、王牧：《浙江出土铜镜》(修订本)，文物出版社，2006年，图版102。

[2] 吴水存：《九江出土铜镜》，文物出版社，1993年，图版27。

[3] 丁堂华：《鄂州铜镜》，中国文学出版社，2002年，图146—156。

98. **四叶八凤佛兽纹铜镜**

编号：K9849

时代：三国·吴

尺寸：直径16.3厘米，缘厚0.4厘米

来源：1975年湖北鄂城鄂钢五里墩墓地M4037出土

圆形，扁圆形钮，顶部较平。圆形钮座。座外主体纹饰，是以镜钮为中心，四面各突出一桃形叶。其中，三叶内各列一尊佛像，均有圆形项光，因为镜背空间狭小，佛像较小，只能采取简化、写意的手法来表现尊容，仅能看出大致轮廓，五官、佛身均已简化。三尊像均为正面像，

头部以实心圆点来表现，佛像身体部分轮廓线呈现出凸字形。佛座为六瓣莲花纹，莲尖向下。莲花座两端各有一龙，龙首高昂，龙颈屈曲。另有一叶内中央一尊为坐像，在莲花座上呈半跏思惟状[1]，一手抬起，与项光相接。其面前跪有一人，身后立有一人，头上均无项光。四片桃形叶之间，饰以四组对凤衔节纹。外围十六内向连弧纹，内置飞禽瑞兽。宽平素缘。

此镜为减地平雕。曾经残断为数块，今经修复，基本完整，略有残缺。镜拓最早发表于王仲殊的一篇论文中[2]。先后著录于《鄂城汉三国六朝铜镜》[3]《馆藏铜镜选辑（四）》[4]《中国青

铜器全集·铜镜》[5]等。关于国博藏佛像镜的年代，有三国孙吴与西晋两种说法。三国孙吴说源于王仲殊论文，认为这是吴镜而非西晋镜，其制作年代应该在三世纪中期，吴都鄂城及其附近地区是佛像镜最重要的铸制地区[6]。西晋说最早源于俞伟超撰写的一篇序言[7]。该镜出土于鄂城鄂钢五里墩墓地M4037。但是，除了上述佛像镜之外，关于该墓的墓葬形制及其他随葬品发掘资料，在考古发掘报告中全无。该报告提出："可以断定该式镜的主要流行时代在孙吴后期。"[8]由此判断，这面佛像镜的年代应该为三国孙吴时期，它是目前所见中国考古发现年代最早的佛像镜之一。虽然镜体略有残损，却仍然能够感受到此镜独有的细腻与韵味，曾经被王仲殊誉为佛像夔凤镜中"难得的珍品"。（霍宏伟）

[1] 王仲殊:《关于日本的三角缘佛兽镜——答西田守夫先生》,《考古》1982年第6期。张保珍:《半跏思惟像研究——从印度到中国》,南京艺术学院博士学位论文,2020年,第79—81页。

[2] 王仲殊:《关于日本的三角缘佛兽镜——答西田守夫先生》,《考古》1982年第6期。

[3] 湖北省博物馆、鄂州市博物馆:《鄂城汉三国六朝铜镜》,文物出版社,1986年,图81,图版说明第21页。

[4] 杨桂荣:《馆藏铜镜选辑(四)》,《中国历史博物馆馆刊》1993年第2期,第99页,图19,封底。

[5] 《中国青铜器全集》编辑委员会:《中国青铜器全集》第十六卷《铜镜》,文物出版社,1998年,第100页,图98,图版说明第34页。

[6] 王仲殊:《关于日本的三角缘佛兽镜——答西田守夫先生》,《考古》1982年第6期。

[7] 俞伟超:《〈鄂城汉三国六朝铜镜〉序》,湖北省博物馆、鄂州市博物馆:《鄂城汉三国六朝铜镜》,文物出版社,1986年,第6—7页。

[8] 南京大学历史系考古专业等:《鄂城六朝墓》,科学出版社,2007年,第273—275、277页,图199,2,图版105,4、5。

99. 君宜官位变形四叶兽首纹铜镜

编号：C5.695

时代：晋

尺寸：直径11.7厘米，缘厚0.3厘米

圆形，双龙钮，圆钮座。外围弧线四边形四角连接蝙蝠状四叶纹，四叶内各有隶书铭文一字，连读为“君宜官位”。四叶间各饰一兽首，兽首呈正视状，圆目，阔口，四周饰卷云纹毛发。其外为内向十六连弧纹。镜缘饰变形菱纹带。素窄缘。

此镜纹饰、铭文与2006年河南省洛阳市吉利区河阳家园住宅区工地西晋中晚期墓C9M2492出土铜镜（M2492：2）[1]、广东省连县出土东晋时期变形四叶兽首镜[2]相近。（苏强）

[1] 洛阳市文物工作队：《洛阳吉利区西晋墓发掘简报》，《文物》2010年第8期。

[2] 孔祥星、刘一曼：《中国铜镜图典》，文物出版社，1992年，第379页。

100. 嘉兴元年对置式神兽铜镜

编号：Y183

时代：三国·吴

尺寸：直径12.2厘米，缘厚0.5厘米

圆形，扁圆钮，圆钮座。内区纹饰分为四组，钮上部饰相对而立的二禽鸟纹。钮下部饰一神人端坐，身前有一展翅的小鸟。钮左右饰二神人夹钮对置端坐，神人两侧饰与神人相背而立的二鸟。纹饰间以四瑞兽相间隔。外为十方枚与十半圆枚相间环绕。半圆枚上饰云纹。方枚内铭文多漫漶而不可辨识。外围锯齿纹一周。镜缘上为隶书铭文四十五字，连读为“嘉兴元年，太岁在丁巳，帝道始平，五月丙午，时加日中，造作明镜，百湅青铜，服者万年，位至侯王，长乐富贵，吉宜子孙”。素窄缘。类似的嘉兴元年纪年镜日本东京书道博物馆及私人各收藏一面[1]。因镜铭中“嘉兴元年”纪年唯与十六国时西凉第二

代君主李歆年号相符，故曾长期被认为其作于西凉时期。

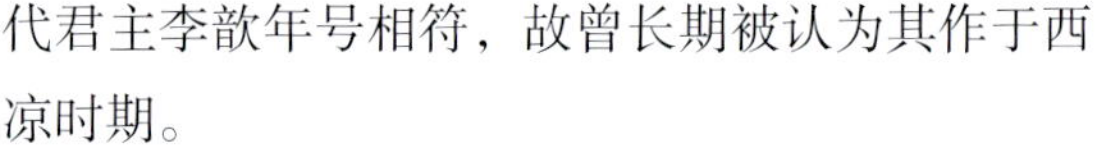

王仲殊先生经与湖北省鄂州市博物馆收藏的一面黄龙元年纪年铭对置式神兽镜对比，认为此镜在形制、纹饰上与三国孙权时吴地所铸的许多对置式神兽镜酷似，镜铭辞句也与黄龙元年镜几乎完全一致。镜内所含铅的原材料属江南吴地的铅矿，“故不能排除其为三世纪三国时代吴国所铸镜的可能性”。“嘉兴”二字出自“嘉禾兴”，是两汉以来的祥瑞象征，并推断此类镜是三国吴末帝孙皓追谥其父孙和为文皇帝并作本纪，为避孙和之讳，而追改“嘉禾六年（237）”为“嘉兴元年”，故铸镜以志之[2]。（苏强）

[1] 王仲殊：《黄龙元年镜与嘉兴元年镜铭辞考释——试论嘉兴元年镜的年代及其制作地》，《考古》1995年第8期。

[2] 同[1]。

101. 永安五年对置式神兽铜镜

编号：Y184

时代：三国·吴永安五年（262）

尺寸：直径12.1厘米，缘厚0.3厘米

圆形，大扁圆钮，钮面有一尖突，圆钮座。内区钮座上下饰对置端坐的二神人，两侧饰与神人相背而立的鸟纹。钮座左侧饰二神人对坐。钮座右侧饰一神人端坐，左侧饰一鸟纹。纹饰间以四瑞兽相间隔。其外有八个半圆方枚与八个方枚相间环列，方枚两侧饰圆圈纹。每方枚上各有铭文一字，字迹不清。外围锯齿纹一周。镜缘有隶书铭文二十七字，铭文为反书，连读为"永安五年十月十九日造作明镜，可以昭（照）形，服者老寿宜□□□未央"。斜缘。此类神兽镜铭中从永安元年（258）至永安七年（264）均有出现[1]。（苏强）

[1] 王纲怀：《中国纪年铜镜：两汉至六朝》，上海古籍出版社，2015年，图111—113、116—120。王士伦、王牧：《浙江出土铜镜》（修订本），文物出版社，2006年，图版72。湖北省博物馆、鄂州市博物馆：《鄂城汉三国六朝铜镜》，文物出版社，1986年，图版90。

102. 鎏金神人神兽纹铜镜

编号：K9848

时代：三国・吴

尺寸：直径14.2厘米，缘厚0.4厘米

来源：1977年湖北鄂城涂镇公社毛圹大队出土

圆形，圆钮，钮面饰一错金带翼兽纹。圆钮座，座外围绕一周连珠纹加短竖线纹。钮座四面为内区，中央各有一位神人正面端坐像，神人像之间以神兽相隔。第一、二组纹饰相同，隔钮座配置端坐的两位神人，其两侧分铸与神人相背而立的神鸟。第三、四组纹饰相同，皆为两位神人相对而坐。其外两周锯齿纹带之间夹十二方枚，每方枚内有单字隶书阳铭，连读为“吴造明镜，神圣设容，服者卿公”。方枚间置以羽人、神鸟、瑞兽、神龟等纹饰。外区环绕一周羽人划舟、飞龙、走兽、神鸟等纹饰组成的画纹带。勾连蟠螭纹缘。除镜钮外，通体鎏金，内区保存较好，接近镜缘局部因磨损严重，鎏金脱落不存，

露出镜体本色，呈银灰色。《鄂城汉三国六朝铜镜》著录[1]。

1971年，在鄂城钢铁厂西山以南古坟堆发掘三国孙吴墓M2115（五四四M13）。出土一面鎏金画像纹缘神兽镜（M2115：14），直径13.1厘米、缘厚0.45厘米[2]。国博藏镜与之在铜镜形制、纹饰布局及制作工艺等方面完全相同，仅在四只神兽、方枚之间的装饰等细节略有差异，由此判定国博藏鎏金神兽镜的年代应是属于三国孙吴时期，其出土地点鄂城涂镇公社毛圹大队亦与考古发掘品所在墓葬位置距离较近。（霍宏伟）

[1] 湖北省博物馆、鄂州市博物馆：《鄂城汉三国六朝铜镜》，文物出版社，1986年，封面，图版96，图版说明第25—26页。

[2] 南京大学历史系考古专业等：《鄂城六朝墓》，科学出版社，2007年，第278页，彩版16，图版106，1。

103. 四神瑞兽纹铜镜

编号：C5.690

时代：六朝

尺寸：直径21.5厘米，缘厚1厘米

圆形，圆钮，圆钮座。座外围三周弦纹。主题纹饰均为高浮雕。钮上部饰朱雀，钮下部饰玄武，钮左侧饰青龙，钮右侧饰白虎，其间填饰云气纹及瑞兽。外围三周双线弦纹。此镜四神纹与北朝、隋唐时期四神十二生肖镜上的四神纹相近[1]，但尚未与十二生肖纹相配，故其时代应早于四神十二生肖镜。（苏强）

[1] 孔祥星、刘一曼：《中国铜镜图典》，文物出版社，1992年，第498—504页。

104. 四神十二生肖铜镜

编号：C5.688

时代：隋

尺寸：直径17厘米，缘厚0.5厘米

圆形，圆钮，圆形钮座。双重弦纹将纹饰分为内外两区。内区以青龙、白虎、朱雀、玄武四神环钮排列，周围饰以少量卷草纹，古时以四神表示东、西、南、北四个方向，认为可以辟邪。外区由双弦纹线放射出十二条双线划分成十二格，格内分饰十二生肖环绕成圈，近缘处饰三角锯齿纹。窄平缘。此镜将四神与十二生肖的形象刻画得十分逼真，惟妙惟肖。十二生肖纹是隋朝时期非常喜用的纹饰题材之一。（王小文）

105. 光正随人十二生肖铜镜

编号：K6459

时代：隋

尺寸：直径16厘米，缘厚0.7厘米

来源：1957年陕西西安市玉祥门外西站大街南隋大业四年（608）李静训墓出土

圆形，圆钮，圆钮座。绕钮一周饰以八字楷体阳铭“光正随人，长命宜新”，顺时针旋读，字间以八枚乳钉纹相隔。钮座外分为内、外两区。内区布置一周缠枝卷草纹，S形枝蔓环绕钮座。外区以短直线划分出十二格，格内饰以十二生肖浅浮雕，呈顺时针方向排列，外围一周锯齿纹。镜缘较窄。因为此镜长期埋藏于地下墓中，故镜体略有变形，覆以红斑绿锈。

李静训墓保存完整，较为独特。外围以石板作为椁，内置殿堂形石棺。随葬器物种类丰富，包括陶瓷器、金银器、铜铁器、玻璃器、漆木器及丝织品等，大多出土于石棺椁内外[1]。据墓志记载，李静训为隋左光禄大夫李敏的第四个女儿，幼时为外祖母周皇太后所养。周皇太后即隋文帝杨坚的女儿杨丽华，北周宣帝宇文赟的皇后，其身份特殊，地位显赫。李静训九岁时不幸夭折，大业四年（608）葬于京兆长安县休祥里

万善道场内，并于坟上建造重阁。

这面铜镜出土于墓主人石棺内的脚头北端，镜面朝下，盛放于一件铜洗中，镜下垫有五层黄色细纹纸。隋代与初唐铜镜因时间相近，甚难区分。隋李静训墓为时代明确的纪年墓，出土十二生肖铭文镜的下限可以确定，为探讨隋代与初唐铜镜的断代问题提供了科学依据。

体量巨大、坚实厚重的石质棺椁，制作工艺复杂、镶嵌着一些宝石的金项链，金釦白玉杯、金质高足杯等充满异国情调的高级奢侈品，与质朴无华的一般工艺铜镜形成了强烈反差。据学者考证：“在隋朝两代皇室皆笃信佛教的浓重宗教氛围中，李静训可能受到外祖母的影响，自幼便皈依佛教。”[2]也许正是由于这面铜镜上的八字镜铭“光正随人，长命宜新”，真实地表达了送葬者对于九岁夭折幼女轮回转世的美好祝愿。（霍宏伟）

[1] 唐金裕：《西安西郊隋李静训墓发掘简报》，《考古》1959年第9期。中国社会科学院考古研究所：《唐长安城郊隋唐墓》，文物出版社，1980年，第3—28页。

[2] 周繁文：《隋代李静训墓研究：兼论唐以前房形石葬具的使用背景》，《华夏考古》2012年第1期。

106. 淮南起照神兽十二生肖铭带铜镜

编号：C5.2619

时代：隋—唐初

尺寸：直径24.1厘米，缘厚0.7厘米

圆形，圆钮，圆形钮座，外围饰竹节纹圈。斜立双重锯齿纹圈将纹饰分为内外两区。内区从钮座外伸出八条双射线，将内区纹饰分作八小区，并有双线绕八射线一周，构成八角形栏，栏内铸阳文篆书“作明富贵宜至为公”，每字都围以方栏，两边饰云气纹。八区主纹饰为四神人与四神相间排列，八条双射线尾部对应八个半圆

形圈，内饰卷云纹，将内区外部又分为八个小区，内饰不同纹饰，卷草及玄武等纹饰相间环绕成圈，其中二方枚上各铸阳文篆书“君宜大吉”四字。外区为楷书铭文带及十二生肖、飞鸟云纹组成的纹饰带和流云带，铭文连读为“淮南起照，仁寿传名，琢玉斯表，镕金勒成，时雍炎晋，节茂朱明，爰模鉴彻，用拟流清，光无亏满，叶不枯荣，图形览质，千载为贞”，共四十八字。窄平缘。此镜镜背内容丰富饱满，制作工整，设计新颖，造型具有北朝到隋唐过渡期的特点。（王小文）

107. 昭□仁德四神十二生肖铭带铜镜

编号：C5.3077

时代：隋—唐初

尺寸：直径21.4厘米，缘厚0.7厘米

圆形,圆钮,伏兽纹钮座,外围双线方栏。斜立双重锯齿纹圈将纹饰分为内外两区。内区方栏外四角对应V形纹，内饰三叠叶纹。V纹将内区纹饰划分为四区，分别饰青龙、白虎、朱雀、玄武四神，周围饰少量云气纹。外区由内至外依次为铭文带，十二生肖间列花、叶纹带和锯齿纹带。铭文为楷书，连读为“昭□仁德，益寿延年，至理真壹，鉴保长全，窥庄（妆）益态，瓣儿增妍，开花散影，净月澄圆”，共三十二字。十二生肖是由稍稍突起的连珠纹框分隔，将圆镜外围分成十二个下凹的框，连珠纹框内依次饰花、叶纹，下凹框内分饰十二生肖环绕成圈。窄平缘。此镜纹饰层次丰富，四神和十二生肖的形态刻画得入木三分，四神的四肢与尾部舒展伸张，体型丰腴柔健，均作腾云驾雾状，而十二生肖则生活化特点突出，惟妙惟肖，充满生气。（王小文）

108. **灵山孕宝四瑞兽铭带铜镜**

编号：C5.3101

时代：隋—唐初

尺寸：直径18.5厘米，缘厚0.5厘米

来源：翟凤起先生捐赠

圆形,圆钮,伏兽纹钮座，外围双线方栏。斜立双重锯齿纹圈将纹饰分为内外两区。内区方栏外四角对应V纹，内饰两种花草纹。V纹将内区纹饰划分为四区，每区饰一姿态不同的腾云状瑞兽，隙间饰云纹。外区依次为楷书铭文带、锯齿纹带及勾连云纹带，铭文连读为“灵山孕宝，神使观炉，形圆晓月，光清夜珠，玉台希世，红庄（妆）应图，千娇集影，百福来扶”，共三十二字。窄平缘。隋唐时期瑞兽题材在铜镜中十分流行，瑞兽的数目从四、五、六至八个不等，四兽纹饰最为常见。（王小文）

109. **仙山并照四神铭带铜镜**

编号：C5.709

时代：隋—唐初

尺寸：直径18厘米，缘厚0.4厘米

圆形,圆钮,伏兽纹钮座，外围双线方栏。斜立双重锯齿纹圈将镜背纹饰分为内外两区。内区方栏外四角对应V纹，内饰以兽首。V纹将内区纹饰划分为四区，分饰四神，均曲颈，尾部及四肢伸张，显得灵活生动。外区为楷书铭文带和勾连云纹带，铭文连读为“仙山并照，智水齐名，花朝艳采，月夜流明，龙盘五瑞，鸾舞双情，传闻仁寿，始验销兵”，共三十二字。窄平缘。（王小文）

110. 绝照览心四瑞兽铭带铜镜

编号：C5.3594

时代：隋—唐初

尺寸：直径14.1厘米，缘厚1.1厘米

圆形，圆钮，圆形钮座，外围饰一圈连珠纹及双线方栏。斜立双重锯齿纹圈将镜背纹饰分为内外两区。内区方栏外四角对应V纹，内饰三叠叶纹。V纹将内区纹饰划分为四区，每区饰一姿态不同的腾云状瑞兽。外区由内至外依次饰楷书铭文带、锯齿纹及勾连云纹带，铭文连读为“绝照览（揽）心，圆冠属面，藏宝匣而光掩，挂玉台而影见，鉴罗绮于后庭，写衣簪乎前殿”，共三十二字。三角缘。（王小文）

111. 秦王鸟兽铭带铜镜

编号：C5.705

时代：隋—唐初

尺寸：直径17.2厘米，缘厚1.1厘米

圆形，圆钮，连珠纹钮座。斜立双重锯齿纹圈将镜背纹饰分为内外两区，内区四条双弧线将纹饰分为四区，相对两区饰姿态不一的朱雀及瑞兽，均为一直视状一回首状，隙间点缀花草纹及云纹。外区由内向外依次为楷书二十字铭文带、锯齿纹及几何纹带，铭文连读为“赏得秦王镜，判不惜千金，非关欲照胆，特是自明心”。三角缘。东晋葛洪《西京杂记》载：“高祖初入咸阳宫，周行府库，金玉珍宝，不可称言。……有方镜，广四尺，高九尺五寸，表里有明，人直来照之，影则倒见。以手扪心而来，则见肠胃五脏，历然无碍。人有疾病在内，则掩心而照之，则知疾病之所在。又女子有邪心，则胆张心动。秦始皇常以照宫人，胆张心动者，则杀之。”此“秦王镜”典故在南北朝及以后的历朝历代的诗文中屡被引用[1]。（王小文）

[1] 王纲怀：《清华铭文镜：镜铭汉字演变简史》，清华大学出版社，2011年，第144页。

112. **花发四瑞兽铭带铜镜**

编号：C5.696

时代：隋—唐初

尺寸：直径9.8厘米，缘厚0.7厘米

圆形，圆钮，圆形钮座。斜立双重锯齿纹圈将镜背纹饰分为内外两区。内区饰姿态各异的四瑞兽，或两兽相向面对，或曲颈回首，或扬首张口，隙间饰云纹，四瑞兽均四肢伸展、尾部上扬，似正在腾空而跃。外区为楷书二十字铭文带和两周锯齿纹，铭文连读为“花发无冬夏，临台晓夜明，偏识秦楼意，能照玉庄（妆）成”。三角缘。（王小文）

113. 团团五瑞兽铭带铜镜

编号：C5.704

时代：隋—唐初

尺寸：直径15厘米，缘厚1.1厘米

圆形，圆钮，葵瓣纹钮座，外围饰非常细小的连珠纹圈。斜立双重锯齿纹圈将镜背纹饰分为内外两区。内区环钮饰姿态各异的五只瑞兽，难以确认类属。有的曲颈回首，有的直视前方，有的头部微微上扬，但是身躯、四肢均舒展伸张，尾部上扬。隙间饰云纹，似瑞兽在腾空飞驰。外区由内至外依次为楷书铭文带、锯齿纹带和几何纹带，铭文连读为“团团宝镜，皎皎升台，鸾窥自舞，照日花开，临池似月，察皃（貌）娇来”，共二十四字。三角缘。（王小文）

114. **五瑞兽铜镜**

编号：C5.701

时代：隋—唐初

尺寸：直径9.8厘米，缘厚0.9厘米

圆形，圆钮，圆形钮座。斜立双重锯齿纹圈将镜背纹饰分为内外两区。内区环钮饰姿态各异的五只瑞兽，有的曲颈回首，有的目视前方，有的蜷缩身体、前肢抱头看地，隙间饰花草纹。外区由内至外依次饰飞鸟、奔兽、摩羯鱼组成的纹饰带、锯齿纹带及几何纹带。三角缘。（王小文）

115. 镜发龙凤铭带铜镜

编号：C5.3410

时代：隋—唐初

尺寸：直径10.3厘米，边厚0.8厘米

来源：1981年章立凡先生捐赠

圆形，圆钮，圆形钮座。斜立双重锯齿纹圈将镜背纹饰分为内外两区。内区绕钮饰龙凤纹。龙纹曲颈、目视前方，两前肢完全打开于身体两侧，躬身环绕镜钮四分之三，似将镜钮环抱怀中，长尾绕身体后部上扬；凤鸟一爪着地，一爪高抬，展翅翘尾，似随时准备腾空而起。隙间饰花草纹及云纹。外区为楷书八字铭文带及双周锯齿纹。铭文的字与字之间以小花朵相间隔，连读为“镜发菱花，净月澄华”。三角缘。此镜龙与凤的身量差距很大，并不对称，比较稀见。（王小文）

116. 非夜狻猊飞马铭带铜镜

编号：C5.765

时代：隋—唐初

尺寸：直径22.8厘米，缘厚0.4厘米

圆形，圆钮，花瓣形钮座。双重锯齿纹的间距比较大，同时将镜背分为内外两区。其间是楷书三十二字铭文带，连读为“写月非夜，疑冰不寒，影含真鹿，文莹翔鸾，粉壁交映，珠帘对看，潜窥圣淑，丽则常端”。内区环钮为面面相对的狻猊与飞马各两组，相间排列，均做静立状，隙间饰云纹数朵。外区是由双鸟及小花相间排列组成的装饰纹带及卷草纹带。窄平缘。

狻猊是唐镜中的常见题材，它实际是一种以狮子为原型的动物，经过艺术加工而成为瑞兽纹饰。《尔雅·释兽》：“狻麑（猊）如虦猫（浅毛虎），食虎豹。”西晋郭璞注：“即狮子也，出西域。”（王小文）

117. **四瑞兽花枝菱花形铜镜**

编号：C5.3327

时代：唐

尺寸：直径14.5厘米，缘厚0.8厘米

八出菱花形，圆钮，无钮座。内切圆形。主纹两组瑞兽相对，均做飞驰状，与四朵花枝相间环钮配列，花枝有单苞四叶与双苞双叶两种。边饰两种花枝与四蝶相间排列。窄平缘。（王小文）

118. 双犀花枝葵花形铜镜

编号：C5.724

时代：唐

尺寸：直径22.5厘米，缘厚0.5厘米

八出葵花形，圆钮，无钮座。双犀身形似鹿，取“禄”的谐音，头顶均长有一角，昂首垂尾，夹钮相对而立，目光对视，体态丰腴，温顺可爱，其中一只口衔仙草。钮上方饰一围栏，栏内有树，树的两侧饰花枝、飞鸟及蜂蝶；钮下方饰波光粼粼一池水，与镜缘相接,池边三朵花枝，蜂蝶恋花，徘徊于花枝之间,纹饰清新疏朗。宽平缘。甘肃平凉唐宣宗大中五年（851）刘自政墓[1]曾出土一面纹饰极为相似的铜镜，此二器应是同时之物。（王小文）

[1] 刘玉林:《唐刘自政墓清理记》,《考古与文物》1983年第5期。

119. 缠枝石榴葡萄铜镜

编号：C5.745

时代：唐

尺寸：直径12厘米，缘厚1厘米

圆形，圆钮，圆形钮座。双重锯齿纹圈将纹饰分为内外两区。内区葡萄、石榴枝叶蔓实围钮缠绕。外区为一周流云及二周锯齿纹。窄平缘。

在唐代众多的镜种中，葡萄镜的数量最多，流行地域也最广，以高浮雕葡萄为主题，间饰异兽、孔雀、蜂蝶和花草，图案华丽而繁缛。其配列方式，一般以轮环为间隔，分作内外两区：内区多为兽、禽配葡萄及长瓣之花，有的杂配以飞鸟，外区则多为蜂雀配葡萄，有的也杂入兽类。镜钮一般为兽形，无座，钮兽或仰，或俯，形状不一，偶尔也有在钮兽背上铸有一字铭者。镜之外缘则多为高直的窄线棱边。

葡萄镜，是唐代铜镜艺苑中新出现的特大镜群。其数量之多，金工质量之高和图案造型之精美，都是一般古镜无法比拟的，因而得到宋朝以后许多学者的珍爱和重视。葡萄镜主要流行于武则天时期，多为圆形，少量呈方形、菱花形，兽钮。主题纹饰大多分内外二区，由瑞兽禽鸟和葡萄枝蔓组成，柔长的枝条、舒展的花叶、丰硕的果实与生动活泼的瑞兽、纷飞的禽鸟构成了一幅幅妙趣横生的画面，而且由于采用浮雕技法，画面高低起伏，立体感极强。（于璐）

120. **六瑞兽葡萄铜镜**

编号：C5.703

时代：唐

尺寸：直径17.5厘米，缘厚1.2厘米

圆形，圆钮。双重斜锯齿纹圈将纹饰分为内外两区。内区姿态不一的六个奔兽绕钮相间配列，隙间配饰葡萄枝叶蔓实。外区天马、奔兽、飞鸟和葡萄枝叶蔓实相间环列，外围装饰有卷草纹一周。窄卷缘。纹饰繁缛精细。（于璐）

121. **六瑞兽葡萄铜镜**

编号：C5.752

时代：唐

尺寸：直径13.9厘米，缘厚1厘米

圆形，伏兽钮。一周凸棱将镜背分成内外二区，内区饰六瑞兽或俯，或仰，或做奔跑状，十串缠枝葡萄沿凸棱圈带内相间均匀地排列。该镜铸造工艺极为精细，瑞兽的眉眼、关节、鬃毛等细部刻画得纤毫毕现，细致入微。外区饰缠枝葡萄纹，姿式各异的禽鸟及蜂蝶点缀其间，外沿内侧装饰有一周卷草纹。窄卷缘。葡萄经丝绸之路传入长安，它茂密的果实象征着“多子和富贵”。此镜将葡萄与瑞兽等中国传统文化元素非常生动形象地融合展现。（于璐）

122. 六瑞兽葡萄铜镜

编号：K6653

时代：唐

尺寸：直径16.85厘米，缘厚1.4厘米

来源：1958年陕西西安市灞桥区洪庆村南武周神功二年（698）独孤思贞墓出土

圆形，伏兽钮。镜背中部有一圈连珠纹凸棱，将其分为内、外两区。内区以钮为中心，六只高浮雕瑞兽环绕一周，呈逆时针方向排列。或伏或行，尾巴细长。六兽外侧近凸棱处，等距饰以九串葡萄纹，其间以枝蔓相连。外区以二十串葡萄纹为主体纹饰，枝蔓相连，作为底纹，其间分布着展翅飞翔的鸟、蝶，奔驰的瑞兽。镜缘较窄，凸起，装饰一周五十三朵小花瓣。这面葡萄镜为盛唐时期的典型标本，出土至今历时六十余年。

独孤思贞墓是一座带长斜坡墓道的洞室墓，墓室曾遭早期盗掘，室内器物大多被扰乱破碎，其他部分完好无损。上述葡萄镜出土于墓室底部近北壁处的扰土中，保存完整，显然是被扰乱移动至整个墓室的南北中轴线北端。据墓志记

载，墓主人独孤思贞，为河南洛阳人。他出生于仕宦之家，长大后步入仕途，历任左监门兵曹、隆州录事参军、同州司士、雍州司户。后以竭诚守孝三年的事迹，感动武则天，赏绢帛等三百段，特赐龟，加一阶，任命为乾陵署令，从五品上，属于中级官吏。主持了唐高宗与武则天合葬墓乾陵的营建工程。其墓志云其于万岁通天二年（697）卒于官舍，享年五十六岁，神功二年（698）葬于铜人原[1]。

独孤思贞墓是一座年代明确的纪年墓，出土六瑞兽葡萄镜具有标准器的典型意义，为研究唐代葡萄镜的分期断代树立了标尺。1972年，日本奈良县高市郡明日香村高松冢古坟出土一面六瑞兽葡萄镜。有学者认为，高松冢所出铜镜与独孤思贞墓出土葡萄镜为同范镜[2]。（霍宏伟）

[1] 中国社会科学院考古研究所：《隋唐长安城郊隋唐墓》，文物出版社，1980年，第29—43页。

[2] 王仲殊：《古代的日中关系——从志贺岛的金印到高松冢的海兽葡萄镜》，《考古》1989年第5期。

123. 瑞兽孔雀葡萄铜镜

编号：C5.2616

时代：唐

尺寸：直径17厘米，缘厚1.6厘米

圆形，伏兽钮。连珠纹高线圈将纹饰分为内外两区。内区饰两组四个姿态不一的瑞兽，组间各列一开屏孔雀，隙间配饰葡萄枝叶蔓实、飞蝶等。外区由飞鸟、蜂蝶、蜻蜓及葡萄枝叶蔓实相间环绕成圈，外饰卷草纹一周。窄卷缘。佛教中孔雀被视为神禽，寓意吉祥如意、富丽堂皇，因而孔雀自然就成了当时人们喜用的装饰题材。（于璐）

124. **四瑞兽花鸟葡萄方形铜镜**

编号：C5.769

时代：唐

尺寸：边长9厘米，缘厚1厘米

方形，伏兽钮，无钮座。双高方线圈将纹饰分为内外两区。内区四周各饰一昂首伏卧瑞兽，隙间配饰葡萄枝叶蔓实及飞蝶。外区饰葡萄叶蔓实及八雀，隙间配饰八蝶四蜻蜓。窄卷缘。（于璐）

125. **四鹊葡萄铜镜**

编号：C5.758

时代：唐

尺寸：直径9.1厘米，缘厚1.1厘米

圆形，圆钮，无钮座。双高斜线圈将纹饰分为内外两区。内区四鹊绕钮，首尾相接，其外葡萄枝蔓叶实伸至界顶。外区为花瓣及一串串葡萄绕高圈错纵交缠。高窄缘。纹饰精细新颖，造型脱俗。（于璐）

126. **四瑞兽葡萄铜镜**

编号：C5.742

时代：唐

尺寸：直径9.75厘米，缘厚0.8厘米

圆形，伏兽钮，无钮座。内区环钮浮雕不同姿态四瑞兽，兽间所饰葡萄枝叶蔓实至顶并伸延到外区。外区饰形态不一的四只雀鸟，其间列葡萄枝叶蔓实，镜缘饰三叠云纹带。窄卷缘。（于璐）

127. 双鸾狻猊葵花形铜镜

编号：C5.762

时代：唐

尺寸：直径15.6厘米，缘厚1.2厘米

八出菱花形，伏兽钮。内切圆形。主纹双兽双鸾同向环钮配列。双兽应是龙的第五子狻猊，形如狮，昂首翘尾，四肢腾空奔驰。狻猊是似狮而非狮的吉祥瑞兽，其形象无角、独角、双角在铜镜中均有出现。两只鸾鸟一只展翅飞舞，一只曲颈展翅翘尾而立，隙间点缀四朵流云。边饰三种花枝相间配列。窄凸缘。（王小文）

128. 双鸾双兽菱花形铜镜

编号：蒙博78

时代：唐

尺寸：直径25.5厘米，缘厚1厘米

来源：1954年前热河省赤峰县西大营子村辽驸马墓（M1）出土

八出菱花形，圆钮，内切圆形。两只鸾鸟与两只瑞兽相间，呈顺时针方向排列。两只鸾鸟昂首回顾，与瑞兽形成呼应。双翅展开，鸟尾上扬，一爪独立，一爪抬起。瑞兽头上长角，尾部上翘，呈奔跑状，其中一兽肩生双翼。鸟兽之间，以一丛花枝、两只蜂蝶或一朵云纹相隔。镜

缘八瓣内，饰以飞鸟、云纹、花朵。一只鸟与四朵云纹为一组，一朵大花与两朵小花为一组，各有四组。镜背纹饰均为浅浮雕，制作精良。镜体呈银灰色，品相较好，局部略泛绿锈。

1954年，在前热河省赤峰县大营子村西北发掘出一号辽墓，这是一座带斜坡形墓道的多室夫妻合葬墓，出土遗物共计2162件。墓主人的棺木放于中室尸床之上，床上随葬大量各类器物。据墓志记载，墓主人为辽驸马赠卫国王，葬于辽穆宗应历九年（959）七月[1]。有学者考证出墓主人驸马卫国王应该是辽太祖阿宝机之婿萧屈列，驸马之妻为辽太祖之女质古，亦称奥哥公主[2]。1959年，此墓出土

的唐代双鸾双兽镜被调拨至中国历史博物馆，现于国博“古代中国”基本陈列展出。

该墓出土五面铜镜，均为一般工艺镜，形制有圆形、菱花形两类。唐镜两面，一面为双鸾双兽镜，八瓣菱花形，铸造精良，质量上乘；另一面为六朵宝相花镜，圆形，残碎不全[3]。辽镜三面，均为圆形，分别为四蝶环花镜、龟纹镜、缠枝花草镜。五面铜镜均见于中室尸床上下。其中，唐代双鸾双兽镜与宝相花镜分别出土于中室尸床东南隅与中部偏东侧。因该墓被盗掘两次，故铜镜所处位置已非原位。国博还收藏一面双鸾双兽镜传世品[4]，镜形为圆形，但纹饰布局、造型与上述菱花镜相似。1984年，河南伊川县白元乡杜河东岸发现一座盛唐墓，出土一面双鸾双兽镜，直径26厘米[5]。其尺寸大小、形制、纹饰与国博镜有诸多相似之处，可知国博双鸾双兽镜应

（范立摄影）

是盛唐之物，像这种题材且径大厚重的铜镜较为少见。（霍宏伟）

[1] 前热河省博物馆筹备组：《赤峰县大营子辽墓发掘报告》，《考古学报》1956年第3期。

[2] 金毓黻：《辽国驸马赠卫国王墓志铭考证》，《考古学报》1956年第3期。

[3] 该墓出土宝相花镜，在其考古报告中已点明为唐式镜。双鸾双兽镜，亦有学者指出为唐代典型镜，参见刘淑娟：《辽代铜镜研究》，沈阳出版社，1998年，第9—10页。

[4] 杨桂荣：《馆藏铜镜选辑（四）》，《中国历史博物馆馆刊》1993年第2期，第124页，图45。

[5] 伊川县文化馆：《河南伊川发现一座唐墓》，《考古》1985年第5期。

129. 蜂蝶花鸟铜镜

编号：C5.757

时代：唐

尺寸：直径9厘米，缘厚0.7厘米

圆形，圆钮，无钮座。双重高线圈将纹饰分为内外两区,内区环钮四只飞雀展翅同向环绕四组蜜蜂花草纹，外区六只飞雀同向环绕六组蜂、蝶恋花纹。外围一周缠枝花草纹带。高窄缘。此镜整体纹饰秀美，蜂蝶穿梭在花丛之间，给人以生机盎然之感。

蝶与耋同音，暗合长寿，是铜镜中非常喜用的装饰纹样，在主题纹饰与镜缘纹饰中均有出现，花蝶图案寓意美好长久。（王小文）

130. **双鸾双鹊葵花形铜镜**

编号：C5.732

时代：唐

尺寸：直径16.4厘米，缘厚0.5厘米

八出葵花形，圆钮，无钮座。内切圆形。主纹的双鸾展翅翘尾夹钮相对，一腿立地，一腿曲抬。钮上方一长尾飞鹊口衔长穗绶带，寓意长寿，钮下方一鹊站在树枝上低头啄食。边饰为两种两叶花枝、飞蝶、云纹相间配饰。窄平缘。纹饰疏朗美观。（王小文）

131. 鸾凤鸳鸯葵花形铜镜

编号：C5.716

时代：唐

尺寸：直径18.7厘米，缘厚0.7厘米

八出葵花形，圆钮，无钮座。内切圆形。主纹的一鸾一凤展翅翘尾，尾部花纹不同，口衔花枝，一足踏云，夹钮相对。钮上方饰一株盛开的莲花。钮下方饰一对鸳鸯，一足踏云，共衔同心结，隙间点缀二叶小花枝。边饰为四组对称飞鹊及长脚云纹。窄平缘。

鸾凤是神话中的吉祥鸟，既强悍又忠贞于爱情，传说鸾凤雌雄相守，见则天下安宁，是古人非常喜用的纹饰题材。此镜鸾凤、鸳鸯、同心结纹饰集中出现，寓意喜庆美好，象征男女永结同心。这种题材在唐代十分流行，将汉代“长毋相忘”的铭文化作了纹饰铸于镜背之上，成了爱人之间的定情之物。（王小文）

132. 鸳鸯双龙葵花形铜镜

编号：C5.718

时代：唐

尺寸：直径13.9厘米，缘厚0.9厘米

八出葵花形，圆钮，无钮座。内切圆形。主纹两鸳鸯足踩莲花，夹钮相对而立。钮上下方各饰一条姿态不同的飞龙，钮上方一龙身盘曲，龙角后纵，前爪前伸，后爪一曲一伸，长尾缠后曲肢；钮下方一龙昂首曲颈，龙角后纵，四肢腾空飞驰。隙间点缀流云五朵。边饰四飞蝶、四朵流云相间配列。窄平缘。纹饰秀美。（王小文）

133. **双鸾双兽铜镜**

编号：C5.780

时代：唐

尺寸：直径16厘米，缘厚0.3厘米

圆形，圆钮，八出花瓣纹钮座。双鸾曲颈展翅翘尾，夹钮相对而立。钮上下方各饰一昂首翘尾同向奔跑的瑞兽，钮上方瑞兽头长双角，身有翼，钮下方瑞兽两侧点缀两朵花叶。宽平缘。（王小文）

134. 双鸾云山鹤衔绶带葵花形铜镜

编号：C5.725

时代：唐

尺寸：直径18.5厘米，缘厚0.4厘米

八出葵花形，圆钮，无钮座。内切圆形。主纹双鸾曲颈，展翅翘尾，一足踏云夹钮相对而立。钮上方一飞鹤口衔长穗绶带展翅飞翔。钮下方饰仙山一座，山上祥云缭绕。边饰为两种双叶四花枝间列四飞蝶。宽平缘。

对鸟纹镜，流行于盛唐与中唐时期，此时社会稳定，经济发达，人们对美好事物极其向往，鹤衔绶带与仙山代表了人们对于长寿、成仙的美好向往。（王小文）

135. **孔雀莲花铜镜**

编号：C5.766

时代：唐

尺寸：直径24.5厘米，缘厚0.5厘米

圆形，圆钮，无钮座。内切圆形。主纹是镜钮两侧各立一只展翅开屏的孔雀，冠羽及尾羽刻画得丝丝分明，生动逼真。两孔雀曲颈相对，一脚立于花朵上，另一脚曲抬。镜钮上下方各饰一株姿态不同的花枝，双叶托起盛开的大花朵，形似荷花。边饰八个双叶纹。宽平缘。（王小文）

136. 双鹊游龙月宫葵花形铜镜

编号：C5.3076

时代：唐

尺寸：直径20厘米，缘厚0.6厘米

八出葵花形，圆钮，无钮座。内切圆将主纹饰突出，外缘无其他装饰纹饰，纯素地。内切圆内双鹊衔长穗绶带夹钮相对，展翅飞翔。钮上方两朵祥云拖月，月中一株茂盛的桂树，桂树左玉兔臼杵捣药，树右一蟾蜍跳跃。钮下方一出海蛟龙，昂首曲颈，双角后纵，两前肢伸登，后肢一伸一曲，长尾绕后伸肢，身旁升起两朵祥云。宽平缘。（王小文）

137. **双鸾八卦葵花形铜镜**

编号：C5.715

时代：唐

尺寸：直径21厘米，缘厚0.5厘米

八出葵花形，扁圆钮，无钮座。内切圆形。主纹区双鸾夹钮相对而立，展翅翘尾。钮上方正中三重圆线圈，圈内中央有一“镇”字，上下左右饰日、月、星、辰纹，其外饰八卦纹，环字配列成圈，象征天圆之意；钮下方为一凸弦纹粗线方栏，方栏内饰象征五岳、连山、四渎的纹饰，象征地方之意。边饰缘内为四十字楷书铭文带，连读为“上圆下方，集于天地，中列八卦，备著阴阳，辰星镇定，日月贞明，周流为水，以名四渎，内置连山，以旌五岳”，将此镜的纹饰做了解读。宽平缘。

从此镜纹饰来看，应是辟邪之用或是道教法器。中晚唐时期，道教在皇家与寻常百姓间逐渐盛行。道士司马承祯专门为唐玄宗精心设计了道家镜，深得皇帝喜爱，为此，唐玄宗有诗《答司马承祯上剑镜》：“宝照含天地,神剑合阴阳。日月丽光景,星斗裁文章。写鉴表容质,佩服为身防。从兹一赏玩,永德保龄长。”[1]可见当时道教和皇家的关系非同一般。道家镜一般包含天圆地方、日月星辰、五岳四渎、生肖八卦等内容，反映了道家的基本观念。（王小文）

[1]《全唐诗》卷三，中华书局，1992年，第32页。

138. 鹦鹉衔绶铜镜

编号：C5.735

时代：唐

尺寸：直径13.2厘米，缘厚0.3厘米

圆形，圆钮，无钮座，两只首尾相对的鹦鹉口衔随风飘动的束结长穗绶带，似在振翅飞舞，绕钮盘桓。宽平缘。

从贞观五年（631）开始，唐王朝不断接受林邑（今越南中部）进贡的飞禽，主要是白鹦鹉和五色鹦鹉。鹦鹉能言，羽翼颜色艳丽，是唐代上流社会非常喜爱的宠物之一，其形象在唐镜的主纹饰与辅助性纹饰中均有出现。长绶与“长寿”谐音，因此禽鸟衔长绶带的纹饰经常出现在唐代的铜镜上，使其有了祈求长寿的功用，唐代的千秋节便有献镜与赐镜的习俗，唐玄宗李隆基有诗《千秋节赐群臣镜》：“铸得千秋镜，光生百炼金。分将赐群臣，遇象见清心。台上冰华澈，窗中月影临。更衔长绶带，留意感人深[1]。”陕西西安唐天宝四载墓曾出土一面铜镜，纹饰与此镜纹饰相同，想必都是当时唐玄宗赐予大臣们的礼物。（王小文）

[1]《全唐诗》卷三，中华书局，1992年，第32页。

139. **练形神冶团花铭带铜镜**

编号：C5.702

时代：隋—唐初

尺寸：直径16厘米，缘厚0.6厘米

圆形，圆钮，圆形钮座，外围一周葵瓣纹及连珠纹。斜立双重锯齿纹圈将镜背纹饰分为内外两区。内区环钮饰六朵团花，花瓣为喇叭花形，外围饰一周连珠纹及双圈纹。花团隙间点缀图案化的花草纹。外区为楷书铭文带及两周锯齿纹，铭文连读为“练形神冶，莹质良工，如珠出匣，似月停空，当眉写翠，对脸傅红，绮窗绣幌，俱含影中”，共三十二字。三角缘。此镜纹饰规矩整齐，花卉图案经过了细腻的艺术加工，非常精美。（王小文）

140. 折枝花卉葵花形铜镜

编号：C5.714

时代：唐

尺寸：直径29.9厘米，缘厚0.8厘米

来源：1959年陈大年先生捐赠

八出葵花形，圆钮，圆形钮座。一周连珠纹将纹饰分为内外两区。内区环钮相间配列两种八株盛开的花朵。外区三种八株大折枝花相间环绕成圈，有的含苞待放，有的鲜花展瓣，有的已经出穗。宽平缘。此镜花枝丰富且富于变化，内、外区的每一朵花及每一片叶子都刻画得极为饱满、生动，接近于写生花卉，自然真切。该镜体型较大，制作规整，纹饰精细，绚丽华美，应是宫廷或达官贵人所用之物，显示出大唐盛世笼罩之下贵族生活的奢华。（王小文）

141. 缠绕宝相花葵花形铜镜

编号：C5.721

时代：唐

尺寸：直径20.7厘米，缘厚0.5厘米

八出葵花形，扁圆形钮，葵瓣纹钮座，外围重叠菱花形及八叶纹圈。主纹八叶蔓绕钮座连贯成圈，由叶蔓伸出八朵盛开的大花朵，分别是莲花和牡丹花相间围叶圈排列。宽平缘。此镜纹饰雍容华丽，花朵饱满，或怒放，或已出穗。宝相花，是一种抽象的装饰图案，也可以说是经艺术加工的、图案化的花朵纹样，以莲花、忍冬或者牡丹花为基本形象，经变形、夸张，穿插一些枝叶和花苞，从而组成工整端庄的艺术图案。莲花象征佛教，其图形在唐代铜镜纹饰中经常出现，这与佛教在唐代的盛行密不可分。莲花纹在铜镜纹饰中既有写实的，也有变形的。铜镜中的宝相花唐时多类似莲花，而到了宋代则多类似牡丹。（王小文）

142. 散点式宝相花菱花形铜镜

编号：K5143

时代：唐

尺寸：直径15厘米，缘厚0.7厘米

来源：1958年河南陕县湖滨区出土

八出菱花形，圆钮，连贯八出花瓣纹钮座。八朵四花瓣形蕊宝相花环钮放射状排列，花形与钮座一致，形成小花簇拥大花的艺术效果，镜缘处环列二十四朵云朵状小花。宽平缘。

此镜纹饰清新雅致，以镜钮为中心，呈放射状以相同的形状层层布局，宝相花与菱花形镜巧妙地构成了一个整体的菱花形。（王小文）

143. **二仙骑兽菱花形铜镜**

编号：K5160

时代：唐

尺寸：直径12.5厘米，缘厚0.8厘米

来源：1958年河南陕县湖滨区出土

八出菱花型，圆钮，无钮座。内切圆形。主纹为两骑兽仙人及两座仙山相间排列，展示了一幅仙境驰骋的画面。画面中仙人衣带飘拂，环于头顶，两坐骑一是身有翼、头长独角的飞马，另一是形似狮的狻猊，均尾部翘起，四肢伸张，做飞驰状。边饰蜂蝶纹与花草纹相间排列成圈。窄平缘。(王小文)

144. **四仙骑兽跨鹤葵花形铜镜**

编号：C5.785

时代：唐

尺寸：直径12厘米，缘厚0.5厘米

八出葵花形，圆钮，无钮座。内切圆形。主纹四仙人骑兽跨鹤，同向环钮飞翔。仙人戴冠，帔帛飘拂。两兽四肢腾空飞驰，两鹤展翅伸颈疾飞。边饰四蜂蝶四小花枝相间环列。窄平缘。（王小文）

145. 飞天葵花形铜镜

编号：陕775

时代：唐

尺寸：直径25.4厘米，缘厚0.5厘米

来源：1955年陕西西安韩森寨第1号唐天宝四载（745）宋氏墓出土

八出葵花形，圆钮。镜钮上方正中是一座重峦叠嶂的山峰，峰顶祥云缭绕，山脚有四条长短不一的平行横线。镜钮两侧各有一位飞天，五官清晰，头戴宝冠，身穿天衣，帔帛随风飘逸。飞天面向镜钮上方一花形宝物，各伸一臂，护佑宝物，相向升起，凌空飞舞，优雅舒展，身下各有一朵祥云衬托。镜钮下方中央，有一座山丘，树木葱茏。平素缘。

整个镜背纹饰均为浅浮雕，铸造精致，刻画细腻。镜体原为银灰色，因埋埋地下时间较长，锈蚀较重，镜体大面积为绿锈所覆盖。镜背中部，有一条贯穿镜钮的细微裂缝。此镜在《陕西省出土铜镜》[1]《中国铜镜图典》[2]《中国青铜器全集·铜镜》[3]等书中著录。

1955年，在陕西西安市东郊韩森寨附近工地，发掘唐天宝四载（745）宋氏壁画墓，出土随葬品共计333件。其中，有一面飞天镜与一合墓志[4]。有学者结合墓志及其他遗物，对墓主人身份进行了探讨：宋氏于十五岁嫁给太监雷公，

在丈夫卒后，成为佛教信徒。墓中出土一面铜镜，位于棺内头骨上方，饰有相对飞舞的飞天，上下并缀有山峦、云气。这种纹饰十分罕见，显系宋氏生前专用之物。墓室西壁还有一个盘腿坐着的人像，头部不甚清晰，疑为墓主画像。上述遗存为宋氏佛教徒身份的判断提供了证据[5]。通过将这面飞天镜与该墓室壁画、遗物的整体考察，反映出随葬铜镜纹饰的题材内容与其墓主人信仰之间的密切关系。

1978年，洛阳庞家沟机制砖瓦厂出土一面飞天镜，直径24.3厘米、缘厚0.6厘米，重1800克[6]。两者相比，国博镜纹饰更加精致、细腻，为此类铜镜提供了标准范式。洛阳出土铜镜则略显粗糙，飞天面部五官、服饰衣纹、祥云线条较为模糊。这类飞天题材铜镜少见。（霍宏伟）

[1] 陕西省文物管理委员会：《陕西省出土铜镜》，文物出版社，1959年，第128页，图118。

[2] 孔祥星、刘一曼：《中国铜镜图典》，文物出版社，1992年，第616页。

[3] 中国青铜器全集编辑委员会：《中国青铜器全集》第十六卷《铜镜》，文物出版社，1998年，第141页，图138，图版说明第47页。

[4] 张正岭：《西安韩森寨唐墓清理记》，《考古通讯》1957年第5期。

[5] 周铮：《功德山居长墓志考释》，中国国家博物馆：《中国国家博物馆馆藏文物研究丛书·墓志卷》，上海古籍出版社，2017年，第213—216页。

[6] 洛阳博物馆：《洛阳出土铜镜》，文物出版社，1988年，图版88。霍宏伟、史家珍：《洛镜铜华：洛阳铜镜发现与研究》，科学出版社，2013年，第261页，图230。

146. **大吉嫦娥月宫菱花形铜镜**

编号：C5.717

时代：唐

尺寸：直径19.1厘米，缘厚0.85厘米

八出菱花形，伏龟钮，无钮座。内切圆形。主纹区钮座上方为嫦娥，体型修长，身着贴身衣衫，披带随风后飘，左手托果盘，右手托“大吉”方牌，做凌空升腾状。钮左下玉兔臼杵捣药。钮右上一株大桂树至镜缘，桂树下一蟾蜍跳跃。钮下方池水荡漾，上铸一“水”字，在玉兔、蟾蜍身旁各有一朵流云为伴，俨然一幅月宫景象。边饰四组蝶恋花纹与卷草纹相间排列成圈。窄平缘。（王小文）

147. 王子乔吹笙引凤葵花形铜镜

编号：C5.763

时代：唐

尺寸：直径12.9厘米，缘厚0.5厘米

八出葵花形，圆钮，无钮座。钮左侧为神话人物王子乔，头戴幞头，身着右衽宽袖长衣，悠然端坐，双手捧笙吹奏；钮右侧一展翅翘尾的凤鸟闻声飞向仙人；钮上方一丛修竹，钮下方一座高山，山上有花草点缀，山顶云气缭绕。宽平缘。王子乔本名姬晋，字子乔，别称王乔或王子晋，东周时期周灵王之子，曾习老子《道德经》而得道，后传说成仙。汉刘向《列仙传》卷上载："王子乔者，周灵王太子晋也，好吹笙作凤凰鸣，游伊洛之间，道士浮丘公接以上嵩高山。"此镜纹饰疏朗雅致，颇有意境。（王小文）

148. 王子乔吹笙引凤铜镜

编号：C5.2692

时代：唐

尺寸：直径12.2厘米，缘厚0.2厘米

圆形，以自然的山石形状作为镜钮，略似伏龟。画面铺满整个镜背，不设镜缘。镜钮右侧为传说中仙人王子乔的形象，头戴高冠，身着长衣，丫形领口，端坐于平整的梭形石块之上，双手捧着一件乐器，呈吹奏状。该乐器高过人的半身，侧面形象为三管组成，长而大，这不是中国传统乐器笙的造型，而是竽的形制。钮右侧有一只鸾凤，昂首挺胸，双翼大展，长尾后扬，双腿伫立。镜钮上下方各有一只长尾小鸟展翅而飞。作为画面背景的是位于镜背中部与边缘的嶙峋怪石，其间以密集的弧形线条来表现激流涌动的水波纹。

虽然镜背纹饰均为浅浮雕，却营造出三个空间层次的氛围。碧波荡漾的水波纹位于最底层，层层叠叠的山石覆压于上，悠然吹笙的王子乔和

闻声而至的鸾凤作为主角，呈现于最上一个层面。边缘低平，无凸起的镜缘。镜体呈银灰色，略有绿锈，品相上乘。《馆藏铜镜选辑（五）》著录[1]。2018年，国博举办“大唐风华”展览，展出了这面铜镜[2]。

与国博藏八出葵花形王子乔引凤吹笙镜相比，同样的题材，却运用了不同的表现方式。葵花形镜构图疏朗空灵，圆形镜细腻精密，两者形成较强对比。前者存世数量相对较多，后者形制罕见。1965年，河南三门峡市印染厂唐元和四年（809）墓出土一面神仙人物葵花形镜，镜背中央为海岛，周围被海水所环绕。镜钮右侧为王子乔吹笙引凤形象，直径22厘米，重1350克[3]。此镜所营造的海上仙山氛围，与国博藏镜的场景意境近似。不设镜缘的唐镜形制独特，数量极少。1985年，河南宜阳县城关乡马庄村北宋瓷窑遗址出土一面唐代五岳真形图镜[4]。故宫博物院、上海博物馆亦收藏有类似题材的方镜，均无镜缘[5]。国博藏镜不仅没有镜缘，而且为圆形，更为罕见。王子乔为中国古代传说中的人物，亦称

王乔。《列仙传·王子乔传》：“王子乔者，周灵王太子晋也。好吹笙作凤凰鸣，游伊洛之间，道士浮丘公接以上嵩高山。三十余年后，求之于山上，见桓良，曰：‘告我家，七月七日，待我于缑氏山巅。’至时，果乘白鹤驻山头。望之不得到，举手谢时人，数日而去。”[6]

国博藏唐代圆形铜镜上所要塑造的，正是王子乔坐于山林之间吹笙引凤的精彩瞬间。唐人对于王子乔的崇拜，还体现在圣历二年（699）女皇武则天拜谒缑山王子乔庙，亲撰升仙太子碑文，并立碑于此，唐碑至今仍存于原址[7]。白居易曾以《王子晋庙》为题，赋诗一首：“子晋庙前山月明，人闻往往夜吹笙。鸾吟凤唱听无拍，多似霓裳散序声。”[8]此诗从文学的角度，为吹笙引凤镜做了恰如其分的注脚。（霍宏伟）

[1] 杨桂荣：《馆藏铜镜选辑（五）》，《中国历史博物馆馆刊》1994年第1期，第126页，图98。

[2] 王春法：《大唐风华》，北京时代华文书局，2019年，第

171页。

[3] 河南省文物考古研究所:《河南省三门峡市印染厂唐墓清理简报》,《华夏考古》2002年第1期,第12—17页。

[4] 霍宏伟、史家珍:《洛镜铜华:洛阳铜镜发现与研究》,科学出版社,2013年,第284—285页,图版255。

[5] 郭玉海:《故宫藏镜》,紫禁城出版社,1996年,第116页,图版116。上海博物馆:《练形神冶　莹质良工:上海博物馆藏铜镜精品》,第238—239页,图版81。

[6] 王叔岷:《列仙传校笺》卷上"王子乔"条,中华书局,2007年,第65页。

[7] 洛阳市地方史志编纂委员会:《洛阳市志》第十四卷《文物志》,中州古籍出版社,1995年,第205—206页。

[8] 谢思炜:《白居易诗集校注》卷二八《律诗》,中华书局,2015年,第2191页。

149. 三乐葵花形铜镜

编号：C5.786

时代：唐

尺寸：直径12.5厘米，缘厚1厘米

八出葵花形，圆钮。镜钮两侧各铸一位老者形象，分别为孔子与荣启期。孔子戴高冠，着长袍，左手前指，右手持龙首杖。荣启期头戴莲花冠，穿鹿裘，左手执琴，右臂曲肘高抬。钮上方横长方形框内铸三列九字楷书体阳铭，以往学者或自左至右，或从右到左连读，分别为“孔夫子问曰答容启奇（期）”“容启奇（期）问曰答孔夫子”。今结合《列子·天瑞》记载，笔者认为应该分别由左、右框内的铭文向中间框内铭文读，即“孔夫子问曰，荣启奇（期）答”。钮下方有一棵树干略弯、根系发达的柳树，五枝垂下。宽平素缘。镜背纹饰为浅浮雕，铸造出的人物服饰、树纹较为模糊。十字形对称构图，与葵花形吹笙引凤镜构图、形制相同，其年代应相近。镜体呈银灰色，局部略泛绿锈。

1955—1961年，在陕西西安西郊张家坡，发掘一座盛唐墓M216，属于7世纪晚期至8世纪中叶。出土一面三乐镜，铸造精良，纹饰细致，直径13厘米，厚0.3厘米，缘厚0.5厘米[1]。河南洛阳南寨村、洛阳北郊各出土一面三乐镜，直径分别为11.8厘米、12.9厘米[2]。前者纹饰略为模糊，后者纹饰清晰。上述三面铜镜均为八出葵花形。第一条资料尤其重要，因为它解决了三乐镜的铸造年代问题，不是笼统地说为唐代镜，而是更加具体地指明三乐镜出现于盛唐。国博藏镜与之相比，虽然不如两京地区出土同类镜纹饰清晰，但其形制、纹饰、铭文完全相同，仍然可以判断为盛唐铸造的铜镜。

此镜纹饰题材内容，源于《列子·天瑞》。孔子问荣启期快乐的原因，荣启期以“人生三乐”作答，故此镜以三乐为名[3]。唐代诗人白居易对荣启期推崇备至，写过一些关于荣启期的诗作，甚至将其看作自己的老师[4]。所以，在唐镜上出现荣启期的形象，亦反映出当时人们仰慕高士、知足常乐的生活态度。（霍宏伟）

---

[1] 中国科学院考古研究所：《西安郊区隋唐墓》，科学出版社，1966年，第72页，图三七，2，第75页；图版肆肆，2。

[2] 洛阳博物馆：《洛阳出土铜镜》，文物出版社，1988年，图版87、89。

[3] 杨伯峻撰：《列子集释》卷一《天瑞篇》，中华书局，1979年，第22—23页。其文曰：“孔子游于泰山，见荣启期行乎郕之野，鹿裘带索，鼓琴而歌。孔子问曰：‘先生所以乐何也？’对曰：‘吾乐甚多，天生万物，唯人为贵，而吾得为人，是一乐也。男女之别，男尊女卑，故以男为贵，吾既得为男矣，是二乐也。人生有不见日月，不免襁褓者，吾既已行年九十矣，是三乐也。’”

[4] 霍宏伟：《鉴若长河：中国古代铜镜的微观世界》，生活·读书·新知三联书店，2017年，第255页。该书中有论述。白居易《北窗三友》：“嗜诗有渊明，嗜琴有启期。嗜酒有伯伦，三人皆吾师。”《不与老为期》：“百忧非我所，三乐是吾师。”此外，在白氏《偶作》《晚起》《池上幽境》等诗中皆以荣启期三乐作为创作题材。

150. 金筐宝钿花叶纹铜镜

编号：陕1436

时代：唐

尺寸：直径4.7厘米，缘厚0.4厘米

来源：1954年陕西西安东郊韩森寨出土

圆形，六瓣花朵形圆钮，其两侧各有一个穿孔，圆钮上的镶嵌物均已不存。绕钮一周，饰以纤细金丝作框的花叶纹，分别向外，延伸出六枝花朵，每一枝由两叶一花构成，两叶呈水滴形，镶嵌绿色半透明玻璃，一朵花内嵌以颜色较白、不透明的玻璃。花朵与花叶之间的空隙，皆填以密集的细小金珠鱼子地，金珠应是文献中所云“金粟”。窄素缘，立边，残存鎏金较多。今于国博“古代中国”基本陈列展出。

从此镜实物观察入手，推测其制作工艺步骤大致如下：第一，先铸造出一个圆形镜面，背面略凹，平整无纹，至少镜缘部分鎏金；第二，在一个圆形金属底板上，用金丝做出花朵和叶子的形状，构成外框，其内滴入半融的玻璃液，在玻璃尚未凝固之时，进一步压实玻璃珠[1]，空白处饰以细密的金珠；第三，将这一圆形金属板作为镜背，镶嵌于铜镜背面低凹无纹处，形成一面完整的镜子。

关于该镜的定名问题，经历了一个较为曲折的过程，反映出这一问题的复杂性。1959年，此镜最早著录于《陕西省出土铜镜》，被称为“错金镶料镜”[2]。同年，此镜入藏中国历史博物馆。该镜有多种称谓，诸如“镶绿白料饰鎏金铜镜”“镶料饰鎏金青铜镜”“镶料铜镜”等。2005年，美术史学者尚刚沿用第一种名称，并提出此镜以金筐镶嵌的工艺做出装饰，其制作工艺应属于宝钿[3]。2008年，他将这面镜子称为“宝钿花卉纹镜”[4]，亦有历史文献依据。《安禄山事迹》卷上：唐天宝九载（750），“天长节，禄山进山石功德及幡花香炉等，命于大同殿安置，朝夕礼谒焉”。小字注云：“优诏褒美，兼赐禄山宝钿镜一面，并金平脱匣、宝枕、承露囊、金花碗等。”[5]宝钿镜实物资料发现极少，上述铜镜是目前仅见出土的一面金筐宝钿镜。

这面宝钿镜直径仅有4.7厘米，应是唐人随身携带的小镜。河南洛阳唐墓也曾出土几面小

镜，直径为2.8—5厘米。例如，1984—1993年，洛阳偃师杏园晚唐墓M1025出土一面对鸟镜，直径4.3厘米[6]。2007年，在洛阳310国道与洛常路交叉路口东北侧发掘中唐墓C3M690，清理出一面直径5.8厘米的三禽镜；洛阳市吉利区坡底村商住楼工地唐墓C9M2502发现一面八角形变形四叶纹镜，直径为3厘米[7]。2008年，洛阳市涧西区中信重机公司盛唐墓EM722出有一面八角花卉镜，直径3.6厘米[8]。2009年，在洛阳市洛南新区龙盛安置小区B区中唐墓M12内，发现一面直径仅有2.8厘米的宝相花镜，同出一面直径5厘米的葡萄镜[9]。由此可见，使用小镜的现象在唐代两京地区人们的生活中还是较为普遍的。（霍宏伟）

---

[1] 关于此镜背金筐内滴入玻璃液的工艺流程推测，得到四川大学赵德云教授的指点，谨致谢忱。

[2] 陕西省文物管理委员会：《陕西省出土铜镜》，文物出版社，1959年，第135页，图125。

[3] 尚刚：《隋唐五代工艺美术史》，人民美术出版社，2005年，第198页，图4，78。

[4] 尚刚：《唐代的特种工艺镜》，《南方文物》2008年第1期；后收入尚刚：《古物新知》，生活·读书·新知三联书店，2012年，第62页，图6，10。

[5] （唐）姚汝能撰，曾贻芬校点：《安禄山事迹》卷上，上海古籍出版社，1983年，第8—9页。

[6] 中国社会科学院考古研究所：《偃师杏园唐墓》，科学出版社，2000年，第212页，图版32，6。

[7] 洛阳市文物工作队：《河南省第二荣康医院新院址工地陶窑和汉唐墓葬发掘简报》，《洛阳考古发现（2007）》，中州古籍出版社，2009年，第361—390页。《洛阳市吉利区坡底村商住楼工地发掘简报》，《洛阳考古发掘（2007）》，第335—339页。

[8] 洛阳市第二文物工作队：《洛阳涧西区唐代墓葬发掘简报》，《文物》2011年第6期。

[9] 洛阳市文物工作队：《洛南新区龙盛小区唐墓M12发掘简报》，《中原文物》2012年第5期。

151. **羽人花鸟金银平脱葵花形铜镜**

编号：Y240

时代：唐

尺寸：直径36.5厘米，缘厚1厘米

来源：传河南郑州出土

八出葵花形，圆钮，重瓣莲花纹钮座，其外四组石榴花叶纹对称排列，隙间有四只展翅飞翔的雀鸟，长尾、短尾各两只，四鸟间四只蜂蝶向花瓣飞去，将蝶恋花纹演绎得栩栩如生，富于变化。最外围是四种纹饰共八组，同向环钮相间

排列，两两相对。一组是羽人，人首鸟身，身有翼，拖着长长的花叶形尾，右手托盘，左手扬起，颈戴连珠项链，体态丰满，近似飞天形象；一组为展翅飞翔的鸾鸟，亦是华丽的花叶形尾；另外两种是稍有差异的花卉图案。窄平缘。

唐代的金银平脱技术是从汉代直接将金银箔片粘贴于漆器之上的技法发展出来的，在镜背先用漆做底，然后粘贴金银花饰片，再在其上施漆若干道，最后打磨表面将饰片凸显出来，制作过程极其繁复。此镜纹饰十分精细，金银相映，华美无比。莲花钮座及石榴花是由金银箔交错而成，金银争辉；主题纹饰双羽人与双鸾鸟是由银片组成，银光闪闪；隙间点缀的花卉、小鸟与蜂蝶由金片组成，金光熠熠。（王小文）

152. 宝相花银平脱葵花形铜镜

编号：Y234

时代：唐

尺寸：直径19厘米，缘厚4.8厘米

来源：1955年陕西西安韦曲出土

六出葵花形，圆钮，无钮座。从圆钮延伸出三层六片花瓣，第一层脱落一片。花瓣逐层扩大，最外层花瓣本身形似一朵牡丹花。此镜巧妙地设计，镜钮即为花蕊，镜缘即为花形，与银饰片共同形成了一朵盛开的牡丹花。镜背纹饰系用一整块圆形银版锤脱成半透雕式，然后粘贴固定于涂有漆地的镜背上，涂漆数道之后再将纹饰磨平，凸显出银片，现漆地已脱落。（王小文）

153. 缠枝花卉金壳菱花形铜镜

编号：C5.3758

时代：唐

尺寸：直径6.2厘米，缘厚0.5厘米

八出菱花形，圆钮，无钮座，镜背贴一金壳，其上锤脱出半浮雕式装饰纹样。八出菱花式凸棱将壳面纹饰分为内外两区，内区镜钮处延伸出四朵姿态相同的缠枝花卉，花朵盛开，枝蔓卷曲至镜缘处，镜地饰珍珠地纹。外区饰一周卷草纹。

金银壳镜是唐代制做高档铜镜时使用的特殊工艺之一，系镜背贴以金板或银板，在其上锤揲出各种纹饰，制作精细，富丽堂皇。金银器的制造在唐代基本都由官方控制，加之制作工艺繁复和成本高昂，这种铜镜主要作为皇家专用或赏赐大臣之用。《旧唐书·高季辅传》载："太宗尝赐金背镜一面，以表其清鉴焉。"这里的"金背镜"即是金壳镜。（王小文）

154. **螺钿高士宴乐铜镜**

编号：Y229

时代：唐

尺寸：直径25厘米，缘厚0.5厘米

来源：1955年河南洛阳涧西唐兴元元年（784）陈曦夫妇合葬墓出土

圆形，镜面平整，光亮如新，略显绿锈。镜背粘贴许多经过打磨、加工为各种形状的蚌片，构成一幅完美、有序的画面。镜钮上部花树居中，枝繁叶茂，叶间透出一轮明月。花树两侧，自上而下，饰以飞鸟、鹦鹉、小猫等形象。镜钮左右，两位高士坐于鹿皮荐之上，一持酒杯，一弹阮咸。其间，放置一壶一鼎。钮下部正中独立一鹤，两侧各有一水池，池内外小鸟静立。平素缘。

此镜将钮视作中心，以钮上部花树、钮下部立鹤为中轴线，左右布置图像，大致为对称分布。两位对坐的高士形象，外轮廓略呈三角形；右侧高士身后立着一名侍女，与左侧山石基本对称，显现出均衡之美。该镜先后著录于《馆藏铜镜选辑（五）》[1]《中国青铜器全集·铜镜》[2]等书刊。

洛阳涧西16工区位于今河南洛阳市涧西区的中信重机公司。1955年，在此发掘唐墓18座，以76号墓形制为大，出土器物亦较为特殊[3]。根据出土墓志及随葬器物来看，此墓为唐兴元元年（784）陈曦夫妇合葬墓，属于中唐墓。该墓为土洞墓，墓室内有东、西两棺，东侧陈曦棺内头前放置一面螺钿镜，另有铜鋗、铜钱。西侧陈夫人王氏棺内足部出土一面月宫双鹊盘龙镜，同出银筷、勺、簪，铜灯、鋗等。墓室门口清理出两合石刻墓志[4]。根据该墓志记载，可以了解螺钿镜使用者的身份。墓主人陈曦，卒于舒州司马任上。《唐六典·三府督护州县官吏》：“尹、少尹、别驾、长史、司马，掌贰府、州之事，以纪纲众务，通判列曹。”[5]司马的品级，相当于六品官，为中级官吏。

新中国成立以来，曾经作为隋唐两京的河南洛阳、陕西西安地区唐墓中出土有少量螺钿镜，以人物、动植物纹饰作为创作题材。其中，人物题材的螺钿镜发现数量极少。1955年，西安东郊郭家滩第419号唐贞元十四年（798）墓出土一面螺钿人物镜，画面简约，直径10.3厘米[6]。这面洛阳出土构图丰满、内涵丰富的高士宴乐镜更为罕见，堪称唐镜极品，是目前中国考古发现直径最大、画面唯美的唐代螺钿人物花鸟镜。（霍宏伟）

[1] 杨桂荣：《馆藏铜镜选辑（五）》，《中国历史博物馆馆刊》1994年第1期，第119页，封底。

[2] 中国青铜器全集编辑委员会：《中国青铜器全集》第十六卷《铜镜》，文物出版社，1998年，第116页，图114，图版说明第39页。

[3] 河南省文化局文物工作队第二队：《洛阳16工区76号唐墓清理简报》，《文物参考资料》1956年第5期。河南省文物工作第二队：《洛阳涧西16工区发掘简报》，《考古通讯》1957年第3期。

[4] 河南省文化局文物工作队第二队：《洛阳16工区76号唐墓清理简报》，《文物参考资料》1956年第5期。

[5]（唐）李林甫等撰，陈仲夫点校：《唐六典》卷三〇《三府督护州县官吏》，中华书局，2005年，第747页。

[6] 陕西省文物管理委员会：《陕西省出土铜镜》，文物出版社，1959年，第136页，图版126。

155. 螺钿云龙纹铜镜

编号：Y218

时代：唐

尺寸：直径22厘米，缘厚1.5厘米

来源：1957年河南三门峡市区工地1914号燕圣武元年（唐至德元载，756）墓出土

圆形，圆钮。一条飞龙绕钮而行，呈顺时针方向环绕。龙的整个身躯向右，但龙首向左，回顾镜钮，龙口大张，似有神龙衔珠之意。双角后扬分叉，双目圆睁。身形健硕，龙鳞刻画层层叠叠，细致入微。前后肢粗壮有力，分布于近镜缘处。前肢分列龙首下部左右，前伸后屈，张牙舞爪，龙爪均为三爪，前肢后爪略残，仅存两爪。后肢位于镜钮左上方与右侧。龙尾略残，绕于后肢前侧。龙体下方及左侧、接近镜缘处，饰以祥云纹。平素缘。镜钮及边缘略有锈蚀，泛起淡绿锈。若仔细观察整个镜背细微之处，可以充分感受到神龙腾空、鳞爪飞扬的磅礴气势。《馆藏铜镜选辑（五）》《中国青铜器全集·铜镜》著录[1]。

1957年，为了继续配合三门峡水库建设，黄河水库考古工作队在河南三门峡市区工地发掘20余座墓葬。其中，发掘1914号唐代安禄山燕圣武元年（756）墓，出土了上述螺钿云龙镜。同出其他随葬器物有银碗、筷、勺，鎏金的小铜鐎斗、铜盘、铜铃，铅碗，泥俑，石猪，彩绘陶罐等。据出土墓志记载，墓主人卒于唐天宝十四载（755），而葬于燕圣武元年四月[2]。墓志中所云“圣武”年号为安禄山的僭号，同年六月叛军进入长安，而该墓当是在安禄山的势力进入陕州时下葬的。

这种螺钿镜的制作工艺极其复杂。先将蚌壳磨平，再加工成不同部位所需要的各种形状，平雕加阴线刻，一块块进行拼贴，将其粘于镜背。这面螺钿云龙造型，与国博藏另一面云龙镜上的飞龙造型基本一致[3]，由此推断螺钿云龙镜的制作，应是以一次成型的一般工艺云龙镜为原型，进行再创作、加工，经过多道工序，最终完成。作为一般工艺的云龙镜存世数量相对较多，但作为特种工艺、用螺钿制作的云龙镜仅此一面，且为出土于唐代纪年墓中的考古发掘品，弥足珍贵。1958年国庆节期间，故宫博物院举办黄河水库考古展览，展出了这面螺钿云龙镜[4]。（霍宏伟）

---

[1] 杨桂荣：《馆藏铜镜选辑（五）》，《中国历史博物馆馆刊》1994年第1期，第129页，图117；《中国青铜器全集》第十六卷《铜镜》，文物出版社，1998年，第119页，图一一七。

[2] 黄河水库考古工作队：《1957年河南陕县发掘简报》，《考古通讯》1958年第11期。

[3] 杨桂荣：《馆藏铜镜选辑（五）》，《中国历史博物馆馆刊》1994年第1期，第127页，图103。

[4] 捷：《黄河水库考古展览开幕》，《考古通讯》1958年第10期。

156. 云龙纹葵花形铜镜

编号：C5.3621

时代：唐

尺寸：直径31.6厘米，缘厚0.8厘米

八出葵花形，圆钮，无钮座。主纹饰为一三爪龙环钮首尾相接，龙角及鬃毛后耸，张口似含钮珠，两前肢一伸一蹬，两后肢一曲一伸，长尾上卷，缠绕后伸展，体态丰满雄健，攀登有力，目光炯炯有神。颈间饰三角形几何纹，龙身为鳞片纹。隙间随势饰四组流云，使飞龙在云间穿梭。宽平缘。

此镜体型较大，形制规整，体量厚重，纹饰精细华美，应是盛唐时期的宫廷用物。龙的形象在当时被视为帝王的象征，皇帝被称为真龙天子，因此龙纹镜在唐镜中有重要意义。唐玄宗李隆基的生日是八月五日，这一天被定为千秋节，也规定为全国铸镜的日子，所以这一天又被称为千秋鉴节，目前发现的部分龙纹镜上铸有“千秋”二字，这一类龙纹镜都有祝寿的含义，是文武大臣们进献给皇上的贡品，而唐玄宗也会将这类铜镜赐给大臣们。（王小文）

157. **云龙纹葵花形铜镜**

编号：C5.3313
时代：唐
尺寸：直径19.5厘米，缘厚0.5厘米
来源：李彦河捐赠

八出葵花形，圆钮，无钮座。内切圆形。主纹饰一三爪龙环钮首尾相接，体态丰满雄健，曲颈，双角及鬃毛后纵，口对钮珠。两前肢一伸一蹬，两后肢一曲一伸，长尾上卷，缠绕后伸展。龙周身饰鳞片纹，隙间配四朵流云。边饰四组花鸟与四组蝶恋花纹相间排列。宽平缘。（王小文）

158. 双龙纹铜镜

编号：K5101
时代：唐
尺寸：直径13.9厘米，缘厚0.8 厘米
来源：1957年河南陕县湖滨区出土

圆形，圆钮，无钮座。环镜钮缠绕两只首尾相接的龙，龙首微微上扬，龙角后纵，身体舒展，前肢伸张，后肢一曲一直，前伸肢与后伸肢上各长有一翼，长尾绕后伸肢上扬，被另一龙衔于口中，隙间饰以云纹。外围饰三周双弦纹，弦纹带之间饰锯齿纹。高窄缘。此镜将二龙在云间穿梭追逐的情景刻画得生动传神。（王小文）

159. 双凤纹葵花形铜镜

编号：K5110

时代：唐

尺寸：直径20.6厘米，缘厚0.4厘米

来源：1958年河南陕县湖滨区出土

八出葵花形，圆钮，花瓣形钮座。镜钮左右各立一只姿态相同的大凤鸟，长尾上卷，曲颈展翅，钮下方盛开着一朵繁盛的花，被茂密的枝叶托起，同时两凤鸟的双爪也立于枝叶之上，一只直立，一只微微曲抬。钮上部对称开着两簇枝叶茂盛的花团。此镜借鉴玉雕中减地的手法，将没有纹饰的部分剔掉，主体纹饰自然凸现于镜背之上。整个画面纹饰饱满，布局繁密，枝叶肥硕的牡丹花团与羽翼丰满的凤鸟占据了整个镜背，几乎没有留白，以镜钮为中线，左右两边完全一致而且相连，极似一幅喜庆的剪纸作品。素平缘。

河南陕县一带是我国重要的考古发现地,遗存年代从仰韶文化一直延续到隋唐时代，主要发掘地点有后川地区、上村岭地区、刘家渠、湖滨区等地区。（王小文）

160. **双狮方形铜镜**

编号：C5.733

时代：唐

尺寸：边长13厘米，缘厚0.2厘米

正方形，扁圆钮，无钮座。镜钮两边环绕首尾相对的两只狮子，张牙舞爪，隔钮嬉戏。宽平缘。狮子扭身扑咬的姿态动感十足，似在戏绣球，作器者将纹饰与镜钮巧妙结合。首尾隙间饰卷草纹。此镜纹饰简练，生动活泼。（王小文）

161. 双鹰猎狐纹委角方形铜镜

编号：C5.3400

时代：唐

尺寸：边长12.3厘米，缘厚0.4厘米

来源：1981年章立凡捐赠，章乃器旧藏

委角方形，扁圆钮。镜钮左上方及右侧，各有一只雄鹰，头部向下，勾喙，双翼展开，呈俯冲状。钮下方有一只奔跑的狐狸，头部呈三角形，尖嘴，身形矫健，四肢伸开，椭圆形的尾部硕大，约为头部加身体的一半。平素缘。

此镜背画面极简，仅有三只动物形象，均为减地平雕加阴刻，以写意的手法来刻画动物的姿态，动感较强，富于戏剧性。镜体呈银灰色，镜钮右侧及下方锈蚀较重。此类铜镜少见。《馆藏铜镜选辑（四）》[1]《中国历史博物馆藏捐赠文物集萃》[2]著录。2017—2018年，国博举办“爱国情怀：章乃器捐献文物展”，展出了这面铜镜[3]。

关于此镜背下方的动物形象,以往曾有兔子、狐狸两种说法[4]。笔者对此做了考证，将兔子与狐狸形象从头到尾进行比较，发现两者的差异主要在于以下三点：第一，嘴部，从侧面看，兔子的嘴略呈圆弧形，狐狸的嘴瘦尖；第二，耳朵，兔子的耳朵较长，狐狸的耳朵较小，略尖，呈三角形；第三，尾巴，兔子的尾巴小，几乎看不见，狐狸尾巴大，椭圆形的尾部硕大，约占全身的三分之一。由此判断，该镜钮下方动物形象应是狐狸。

1984年，山西长治市北郊安昌村南发掘出唐代永昌元年（689）崔拏墓。该墓为多人合葬墓，出土9个人头骨，由此判断先后葬入9具人

骨，随葬器物存在早晚关系。其中，在东耳室发现两个头骨，出土铜镜、铁镜各一面。其中铜镜为双鹰猎狐镜，边长12.2厘米，缘厚0.3厘米[5]。据其委角方形的形制分析，具有晚唐铜镜的特点。国博镜与其形制、大小相似，动物纹饰构图、造型略有差异，由此判断国博镜的年代当属晚唐。1952年，陕西历史博物馆征集到一面减地双鹰纹委角方镜，边长13.2厘米[6]，与国博镜的制作手法、装饰风格完全相同，双鹰构图、造型不同。1985年，河南三门峡市器材厂工地出土一面双鹰猎狐镜，边长12.5厘米[7]，其动物构图、造型与国博镜相同，唯镜背较黑。（霍宏伟）

[1] 杨桂荣：《馆藏铜镜选辑（四）》，《中国历史博物馆馆刊》1993年第2期，第125页，图52。

[2] 中国历史博物馆保管部：《中国历史博物馆藏捐赠文物集萃》，长城出版社，1999年，第31页，图版说明第159页。

[3] 吕章申：《爱国情怀：章乃器捐献文物》，北京时代华文书局，2018年，第59页。

[4] 杨桂荣：《馆藏铜镜选辑（四）》，《中国历史博物馆馆刊》1993年第2期，第115页。中国历史博物馆保管部：《中国历史博物馆藏捐赠文物集萃》，长城出版社，1999年，第31页，图版说明第159页。

[5] 王进先：《山西长治市北郊唐崔拏墓》，《文物》1987年第8期，第43—48页。

[6] 陕西历史博物馆：《千秋金鉴：陕西历史博物馆藏铜镜集成》，三秦出版社，2012年，第391页。

[7] 三门峡市文物考古研究所等：《镜鉴陕州：三门峡出土铜镜选》，河南美术出版社，2018年，第185页。

162. 十二生肖八卦葵花形铜镜

编号：C5.2571

时代：唐

尺寸：直径15.2厘米，缘厚0.6厘米

八出葵花形，伏龟形钮，荷叶纹钮座。主纹八卦环钮排列，其外十二生肖环绕成圈，或爬行或奔跑。宽平缘。所谓八卦，乃指《周易》中的八种基本图形，即乾（☰）、坤（☷）、震（☳）、巽（☴）、坎（☵）、离（☲）、艮（☶）、兑（☱），象征着自然界天、地、雷、风、水、火、山、泽八种自然现象。此镜纹饰简练，留白较多，风格清新雅致，十二生肖的形象生动写实。（王小文）

163. 吉日委角方形铜镜

编号：C5.731

时代：唐

尺寸：边长13.8厘米，缘厚0.3厘米

委角方形，转角处稍稍内凹，变化极小，扁圆钮，圆钮座。三个同心圆将镜背分隔，从钮座伸出八条放射线将同心圆划分为八个小格。内八格的每格内有三字铭文，分别为“吉天门、凶天贼、吉天财、凶天阳、吉天官、凶天阴、吉天富、凶天盗”，内容为凶吉；外八格中六格内各有四个日期的铭文，另两格内各有三个日期的铭文，分别为“一日、九日、十七、廿五；二日、十日、十八、廿六；三日、十一日、十九、廿七；四日、十二、廿日、廿八；五日、十三、廿一、廿九；六日、十四、廿二、卅日；七日、十五、廿三；八日、十六、廿四”，共三十个日期与内八格的内容相对应，以供择日。镜缘处一圈连环纹，与大圆圈的空隙处饰以云纹。宽平缘。

此类镜晚唐时期比较多见,也可以称为择日镜，即以之选择良辰吉日。古时凡祭祀、婚嫁、出行、营造等，均要选择吉日行之。（王小文）

164. 星纹铜镜

编号：5.6048

时代：唐

尺寸：直径14.8厘米，缘厚0.5厘米

圆形，圆钮，无钮座。内切圆形。主纹环钮饰两条蜿蜒曲折的线，应是道家符箓文中的云篆，据说这是天神显现的天书，实即模仿天空云气变幻形状或古篆籀体而造作的符箓。符文组成一个正方形，上下左右各一组星象，象征四方。边饰为锯齿纹和卷云纹各一周。窄平缘。

此镜制作规整，道教风格浓郁，充满神秘色彩。圆形轮廓代表天圆，两组线条组成方形代表地方，四方星座照耀，表达了古人对于大自然的认识，应有辟邪或占卜之意。（王小文）

中国国家博物馆 编

中国国家博物馆馆藏文物研究丛书

铜镜卷

（下册）

上海古籍出版社

165. 双鸾委角方形铜镜

编号：C5.872

时代：五代

尺寸：边长15.5厘米，缘厚0.2厘米

委角方形，圆钮。镜钮外饰双鸾鸟和双缠枝莲花相间环列，宽平缘。鸾鸟口衔绶带展翅飞舞，造型精美，栩栩如生。

五代铜镜的形制、纹饰多沿袭唐镜。镜形除方形、圆形等外，亚字形（委角方形）镜更为流行。纹饰以花鸟和铸有吉祥语或作坊工匠名字等铭文的为多。镜体比唐镜轻薄，铸制工艺也较粗放，镜钮明显变小，但铜质仍近唐镜。（于璐）

166. **天汉新强方形铜镜**

编号：C5.789

时代：五代十国·前蜀天汉元年（917）

尺寸：边长20.5厘米，缘厚0.7厘米

正方形，桥形钮，无钮座。镜背素地，绕钮顺时针列阳文篆书“天汉新强”四字，外围饰方形凸弦纹。宽平缘。天汉为前蜀建立者王建的年号。王建在唐昭宗天复三年（903）封为蜀王，在位16年，曾用武成、永平、通正等年号，917年改元天汉，918年改元光天，天汉年号仅使用一年。北京故宫博物院藏有一面天汉新强方形铜镜，圆钮无纹饰，字体基本相同；台北“故宫博物院”则收藏了一面天汉新强圆形铜镜，为扁圆钮，圆座，四字篆书铭文逆时针绕钮，“强”字为反书。（于璐）

167. 都省铜坊官字铜镜

编号：皖博83

时代：五代十国·南唐

尺寸：直径17.6厘米，缘厚0.3厘米

来源：1957年安徽合肥姜妹婆墓出土

圆形，小钮桥孔，镜体较薄，背无纹饰，有阳文楷书铭文三行，共九字。镜钮右侧为“都省铜坊”，钮上方为“官”，左侧为“匠人房悰”四字。窄平缘。

“都省铜坊”，当是工部所辖的作坊；“官”字正好说明“铜坊”为官府经营的性质；“匠人房悰”，是表示此镜的制作人及其身份。

此件铜镜1957年7月出土于合肥城东南乡75公里之肥河农业社建设窑厂工程中，墓葬为南唐时期砖室墓。根据墓中出土的买地券可知，墓主人为南唐保大十一年（953）下葬的姜妹婆。此件文物出土于有明确纪年的南唐墓葬中，具有重要学术价值，其与1978年安徽铜陵征集的一件都省铜坊官字铜镜无论从造型还是制作特征上都极为相似。另外，上海博物馆也藏有一件同铭款的都省铜坊官字铜镜，其上所刻工匠名亦为“房悰”。（于璐）

168. 都省铜坊委角方形铜镜

编号：C5.788

时代：五代

尺寸：边长16.1厘米，缘厚0.1厘米

委角方形，桥形钮，无钮座。镜背素地，钮两侧各铸阳文楷书两字，连读为“都省铜坊”。宽平缘。从铭文可知此镜是京都官府作坊所制。所见都省铜坊镜还有铸工匠名者。“都省”为北朝北齐时期始设，“尚书省，置令、仆射。吏部、殿中、祠部、五兵、都官、度支等六尚书。……总理六尚书事，谓之都省”（《隋书·百官志》）。降之唐代，“都省之中以左右丞及左右司郎中，员外郎分管吏、户、礼左三部及兵、刑、工右三部”。

此类铜镜多出于五代或宋初墓中，镜背钮右多铸“都省铜坊”四字，钮左多铸工匠姓氏。此类镜为官府作坊所制，所见不多，流行于五代时期及北宋初年。（于璐）

169. 四花委角方形铜镜

编号：C5.795

时代：北宋

尺寸：边长17.3厘米，缘厚0.1厘米

委角方形，圆钮，无钮座，钮周饰以花卉纹。主体图案为四株缠枝纹牡丹，平均分布于四个委角处，花朵盛开，枝叶秀丽挺拔，连亘不断。外围饰一周连珠纹，宽平缘。花卉镜是宋镜中最流行的一大镜类，镜型多样，纹饰丰富，图案清新自然，端庄柔美，具有浓郁的生活气息。委角方形镜的形制为唐代首创，流行于五代，宋时显著增多，是较为流行的镜类之一[1]。（王湛）

[1] 杨桂荣：《馆藏铜镜选辑（六）》，《中国历史博物馆馆刊》1994年第2期。

170. **缠枝莲委角方形铜镜**

编号：C5.886

时代：北宋

尺寸：边长12.5厘米，缘厚0.1厘米

委角方形，圆钮，菊瓣纹钮座。主纹为四朵缠枝莲花，花型大而饱满，纤细的枝条将整个花朵环绕其中，花头分别与边、钮相对，既有变化又规整端丽。外饰一周连珠纹。宽平缘。纤细的缠枝花草纹是宋镜中常用的主题纹饰。（王湛）

171. 龟背纹委角方形铜镜

编号：C5.799

时代：北宋

尺寸：边长12.3厘米，缘厚0.3厘米

委角方形，小圆钮，无钮座。钮外满布以双线勾勒的六角形龟背纹，平行相错排列。宽平缘。龟在我国古代有通灵、长寿之意，龟背纹又称灵锁纹，亦有铜镜铸以龟形镜钮。该铜镜纹饰清新素雅，寓意吉祥。（王湛）

172. **程字牡丹纹铜镜**

编号：晋博214

时代：北宋

尺寸：直径16.6厘米，缘厚0.2厘米

来源：1957年山西忻县豆罗沙厂出土

圆形，扁圆钮，七出花瓣纹钮座，外饰一周连珠纹，四朵花肥叶茂的缠枝牡丹围绕而列，最外再饰以一周连珠纹和花瓣纹，镜背右侧有一楷体阳文“程”字，应为制镜人姓氏。宽平缘。整体图案纹饰清晰，线条优美，制作精良。（王湛）

173. **桂花葵花形铜镜**

编号：C5.870

时代：北宋

尺寸：直径17.1厘米，缘厚0.5厘米

六出葵花形，圆钮，无钮座。钮外饰以桂花纹，从内而外以四、一、三、四的朵数相间排列，疏密有致。最外围以两圈连珠纹式样排列。宽平缘。该镜纹饰淡雅朴素又富于变化。宋代的葵花形瓣弧度较不明显，有的甚至接近圆形。（王湛）

174. 梅雀水月铜镜

编号：5.4158

时代：北宋

尺寸：直径17.8厘米，缘厚0.6厘米

圆形，圆钮，无钮座。镜背上部为一株梅花傲然绽放，雀立梢头回首而望，下部水波粼粼，一轮弯月倒映水中。窄卷缘，沿边饰一圈回纹。整个画面安静、唯美，疏影横斜，暗香浮动，外圈简约回纹的运用更增添朴拙自然之感。梅、月是宋人比较喜欢的装饰题材，在瓷器、漆器、金银器等手工艺术品上都有体现，如南宋张同之夫妇墓出土的葵口银盘，许峻墓出土的斗笠银碗，均以描金技法表现同样的题材。湖南省博物馆则藏有一面与此纹饰十分相似的宋代铜镜[1]。（王湛）

[1] 辛光灿：《宋代手工业品装饰中的“月梅”题材》，《中原文物》2014年第6期。

175. 饶州肖家巷周小三家造葵花形铜镜

编号：C5.810

时代：北宋

尺寸：直径13.8厘米，缘厚0.3厘米

六出葵花形，桥形钮，无钮座。素地，钮右有长方形铸镜铭“饶州肖家巷周小三家炼铜照子”，楷书阳文二行十三字。窄卷缘。铜镜称“照子”为宋朝独有，因避宋太祖赵匡胤祖赵敬讳而改。

饶州，今江西鄱阳一带，铜矿资源丰富，自唐以来就在其地设铸钱监，具有良好的物质技术条件。自北宋中期开始，私营铜镜作坊纷纷出现，在各自生产的镜子上标注名号以示区别。浙江湖州和江西饶州都是私造镜的主要产地。根据出土和收藏情况来看，饶州镜的产地很可能就在当时的治所鄱阳县。

这件饶州镜与北宋初期的镜型相比，八出葵花变为六出葵花形，且镜钮变小，镜背出现了标明铜镜产地和姓氏商号的长方形铭框，这些特征说明此镜为北宋政和年间（1111—1118）或更晚时期的制品[1]。（王湛）

[1] 何堂坤：《江西省博物馆所藏饶州镜及其科学分析》，《文物》1993年第10期。

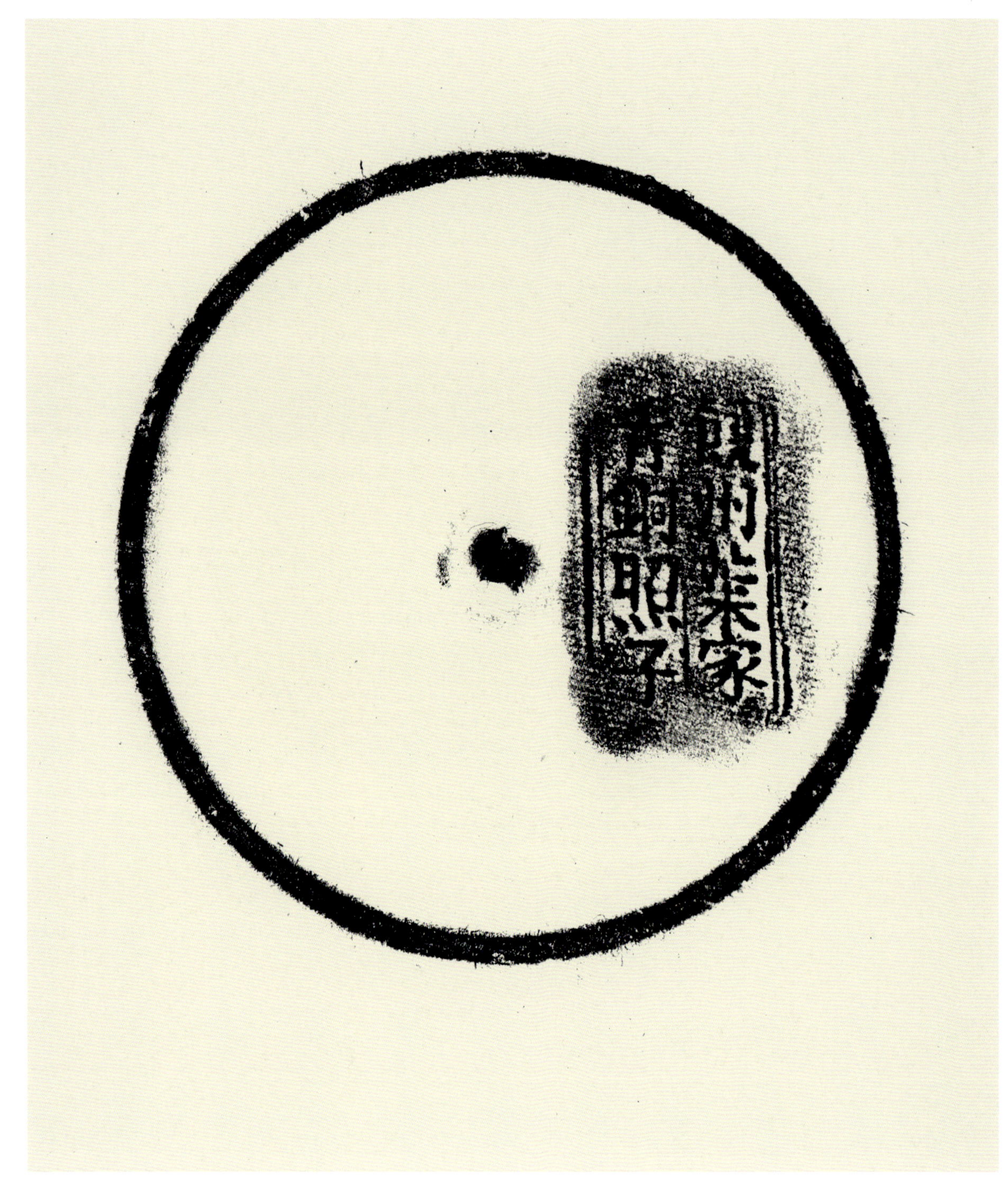

176. **饶州叶家铜镜**

编号：C5.838

时代：北宋

尺寸：直径10厘米，缘厚0.3厘米

圆形，扁圆钮，无钮座。镜背素地，钮右铸双线长方形铭记“饶州叶家青铜照子”，楷书阳文双行八字。窄平缘。饶州是宋代铸镜的重要地区，饶州镜以江西省博物馆所存最多，主要有“叶家”“周家”“许家”三大商号。其镜多葵花形和圆形，铭记多为长方形印章样式。饶州叶家镜较为常见。（王湛）

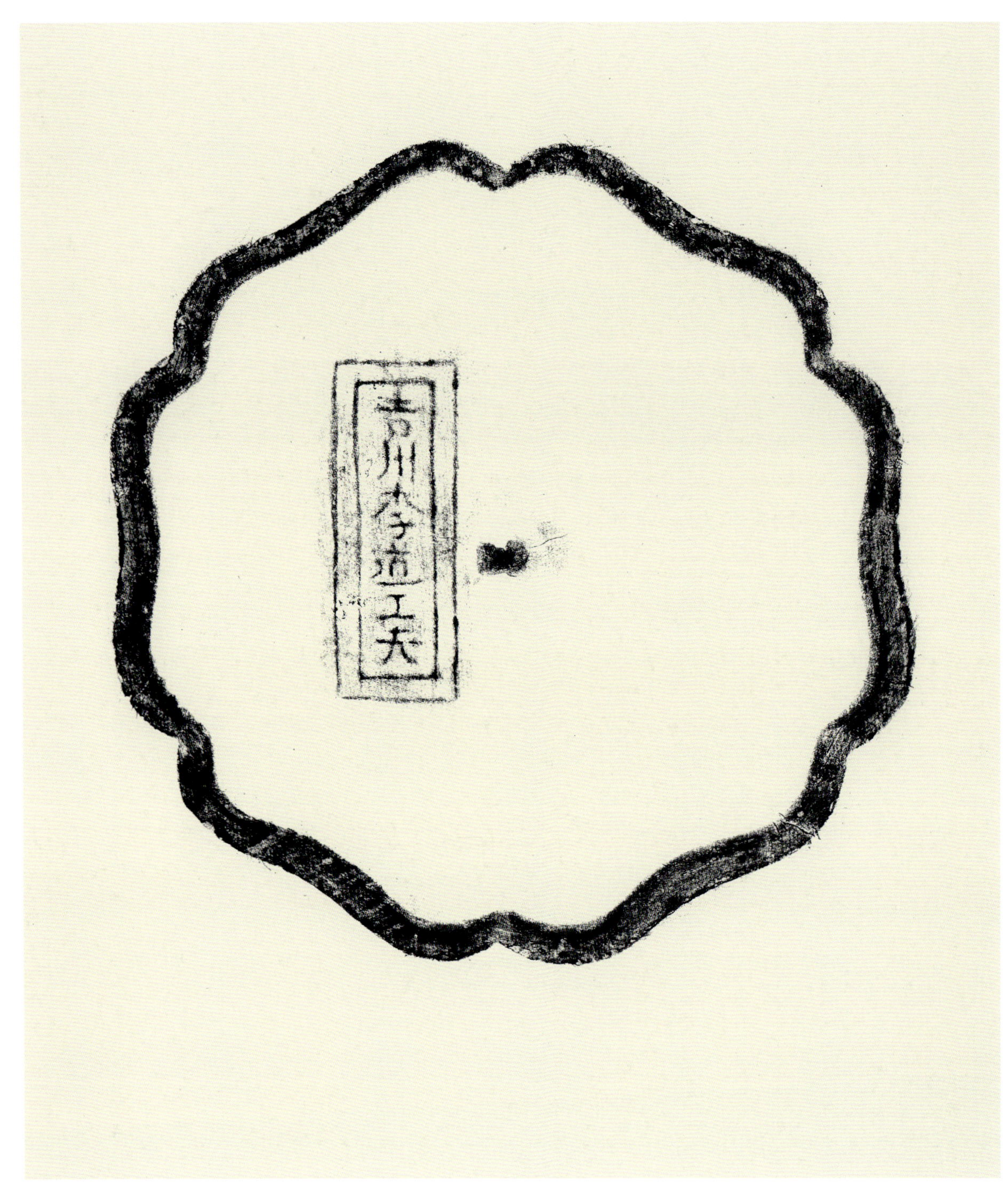

177. **吉州李道工夫葵花形铜镜**

编号：C5.3107

时代：宋

尺寸：直径17.5厘米，缘厚0.1厘米

六出葵花形，小扁圆钮，无钮座。镜背素地无纹，钮左铸双线长方形铭记“吉州李道工（功）夫”，楷书阳文一行六字，李道为铸镜人姓名。斜立宽缘。

吉州，隋开皇十年（590）置，治所庐陵（今江西吉水县北）。辖境相当今江西新干、泰和间的赣江流域及安福、永新等县。吉州镜极为稀见。（王湛）

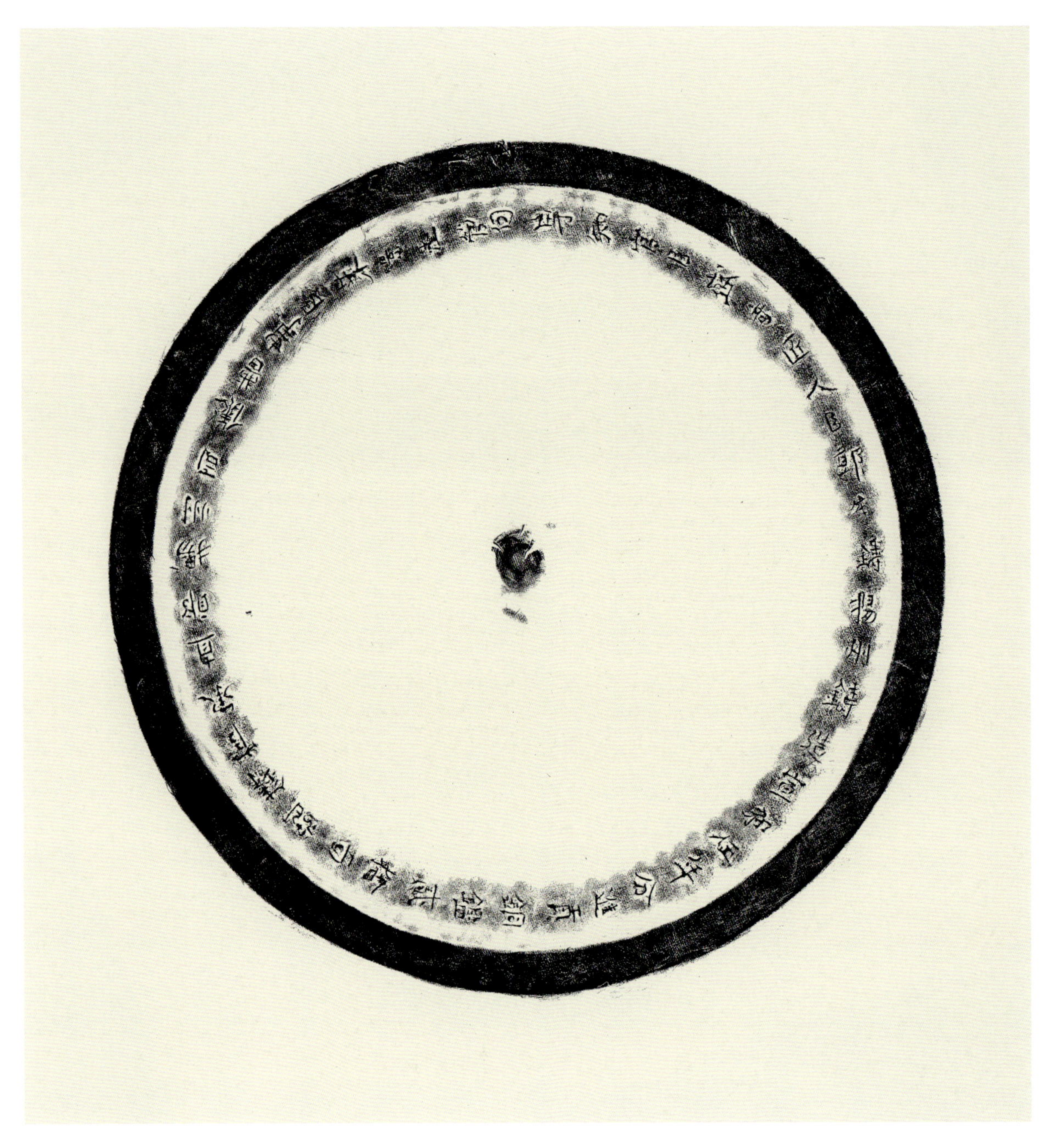

178. 宣和五年扬州铸造铜镜

编号：C5.2573

时代：北宋宣和五年（1123）

尺寸：直径34厘米，缘厚0.9厘米

圆形，圆钮，无钮座，形体较大。镜背素地，近缘处以楷书阳文环饰四十六字铭文一周，环读为："宣和五年，分进贡铜鉴贰拾面。监铸官、承直郎、扬州司仪曹事臣莱景[押]，管勾专知官臣盛奇，匠人臣郭成铸。扬州铸造。"镜缘宽而平。

江苏扬州，旧称广陵，在唐代就是铸镜中心。《新唐书·地理志》载："扬州广陵郡，大都督府……土贡金、银、铜器、青铜镜。"扬州进贡铜镜在开元、天宝时期最盛，一直到唐德宗时期。德宗大历十四年（779）六月己未，罢"扬州每年贡端午日江心所铸镜"，扬州进贡铜镜的盛况才逐渐停止[1]。然而根据这件铜镜铭文

记载，这件铜镜铸于宋徽宗宣和五年（1123），可见虽然扬州贡镜的现象在唐后期有所减少，却仍延续到了北宋时期。

镜面铭文铸印清晰，唯“臣盛奇”前的官职字体略模糊，经仔细辨认应为“管勾专知官”五字。专知官为宋朝仓库场务之主管人员，职位在监当官之下，分管有关事务。管勾则为宋朝始置的差遣名目之一，如“管勾机宜文字”“管勾往来国信所”等[2]。镜上有铸造日期、地名、监铸官、工匠姓名者较为稀见，此铭文为研究宋代扬州的铸造业提供了资料。（王湛）

[1] 孔祥星、刘一曼：《中国古铜镜》，台北艺术图书公司，1994年，第131页。

[2] 龚延明：《宋代官制辞典》，中华书局，1997年，第66页。

179. **湖州真石三十郎葵花形铜镜**

编号：C5.808

时代：南宋

尺寸：直径11.5厘米，缘厚0.3厘米

六出葵花形，桥形钮，无钮座。钮右铸长方形铸镜字号“湖州真石三十郎家照子”，楷书阳文二行十字；钮左铸长方形明码标价“无比炼铜每两一百文”，楷书阳文一行九字。窄卷缘。私造镜与严格管理的官造镜不同，因仿铸者多，常以“真”“无比炼铜”等字样来表示正宗和质优。

湖州，宋代属两浙路十二州之一，与江西饶州一样，是宋代重要的铜镜产地。湖州镜始造于北宋晚期，盛行于南宋早、中期，其特点是装饰简单，朴实无华，以素镜闻名。湖州镜代表了铜镜从唐代的精致奢华、工艺考究，向宋代简约实用的转变。因不以纹饰取胜，故圆形少，委角方形、葵花形及其他不规则形制为多，强调其装饰性。湖州镜存世数量不少，以石家镜为多。（王湛）

180. 湖州真石家念二叔叶形铜镜

编号：C5.907

时代：南宋

尺寸：直径10.6厘米，缘厚0.3厘米

叶形，扁圆钮，无钮座。素地，钮左有长方形铸镜字号“湖州真石家念二叔照子”，楷书阳文二行十字。窄卷缘。湖州石家铸镜繁多，世代为业，以长幼顺序排名，如“石十郎”“石十五郎”等。“二十”又写为“廿”，“念二叔”即“廿二叔”，指排行二十二。与此形制类似的还有上海博物馆藏“湖州石十五郎炼铜无比照子”及江西婺源出土的“湖州石十郎真炼铜无比照子”等。（王湛）

181. 湖州石十郎家葵花形铜镜

编号：浙269

时代：南宋

尺寸：直径18.1厘米，缘厚0.2厘米

八出葵花形，桥形钮，无钮座。镜背素地，钮左有长方形铸镜铭“湖州石十郎家无比炼铜照子”，楷书阳文二行十二字，铭文反刻。宽卷缘，镜缘葵纹中心略内凹。

“炼铜”一词在宋镜铭文中经常出现，尤以湖州、饶州、建康等地区铜镜上为多，它有别于杂铜，指铸镜铜料经过了反复的冶炼，是铜质纯正的标榜用语[1]。此类形制铜镜主要流行于南宋中晚期。（王湛）

[1] 闻泉：《管窥宋代铜镜业中的湖州铸鉴局》，《中国文物报》2007年4月。

182. 湖州仪凤桥石家葵花形铜镜

编号：浙270

时代：南宋

尺寸：直径16.8厘米，缘厚0.2厘米

八出葵花形，桥形钮，无钮座。镜背素地，钮右有长方形铸镜铭“湖州仪凤桥石家真正一色青铜镜”，楷书阳文二行十四字。葵瓣向外，宽卷缘。“仪凤桥”标明了店铺的具体地址，南宋仪凤桥镜在湖州镜中较为少见。仪凤桥位于当时湖州的中心地区，是民间铜镜作坊的集中地，从有确切纪年的出土铜镜来看，带“仪凤桥”铭文的铜镜多流行于北宋中晚期至南宋中期，之后因官方禁铜的缘故，仪凤桥附近的铜镜店铺便纷纷关闭，因而未见有南宋晚期的“仪凤桥”款湖州镜[1]。（王湛）

[1] 沈如春：《湖州镜及两宋官民铸镜业的互动》，《东方博物》2009年第1期。

183. 乾道四年菱花形铜镜

编号：C5.884

时代：南宋乾道四年（1168）

尺寸：直径14.3厘米，缘厚0.2厘米

六出菱花形，桥形钮，无钮座。镜背素地，右侧有铸铭“湖州铸鉴局乾道四年炼铜照子官[押]”，楷书阳文二行十五字，字形规整秀美。窄卷缘。“乾道”为南宋孝宗赵昚年号，乾道四年为1168年。

这件铜镜铭文署“湖州铸鉴局”，说明此镜为官造。此时的湖州，不仅有大量的民间造镜

作坊，还存在官方机构铸鉴局，经营官造镜。一般认为，铸鉴局为南宋朝廷设立的管理铜镜铸造的官方机构，但由于史籍记载寥寥，只能从现存文物上窥知一二。现存湖州铸鉴局所造铜镜数量远较民间为少，且具有如下几个特点：其一，官造镜因无人敢冒仿，所以铭文内容比较简洁，没有广告用语和标价，只标注产地、铸制机构，仅用“炼铜”表明铜质；其二，质量上乘，制作规范，铜质厚重，棱角分明。因此，铸鉴局的职能不仅是生产经营优质铜镜，可能还对当地的制镜业起到监管规范的作用[1]。（王湛）

[1] 闵泉：《管窥宋代铜镜业中的湖州铸鉴局》，《中国文物报》2007年4月。

184. **袁家照子葵花形铜镜**

编号：C5.812

时代：南宋

尺寸：直径10.6厘米，缘厚0.3厘米

八出葵花形，圆钮，无钮座。镜背素地，有篆书阳文“袁家照子”四字环钮而列。宽卷缘。此镜为袁家私造镜，以较为夸张的篆书作为背景纹饰，求得新颖别致的效果。（王湛）

185. 太原高家方形铜镜

编号：C5.868

时代：南宋

尺寸：边长15.2厘米，缘厚0.4厘米

方形，圆钮，无钮座，镜背素面无纹，仅在钮左侧有阳文楷书“太原祖代造镜高家”二行八字的框记。钮上方接近边缘处有阴文楷书“共城官[押]”，钮下方镜缘上有阴文楷书“苏门县官[押]”印记，刻划极细。窄卷缘。此镜为宋镜，官押为金代所刻。

共城，远古时为共工氏部族居地，隋开皇六年（586）置共城县，治所在今河南辉县，唐武德元年（618）置共州，共城为州治。武德四年废州，为共城县，宋因之。金大定二十九年（1189）改称河平县，明昌三年（1192）又改称苏门县。此镜有共城、苏门县这两个不同时期的官押，可证金代铜禁之严。（王湛）

186. 木偶戏方形铜镜

编号：C5.910

时代：宋

尺寸：边长11厘米，缘厚0.2厘米

方形，圆钮，无钮座。主体纹饰描述的是杖头木偶戏的演出场景，一共七人：在高台阶下支一帷幕，将观众与操纵者隔开，帷幕后一女童双手举杖头木偶进行表演，手中木偶各执长型兵器，帷幕左侧一女童手持鼓槌作击鼓状，似为伴奏；幕前正中一男童左手撑地斜坐，右手亦举一杖头木偶，身后有拍板一具；其左右两侧还有三名童子作为观众，最右边的男童似乎分了心而朝外看；最突出的是镜背右上方袖手而坐的童子，其坐于帷幕之后，应该不是观众，而属于木偶戏的表演者之一——说戏人，即操纵人根据其说唱内容来进行木偶表演[1]。窄高卷缘。此镜整体纹饰布局巧妙，再现了杖头木偶戏的表演场景，也将童子们的神情姿态表现得惟

妙惟肖。

木偶戏在古代又称傀儡戏。木偶最早应该是被用于代替活人殉葬的，即木俑，春秋时已成为风气，首例活动木偶则见于西汉，成为歌舞形式木偶戏的雏形。“傀儡”原有镇宅驱邪之功用，所以它最初被用于丧葬之乐。东汉时因其音乐和表演受到普遍欢迎，反而移用到宴会上[2]。至唐代，中原乐舞受到西域文化的巨大影响和渗透，木偶戏也向生活化和世俗化演进。至宋代，木偶戏与技艺、音乐完美统一而大为兴盛。木偶戏的品种很多，杖头木偶只是其中一种，进行有完整故事情节的戏剧表演。目前所见表现木偶戏演出场景的宋代铜镜只此一件。（王湛）

[1] 刘琳琳：《宋代傀儡戏研究》，首都师范大学博士学位论文，2007年。

[2] 廖奔：《傀儡戏略史》，《民族艺术》1996年第4期。

187. 蹴鞠纹铜镜

编号：C5.843

时代：宋

尺寸：直径10.6厘米，缘厚0.6厘米

圆形，圆钮，无钮座。镜背以高浮雕的形式展现出我国古代的蹴鞠场景，镜钮上下为围墙、山石和花草，塑造出园林庭院的空间感，四人以不同比例分布，近处为一男一女对踢，控球的女子束高髻，对襟窄袖，内着裤子脚穿弓鞋，稍远处一侍女在旁观看；对踢的男子亦窄衣袖，身后一侍者右手持铃状物似为裁判。窄卷缘。整体人物造型十分生动。

蹴鞠是世界上最早的足球运动，起源于春秋战国时期的齐国故都临淄（今山东淄博），唐宋时期最为繁荣。蹴鞠经发展，其形式主要有直接和间接竞技性对抗、展示踢球花样和控球技巧的散踢（白打）等，白打因以技巧性、观赏性为主，较少身体对抗，故而很多女子也十分擅长，此图中所表现的就是白打中二人对踢的场面。宋代蹴鞠纹铜镜见于记载的还有两件，形制图案与此类似，现藏于湖南省博物馆。（王湛）

188. **飞仙散花葵花形铜镜**

编号：C5.885

时代：宋

尺寸：直径14.1厘米，缘厚0.3厘米

八出葵花形，圆钮，八出花瓣纹钮座。钮外双重凸线圈将纹饰分为内外两区。内区两飞仙脚踩祥云，环钮而行，外区四飞仙与四花枝相间成圈，姿态翩然。窄卷缘。飞仙作为纹饰的出现与道教文化有关，蕴含超凡脱俗之意。此镜整体纹饰造型优美生动。（王湛）

189. 仙人龟鹤齐寿菱花形铜镜

编号：C5.819

时代：宋

尺寸：直径25.5厘米，缘厚0.7厘米

八出菱花形，圆钮，无钮座。钮左一仙人端坐，头部有背光，上方三星高照，钮右一女侍童手捧仙桃而立，身依山石修竹，上方一仙鹤展翅回旋俯冲而下，底部中央的地上一只大龟朝仙人蹒跚而行。钮正上方有铸镜铭楷书阳文“湖州杨家造”一行五字，表明制镜者地区名号。镜缘菱花形，窄卷缘。此镜所绘为仙人龟鹤齐寿场景，寓意吉祥。（王湛）

190. **龟鹤人物纹方形铜镜**

编号：C5.908

时代：宋

尺寸：边长9.1厘米，缘厚0.5厘米

方形，圆钮，六出花瓣形钮座。一棵大树沿钮座缠绕而上，将镜背分为左右两个区域。左侧一人面右而立，高发髻，手举一物；右侧上部一只仙鹤展翅而立，似在与左边人物对话，下部一龟脖颈伸长朝左侧奋力爬去，应为龟鹤齐寿寓意。空中祥云环绕，四周仙草丛生，恍如仙境。镜缘窄卷缘。有此类纹饰的铜镜通常为家中长者所用。（王湛）

191. **花鸟人物菱花形铜镜**

编号：C5.881

时代：宋

尺寸：直径12.6厘米，缘厚0.3厘米

八出菱花形，圆钮，花瓣形钮座。钮座外四花枝环绕而列，恰将空间沿花瓣划分为八份，外围人首鸟展翼逆时针而旋，间隔四持剑骑鱼仙人，纹饰极为雅致。宽平缘。宋代的仙人镜源于唐，主体纹饰在四分法的基础上加以变化[1]，风格更为文秀轻盈。（王湛）

[1] 孔祥星：《略论中国古代人物镜》，《文物》1998年第3期。

192. **八卦四狮纹菱花形铜镜**

编号：C5.2687

时代：宋

尺寸：直径18厘米，缘厚0.6厘米

八出菱花形，圆钮，八出花卉纹，圆钮座。四个绣球系飘带环钮配列，飘带下四只狮子互相追逐奔跑，狮子造型生动活泼，刻画清晰。外有八卦纹环绕成圈，间隙点缀花草纹及小乳钉纹。宽平缘。八卦纹在唐代镜中就已出现，这类铜镜从八世纪中叶一直流行到十世纪初。宋代八卦镜主题纹饰有八卦花卉、八卦狮子绣球、八卦山水人物、八卦星纹等。（王湛）

193. 七星八卦纹铜镜

编号：C5.6051

时代：宋

尺寸：直径10.8厘米，缘厚0.3厘米

圆形，圆钮，无钮座。镜背素地，正中饰北斗七星纹，钮两侧铸直铭“七星朗耀通三界，一道灵光伏万魔”，共十四字。宽平缘。靠近镜缘处，八卦图案环列一周。

八卦传说为上古时期伏羲所创，象征自然世界的八种物象，代表了中国早期的哲学思想。《易经》曰：“易有太极，始生两仪。两仪生四象，四象生八卦。”八卦镜与中国道教文化的发展密切关联，是震慑邪魅的吉祥之物，因此古人常使用八卦镜，意在化煞驱邪。

宋代八卦镜形式最为多样，宋墓中出土较多。从八卦与其他图纹结合使用的情况看，常见的有四神八卦镜、十二地支八卦镜、天象八卦镜、龙虎八卦镜、十二生肖八卦镜和八卦铭文镜。而八卦镜无论图纹复杂还是简单，卦象都十分突出。（柏进波）

194. **仙人八卦祥云托日形铜镜**

编号：C5.888

时代：宋

尺寸：直径13.5厘米，缘厚1.1厘米

祥云托日形，无钮。镜背正中为绵延的仙山，四周海水环绕，波浪起伏，山上众仙云立，山下一仙双手合十端坐。山两侧为阳文篆书“惠盦”二字；镜背上部以回文为地，阳文篆书“子子孙孙永宝用”七字，其中“子”“孙”二字下均有重文符号。最外一圈以八卦纹环绕。卷云纹缘。此镜造型独特，新颖美观，是宋朝独有的镜型。（王湛）

195. **双鱼菱花形铜镜**

编号：C5.791

时代：宋

尺寸：直径15.7厘米，缘厚0.5厘米

七出菱花形，银锭钮，无钮座。镜背素地，仅装饰两鲤鱼首尾相对而游，刻画较为简单。窄卷缘。鱼纹是中国传统吉祥图案，有“年年有余”“鲤鱼跳龙门”、多子多孙等吉祥寓意。菱花镜的花瓣以六瓣或八瓣为多，七瓣者较为少见。（王湛）

196. **正冠云头有柄铜镜**

编号：C5.2681

时代：宋

尺寸：通长17.4厘米，直径9.5厘米，缘厚0.5厘米

圆形带柄，无钮。镜背铸篆书铭文“正冠”二字，铭文两侧各饰一朵祥云。镜缘窄而平，凸起压于镜柄之上。铜镜因可照容，面镜可正冠。此镜铭文“正冠”不仅言明铜镜功能，也意在时刻警醒自己。《旧唐书·魏徵传》载：“夫以铜为镜，可以正衣冠；以古为镜，可以知兴替；以人为镜，可以明得失。”古人以照镜作喻，可见铜镜在人们日常生活中的重要地位。（柏进波）

197. **双龙戏珠鼎形铜镜**

编号：C5.899

时代：宋

尺寸：通长16厘米，缘厚0.7厘米

鼎形，亦称炉形，直立镂空双耳，鼓腹，尖足。圆钮微凹，双龙于外，口对钮珠，作戏珠状。龙身巨大，向上弯曲，瞠目张爪，尾缠一后肢。龙身下方为波涛汹涌的海水，水中一昂首灵龟，海岸边一三足香炉冒着袅袅香烟。此种布局为宋代典型龙纹装饰图案。鼎形镜的纹饰以龙、麒麟等瑞兽图案为主，具有祈福祥瑞之意。（王湛）

198. 双剑钟形铜镜

编号：C5.890

时代：宋

尺寸：通长19.8厘米，缘厚1厘米

钟形，方形挂钮。镜背上部有大弓形钮，钮下方为三足鼎式炉，炉中升起一缕轻烟，托着一粒仙丹，底部有一方形印记“李道人造”阳文篆书四字。镜背铸双剑纹，双剑两侧铸“匪鉴斯镜，以妆尔容”八字阳文篆书。宽平缘。此纹为当时流行纹饰。（王湛）

199. 公孙轩辕钟形铜镜

编号：C5.889

时代：南宋

尺寸：通高19.2厘米，缘厚1厘米

钟形。上部正中有一环形钮，下部正中有一环状饰。镜背左右有两列六字篆书体阴文铭，读法较为特殊，未按正常顺序，而是对角连读为“公孙轩辕宝镜”。平素缘。《馆藏铜镜选辑（七）》著录[1]。

六字铭文字体宽博，笔画较粗。镜体呈黑褐色，镜背及边缘有意铸造出一些凹坑，以示残损痕迹，这应是南宋复古主义审美倾向的直接反映。“公孙轩辕宝镜”铭文,与黄帝铸镜的传说有着密切关系，因为黄帝姓公孙，名轩辕。《史记·五帝本纪》：“黄帝者，少典之子，姓公孙，名曰轩辕。……与蚩尤战于涿鹿之野，遂禽杀蚩尤。而诸侯咸尊轩辕为天子，代神农氏，是为黄帝。”[2]《楚辞·远游》：“轩辕不可攀援兮。”王逸注：“轩辕，黄帝号也；始作车服，天下号之，为轩辕氏也。”[3]国博藏镜铭文中的“公孙轩辕”正是指黄帝，“公孙轩辕宝镜”源于黄帝铸镜的典故。黄帝铸大镜的传说，见于唐王度《古镜记》。隋汾阴侯生为天下奇士，王度曾拜他为老师。临终之际，他赠予王度古镜，并说持此镜则百邪远人。侯生常云：“昔者吾闻黄帝铸十五镜，其第一横径一尺五寸，法满月之数也。以其相差,各校一寸，此第八镜也。”[4]《述异记》卷上还谈到传说中的“轩辕磨镜石”：“饶州俗传轩辕氏铸镜于湖边。今有轩辕磨镜石，石上常洁，不生蔓草。”[5]

1976年，江苏常州武进县村前乡蒋塘村民开挖排水沟时发现3座南宋墓，采集到一面钟形双剑丹炉镜[6]，可知铸造钟形镜为南宋新创。浙江上虞出土一面南宋带环钟形镜，镜背上部正中有环形钮，并穿有一圆环，高14厘米[7]。国博藏镜背面上方环形钮的用途与其相同，应是穿环之用。（霍宏伟）

---

[1] 杨桂荣：《馆藏铜镜选辑（七）》，《中国历史博物馆馆刊》1995年第1期，第139页，图67。

[2] 《史记》卷一《五帝本纪》，中华书局，1975年，第1、3页。

[3] （宋）洪兴祖撰，白化文等点校：《楚辞补注·远游第五》，中华书局，1983年，第166页。

[4] （唐）王度撰：《古镜记》，收入（宋）李昉等编：《太平广记》卷二三〇《器玩二·王度》，引自《异闻集》，中华书局，1995年，第1761页。

[5] （南朝·梁）任昉：《述异记》卷上，收入（明）程荣纂辑：《汉魏丛书》，吉林大学出版社，1992年，第699页。

[6] 陈晶、陈丽华：《江苏武进村前南宋墓清理纪要》，《考古》1986年第3期。

[7] 王士伦、王牧：《浙江出土铜镜》（修订本），文物出版社，2006年，图版171，图版说明第241页。

200. 当年己丑双剑盾形铜镜

编号：C5.892

时代：南宋绍定二年（1229）

尺寸：通高24.8厘米，缘厚1厘米

盾形。镜背中部铸一尊鼎式三足炉，上有宝珠与火焰纹。下为一条盘绕成团的蛇。三足炉四隅各有单字篆书体阴文。铭文两侧各立一柄宝剑，纵贯上下。剑首呈如意云头形，柄上带环，剑鞘饰以火焰纹。双剑纹外侧，各有一列四字篆书体阴文。镜背铭文连读为"光明贵宝，玉镜弗剑，当年己丑。"[1]其中，"光"字与《说文·火部》中"光"的古文写法一致[2]；"明"字不全，仅有左半部分"日"，右半部分"月"字缺。高立缘，缘上密布凹坑。

铭文中的"当年己丑"是一条重要信息，因为这是此镜铸造年代的直接证据。"当年"即盛壮之年，《墨子·非乐上》"将必使当年"，孙诒让闲诂："王云：'当年，壮年也。'当有盛壮之义。"[3]《文选·洛神赋》"怨盛年之莫当"，李善注："盛年，谓少壮之时。"[4]壮年是指三十九岁之前，如《礼记·曲礼上》"三十曰壮"孔颖达疏："三十九以前，通曰壮。"[5]

南宋时期的"己丑"，有两个年份，一是孝宗乾道五年（1169），二是理宗绍定二年（1229），两者相差六十年。孝宗赵昚为南宋第二代皇帝，出生于南宋建炎元年（1127），乾道五年（1169）时，他四十二岁。宋理宗赵昀为南宋第五代皇帝，开禧元年（1205）出生，绍定二年（1229）时，他二十四岁。"当年己丑"应指皇帝少壮时的"己丑"年，由此确定国博藏双剑镜的铸造年代是在南宋理宗绍定二年（1229）。

1988年，在湖北房县门古寺镇马家河村秦口椒玉小学基建过程中发现一座宋代砖室墓，出土一面盾形双剑镜。其形制、纹饰、铭文与国博镜完全相同，高24.9厘米，宽19.5厘米，厚0.88厘米，重1157克。此地距武当山大约124公里。资料报道者认为，该镜出土于武当山道教传播区，镜背纹饰以炼丹为题材，应是受到了武当山道教文化的影响。此镜的出土，对于研究宋代武当山地区的道教文化具有重要意义[6]。由这面出土品来看国博的传世品，亦有可能与南宋武当山的道教文化传播有所关联。

湖南出土一面宋代安明双剑镜，高16.5厘米[7]。其形制、纹饰构图及双剑、丹炉形象、镜缘凹坑等均与国博镜近似。唯炉下无团蛇，双剑两侧铭文不是阴刻，而是阳铭，连读为"安明贵宝，弗剑而镜"。此类双剑纹加这八字铭文的铜镜数量相对较多，但年代仅定为宋代。通过与国博双剑纪年镜的比较，可知上述双剑镜的铸造年代应属于南宋时期。（霍宏伟）

[1] 该镜铭释读得到李零教授、史德新、鹏宇三位学者指点，谨致谢忱。

[2] （汉）许慎撰：《说文解字》十上《火部》，中华书局，1985年，第210页。

[3] （清）孙诒让著，孙以楷点校：《墨子闲诂》卷八《非乐上》，中华书局，1986年，第230页。

[4] （梁）萧统编，（唐）李善注：《文选》卷一九曹植《洛神赋》，中华书局，2005年，第271页。

[5] （清）孙希旦撰，沈啸寰等点校：《礼记集解》卷一《曲礼上》，中华书局，1989年，第13页。

[6] 杨海莉、刘斌：《湖北房县博物馆收藏的盾形铜镜》，《文物》2017年第7期。

[7] 周世荣：《铜镜图案：湖南出土历代铜镜》，湖南美术出版社，1987年，第207页，图188。

201. 北帝作龟之印铜镜

编号：C5.903

时代：南宋

尺寸：直径16厘米，缘厚1厘米

圆形，伏龟形钮，圆首高昂，龟背隆起，四足内收，位于镜背上部。钮下方铸出方形印文，笔画残缺不全，无法辨识。镜钮两侧，各有一列三字篆书体阳铭，自右至左，连读为“北帝作龟之印”，“龟”字笔画简省较多，不易辨认[1]。厚缘。制镜者有意将镜缘铸出粗糙不平，甚至残缺不全的肌理效果，应是宋人做旧的手法，有一种沧桑、古朴的感觉，类似南宋其他铜镜上的踏泥纹，这是南宋铜镜纹饰的独有特点。镜钮神龟为高浮雕，印与篆铭为阳文。

根据这面铜镜的纹饰分析，有可能是南宋人发现一枚上为龟钮、下部印文笔画残损的古印，推测是北帝作印，因为神龟是北帝的象征。铭文中所说的“北帝”，应是“北方真武玄天上帝”的简称，是道教文化中的一位神仙，至今仍为人们所尊奉，供奉北帝的庙宇被称为“北帝宫”或“真武庙”。

道教认为，玄武在黄帝时降生，得道后被玉帝册封为玄武真君，赐号“玄天上帝”。北宋崇尚道教，为避尊为圣祖的赵玄朗讳，改玄武为真武。南宋孝宗登基之后，有人认为真武像与孝宗相貌近似，故真武愈发受到人们的尊崇[2]。国博藏北帝作龟之印镜，有可能是在这种历史大背景下出现的。

因为龟属于爬行动物的一科，忍耐力强，寿命较长。所以，古人对神龟推崇备至，以龟为灵物，为四灵之一。《礼记·礼运》：“麟、凤、龟、龙，谓之四灵。”[3]有关神龟的文献记载甚丰，充满着浓厚的神话色彩。《述异记》卷上：“龟千年生毛，龟寿五千年谓之神龟，万年曰灵龟。”[4]古人铸印以龟为钮，称为“龟印”“龟”。在历史文献中，常将“龟钮”写作“龟纽”。《说文·金部》：“钮，印鼻也。从金，丑声。”桂馥义证：“（钮）字或作纽。”[5]国博收藏的这面以龟钮残印为创作题材的铜镜极为罕见。

有学者回忆，北京市文物工作队从废品收购站拣选出一面宋仿汉阳燧镜。圆形，龟钮，钮上方框内有一“寿”字篆体阳铭，钮下方为一弧形凹面阳燧。钮左右分铸两列篆体阳铭，连读为“元朔五年汉平津侯置”。宽缘。直径18.5厘米，缘厚1厘米[6]。此镜形制、纹饰与铭文布局与国博镜有诸多相似之处，特别是粗糙的镜缘以及残缺的豁口等细部，皆与国博镜类似，以至于有人以为边缘坑洼处似原有镶嵌物，现已全部脱落。实际上，这应是宋代金石学兴盛的背景之下，宋人复古倾向所追求的器物残缺与古朴之美，并非为了镶嵌。（霍宏伟）

---

[1] 该镜铭文释读，承蒙李零教授、白彬教授、张建京先生的指点，谨表谢意。

[2] 中国大百科全书总编辑委员会《宗教》编辑委员会等：《中国大百科全书·宗教》，中国大百科全书出版社，1988年，第76页。

[3] （清）孙希旦撰，沈啸寰等点校：《礼记集解》卷二二《礼运二》，中华书局，1989年，第614页。

[4] （南朝·梁）任昉：《述异记》卷上，收入（明）程荣纂辑：《汉魏丛书》，吉林大学出版社，1992年，第698页。

[5] （汉）许慎：《说文解字》十四上《金部》，中华书局，1985年，第295页。（清）桂馥：《说文解字义证·金部》，上海古籍出版社，1987年，第1227页。

[6] 程长新等：《镜花水月：铜镜鉴赏与辨伪》，北京美术摄影出版社，2008年，第218—219 页。

202. 乾统七年四凤铜镜

编号：C5.3103

时代：辽乾统七年（1107）

尺寸：直径19厘米，缘厚0.7厘米

圆形，圆钮，无钮座。钮两侧铸阳文楷书“乾统七年”四字，外饰四朵瑞云。钮上部阴刻楷书“都右院官[押]”字样。主纹为展翅飞舞四凤，相间四飞龙，环列成圈；外围一周连珠纹。高卷缘。此镜制作工整，纹饰精细秀美，又有制镜确切年代，为辽镜断代提供了实物依据。

乾统是辽天祚帝耶律延禧年号，都右院是金中都右警巡院之省称，此镜为辽代铸镜，但上面的官押为金代所刻。辽始置五京警巡院，掌京城治安、平理狱讼、验实赋税等。金大定年间，因人口增加、事务繁剧，在中都（燕京）将警巡院增设为左、右两个，即中都左、右警巡院，以加强对城市的管理，对铜镜的验押也是其职能之一[1]。（王湛）

[1] 韩光辉、林玉军、魏丹：《论中国古代城市管理制度的演变和建制城市的形成》，《清华大学学报》2011年第4期。

203. 花卉铜镜

编号：5.4093

时代：辽

尺寸：直径9.8厘米，缘厚0.2厘米

圆形，圆钮，钮座为大片的荷叶纹，占据镜背主体，外饰两圈弦纹，弦纹外为八个太阳花纹平均分布，继而往外又为两圈弦纹，弦纹中间夹以连珠纹，沿镜缘饰绳纹一周。

荷叶纹在五代就已出现，镜钮外饰荷叶纹在辽中期流行，而重圈花纹镜是辽中晚期的新型镜类。此镜线雕较平，纹饰清雅细腻，与辽晚期典型的浮雕和粗犷风格不类，应属辽中后期制品。（王湛）

204. **牵牛花铜镜**

编号：C5.914

时代：辽

尺寸：直径11.1厘米，缘厚0.8厘米

圆形，圆钮，无钮座。由连珠纹将镜背分为四个扇形，每个扇形区里装饰一束形态相同的牵牛花。窄高卷缘。将主体纹饰以镜钮为中心呈放射状四等分也是辽代常用的装饰形式。（王湛）

205. 盘龙纹铜镜

编号：C5.729

时代：辽

尺寸：直径12.5厘米，缘厚0.3厘米

圆形，圆钮。一条飞龙绕钮盘旋，布满整个镜背。面向左侧镜钮，龙首高昂，双角耸立，双目大睁，张口吐舌，曲颈后移。身躯弯曲回环，鳞爪飞扬，前肢张开，后肢略屈，龙尾与一后肢相缠绕，尾部卷曲。宽素缘。

此镜构图为环绕式，龙首向左，面向镜钮，设计者将圆形镜钮视作宝珠，恰好处于龙口的涵盖范围，呈现出飞龙含珠的意境。盘龙纹为浅浮雕，盘龙的五官、鳞片、四肢、四爪等局部均有细致入微的刻画，从而反映出飞龙在天的气势与豪迈。其创作题材、表现形式继承了唐代盘龙镜的传统，并在此基础上有所创新。镜体呈银灰色，略有锈蚀，着淡绿锈与红褐色锈。《馆藏铜镜选辑（五）》著录[1]。

1992年，在内蒙古赤峰阿鲁科尔沁旗罕苏木苏木朝克图山，发掘出辽代会同四年（941）耶律羽之墓，出土一面鎏金盘龙镜，直径28厘米，厚1厘米[2]。此镜与国博镜在整体布局、纹饰细节等方面均有许多相似之处，为国博镜的断代提供了科学依据。（霍宏伟）

[1] 杨桂荣：《馆藏铜镜选辑（五）》，《中国历史博物馆馆刊》1994年第1期，第127页，图105。

[2] 内蒙古文物考古研究所等：《辽耶律羽之墓发掘简报》，《文物》1996年第1期，第4—32页；中国历史博物馆等：《契丹王朝：内蒙古辽代文物精华》，中国藏学出版社，2002年，第310页。

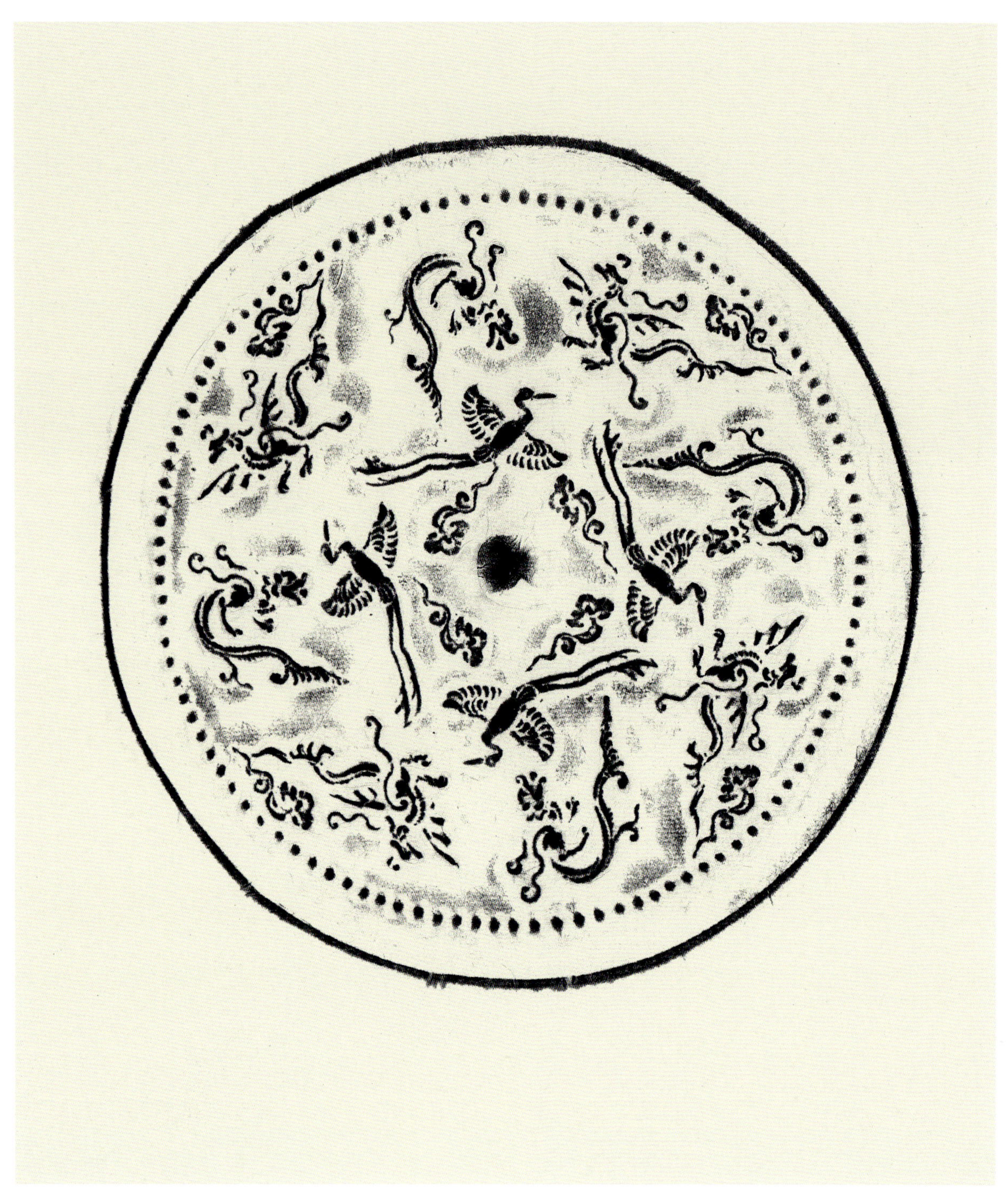

206. **仙鹤云龙纹铜镜**

编号：C5.3353

时代：辽

尺寸：直径16.1厘米，缘厚0.6厘米

圆形，圆钮，无钮座。环钮饰四朵祥云，四只仙鹤张翅绕钮同向飞舞，姿态舒展，外圈八只翔龙与仙鹤相对而行，身卷祥云，形态矫健。沿边缘饰一周连珠纹。窄卷缘。仙鹤象征长寿吉祥，整体纹饰布局较满，充满生气。（王湛）

207. **人物楼阁铜镜**

编号：C5.847

时代：辽

尺寸：直径17.4厘米，缘厚0.3厘米

圆形，圆钮，无钮座。四高楼与四亭子相间环钮而列，间饰仙鹤祥云纹，每座楼前四人、亭前二人，作不同姿态舞蹈状，祥云外饰三十一组仙人脚踏祥云环绕一周，每组三人，最外以连珠纹为界将主题纹饰与边缘隔开。宽平缘。纹饰新颖稀见。（王湛）

208. 廿七乳菱花纹铜镜

编号：5.4114

时代：辽—金

尺寸：直径9.5厘米，缘厚0.2厘米

圆形，圆钮，无钮座。镜背的纹饰由一周弦纹分为内外两区，内区由镜钮延伸出八条射线，相邻的射线以双线勾勒出八出菱花纹，外区饰一周凸起的乳钉。窄卷缘。此镜纹饰素朴，布局规整，给人以简练的美感。（柏进波）

209. **缠枝牡丹纹葵花形铜镜**

编号：C5.801

时代：金

尺寸：直径14.1厘米，缘厚0.2厘米

十出葵花形，圆钮，花朵纹钮座，花瓣中间饰珠纹，四出四苞缠枝牡丹绕钮配列，外为双线勾勒十出葵瓣纹。镜缘宽平，上刻“官[押]”二字。葵花形镜所见多为八出或六出葵瓣，十出葵花镜较罕见。（王湛）

210. 韩字牡丹纹葵花形铜镜

编号：C5.867

时代：金

尺寸：直径11.7厘米，缘厚0.3厘米

八出葵花形，小圆钮，竹节纹钮座，四株同形牡丹绕钮配列，外围一周连珠纹及八个山形花瓣纹。钮座与一花朵间，铸一阳文楷书“韩”字，应是铸镜者之姓。宽平缘。阴刻楷书“河中□□官[押]”六字。金代铜禁甚严，未经官方许可，不得私铸和买卖。因此，在镜上官押刻记是金代铜镜的重要特征之一。（王湛）

211. **缠枝牡丹纹铜镜**

编号：C5.918

时代：金

尺寸：直径12.7厘米，缘厚0.4厘米

圆形，扁圆钮，无钮座，三朵大型缠枝牡丹环钮而列，花形饱满丰润，枝叶疏朗有致，外饰两周弦纹。接近弦纹处，有楷书阴刻“真德州验记官[押]”七字。镜缘窄而卷。（王湛）

212. 太原府录事司葵花形铜镜

编号：C5.865

时代：金

尺寸：直径21.2厘米，缘厚0.4厘米

八出葵花镜，圆钮，一周弦纹将纹饰分为内外两区，内区绕钮为十五瓣菊瓣纹，外饰六朵折枝菊花，环中心菊瓣同向排列，其中两枝菊花间铸一阳文楷书“王”字，应是铸镜人之姓。外区亦饰以花卉纹。镜缘刻阴文楷书“太原府录事司官记[押]”九字。宽平缘。太原府，唐代始建，在并州置北都，改州为太原府，下辖十四县。后屡有变更，至金宣宗兴定年间，太原府辖十县一州。据《金史·百官志》，录事司是在诸府设置的城市行政管理机构，与诸京所置的警巡院职能相同。（王湛）

213. 左巡院团花方形铜镜

编号：C5.882

时代：金

尺寸：边长8.7厘米，缘厚0.4厘米

方形，圆钮大而饱满，柿蒂纹钮座，外围单线与双线方栏，方栏间饰日月形纹，并间列锦纹，其外为团花与小花相间环绕。宽镜缘上刻阴文楷书“左巡院验记官［押］”七字。左巡院即金中都左警巡院的省称。（王湛）

214. **宋字牡丹纹铜镜**

编号：C5.859

时代：金

尺寸：直径20.1厘米，缘厚0.2厘米

圆形，圆钮，钮座为发散式菊瓣形，主纹为六株大小一致的缠枝牡丹，花叶繁复。外围饰一周连珠纹和叶纹，连珠纹内侧有一阳文楷书铸铭“宋”，应是铸镜人印记。镜缘宽平。（王湛）

215. 龟背纹委角方形铜镜

编号：C5.805

时代：金

尺寸：边长10.3厘米，边宽10.2厘米，缘厚0.1厘米

委角方形，扁圆钮，无钮座，镜背满布龟背纹，线条多而厚，与宋代同类镜相比显得较为粗糙。宽平缘，沿缘饰一周连珠纹。龟形纹饰在金代铜镜中也较常见，1964年梨树偏脸城出土有一件双鱼镜，其镜钮即为龟形，可见龟纹也是金人喜爱的纹饰。（王湛）

216. 双鱼纹铜镜

编号：C5.852

时代：金

尺寸：直径11.8厘米，缘厚0.3厘米

圆形，圆钮，无钮座，钮上下各为一条鲤鱼环绕而游，鱼身较大，网状鱼鳞，身体各细部清晰可见，钮左侧有一小长方形铸铭阳文楷书“镜子局官［押］”。窄平缘。镜子局是

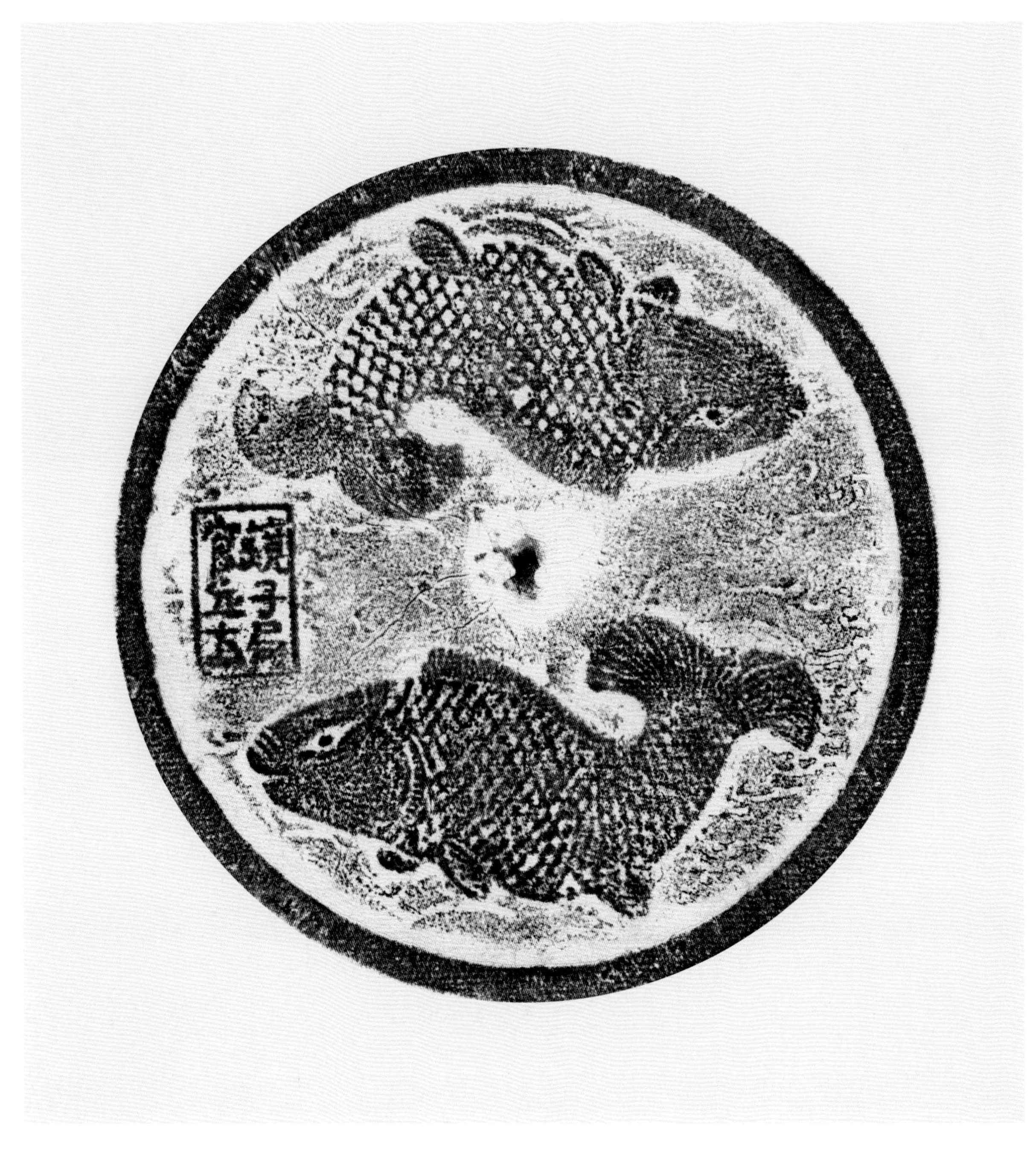

专门管理铸造铜镜的官署，金章宗承安年间（1196—1200）设，可见此镜为官造铜镜。

双鱼纹是金代铜镜中采用最多的纹饰，或与女真人世居白山黑水，以渔猎为生有关。黑龙江盛产鱼类，尤其是鲤鱼，与女真人的生活关系十分密切，成为金人最喜爱的纹饰。其造型多写实，鱼身较大，作为纹饰主体，间以水草和浪花，表现出充满生机的欢快场面。这类镜吉林省出土最多，也最富有特征[1]。（王湛）

[1] 张英：《吉林出土铜镜》，文物出版社，1990年。

217. 双鱼纹大铜镜

编号：Y2010

时代：金

尺寸：直径43.5厘米，缘厚0.9厘米

来源：1976年黑龙江阿城出土

圆形，圆钮，无钮座。镜背纹饰分内外二区，外区为一条狭窄纹带，饰以缠枝卷云纹。内区为双鱼纹，密布海水纹地，双鱼形体较大，占据镜背主体位置，首尾同向而游，掀起浪花朵朵。宽素缘。此镜规格巨大，采用浅浮雕工艺，质感厚重。双鱼鳞鳍清晰，刻画生动有力，十分写实。此镜保存较为完好，是目前发现最大的金代双鱼纹铜镜[1]。（王湛）

[1] 阿城县文物管理所:《阿城县出土铜镜》，内部资料，1976年。

（范立摄影）

218. **海水双鱼纹铜镜**

编号：C5.950

时代：金

尺寸：直径36.7厘米，缘厚0.4厘米

圆形、圆钮，无钮座，镜背满布波浪起伏的水波纹。双鲤长须，张口，摆尾，同向环钮回游嬉戏，并有荷花、叶点缀，纹饰生动活泼。宽素平缘。此镜体型大、厚重，在金镜中尚不多见。（王湛）

219. **双鱼纹铜镜**

编号：晋博64

时代：金

尺寸：直径14.1厘米，缘厚0.6厘米

来源：山西大同下王庄出土

圆形，圆钮，无钮座。镜背纹饰由一道凸弦纹分为内外两区，内区饰双鲤纹，两条鲤鱼同向回泳，逐浪嬉戏，双鱼长背鳍，鳞鳍清晰，展鳍折尾，以水曲纹布底，线条细密流畅，浪层起伏。外区饰一周水草纹，流动回旋。素宽缘。此镜纹饰运用浮雕手法，鲤鱼造型生动写实，细部精致逼真，水波纹线条刻画峻峭，为金代铜镜中的佳作。

这件双鱼纹铜镜为山西大同元墓出土，虽然采用的是金代流行的纹饰，但铜质与金中前期的铜镜有所不同，更接近元代的铜质，且整体更为厚重，镜身也无金代官押（金朝铜禁至卫绍王大安三年即公元1211年始得缓解，因时废铜钱，推行交钞[1]），这些迹象表明它应当是金代晚期的作品。（王湛）

[1] 张英：《吉林出土铜镜》，文物出版社，1990年，第8页。

220. **双凤纹铜镜**

编号：C5.853

时代：金

尺寸：直径12.1厘米，缘厚0.7厘米

圆形，圆钮，无钮座。中心图案为两只凤鸟环钮而列，四周满布花叶蔓草，凤鸟姿态安详优美，羽翼舒张。窄卷边。沿边缘一圈回纹。凤鸟为镜背装饰的情况在金代并不多见，其首尾相接环绕成圈的形式与双鱼纹一致，是金代典型的构图手法，呈现出圆满顺遂之感。（王湛）

221. 双龙纹方形铜镜

编号：C5.876

时代：金

尺寸：长13.3厘米，宽9厘米，缘厚0.5厘米

长方形，圆钮，无钮座。镜背素地，双龙饰于镜钮两侧，首尾相对。双龙姿态相同，独角，双目圆睁，弓身卷尾，四肢伸张，作游动状。窄平缘。此镜纹饰简练，布局疏朗，双龙的形象灵动飘逸，清雅秀丽。

龙纹是中国古代铜镜纹饰经久不衰的题材之一，历时长久，造型多样，构图寓意极富内涵。最早的龙纹铜镜可以追溯到战国时期，早期的龙纹图案以变形、抽象者居多，魏晋南北朝时期形成了以高浮雕刻画龙纹的表现手法。至唐代，龙纹转为具象的风格，以极写实的手法将龙的形象具体化、生活化，龙纹镜由此盛行，至宋金元时期亦不衰，明代时仍然流行。（柏进波）

222. **人物有柄铜镜**

编号：C5.895

时代：金

尺寸：通长16厘米，直径8.5厘米，缘厚0.5厘米

圆形带柄，无镜钮。镜背纹饰为一妇人与幼童，妇人长裙曳地，作回首状，右手执扇，扇柄指向童子，童子随之而来，作伸手状，二人间卧一犬。妇人身旁一棵大树，枝叶参天，一只仙鹤乘着祥云展翅翱翔。窄平缘。镜柄饰山羊昂首望月。圆形带柄镜始见于唐代，宋代流行，镜缘除圆形外，亦多作菱花形与葵花形，镜纹有细线白描缠枝花鸟及诗句题铭等[1]。金人制镜多仿宋的形制，但工艺次之。（王湛）

[1] 陈柏泉：《宋代铜镜简论》，《江西历史文物》1983年第3期。

223. **煌丕昌天海船纹菱花形铜镜**

编号：C5.902

时代：金

尺寸：直径17厘米，缘厚0.5厘米

八出菱花形，圆钮，无钮座。镜背以海水纹为地，波浪翻滚，浪花飞溅，正中为一艘海船破浪而行，桅杆高耸，船舱及甲板上的人物清晰可见，正上方有阳文篆书“煌丕昌天”四字。窄凸平缘。整体纹饰气势磅礴，表现出船员们乘风破浪的进取精神和天佑平安昌盛的美好意愿。（王湛）

224. **天亟安昌海船纹菱花形铜镜**

编号：C5.2574

时代：金

尺寸：直径20厘米，缘厚0.7厘米

八出菱花形，圆钮，无钮座。纽外为海水纹地，一艘海船在汹涌波涛中前行，桅杆巨大，缆绳粗壮，风帆高扬，顶部阳文篆书“天亟安昌”四字。外饰一圈弦纹，弦纹外为八朵祥云环绕。本书所收两件海船纹铜镜均质量厚重，纹饰繁复，应为金代官铸铜镜。（王湛）

225. 王质观弈菱花形铜镜

编号：C5.813

时代：金

尺寸：直径11.8厘米，缘厚0.6厘米

八出菱花形，圆钮，无钮座，钮左上方两人对坐弈棋，中间一人观弈。钮右两棵粗壮的大树，盘根错节枝叶繁茂，树干两旁分别有两人，手捧鲜果，树叶蔽体。窄平缘。此背景纹饰说的是王质观弈的故事，南朝任昉《述异记》载：“信安郡石室山，晋时樵者王质逢二童子弈棋，与质一物，如枣核，食之不饥，置斧坐而观，童子曰：‘汝斧柯烂矣。’质归乡间，无复时人。”“观棋烂柯”的成语也是由此而来。（王湛）

226. 达摩渡海菱花形铜镜

编号：C5.817

时代：金

尺寸：直径15.2厘米，缘厚0.8厘米

八出菱花形，圆钮，无钮座。整个镜背满布波涛翻滚的海水，钮右一僧人，身披袈裟，手持伞形法器（或被认为是被海风吹落的头笠），脚踏钵，顺风渡海而来，钮左为一朵腾起的祥云上托出一座殿宇。窄高卷缘。此纹饰表现的是达摩渡海的故事。达摩，天竺人，在南朝时渡海来到中国，宣扬佛法，成为禅宗的创始人。（王湛）

227. 承安二年犀牛望月铜镜

编号：C5.3018

时代：金承安二年（1197）

尺寸：直径12.2厘米，缘厚0.3厘米

圆形，圆钮，无钮座。钮上部饰星斗、云托弯月，中部饰波浪起伏的水波纹，钮下方小洲上卧一牛，抬头望月喘气。宽平缘。镜画面取材犀牛望月的典故。“犀牛望月”为金代人物镜中最常见的图案之一，来自一个传说。犀牛原为一名天将，玉皇大帝派遣其向下界传达起居规范，要求人们“一日一餐三打扮”，意思是注重礼仪、少食甘味。犀牛到达凡间后被花花世界扰乱了心神，将旨意误传达成“一日三餐一打扮”，触怒玉帝被罚下仙界。由于他思念天宫生活，一到晚上就抬头望月。此类铜镜纹饰一般为上下两部分，上部为天空，有日月星辰，下部为犀牛或卧或立，翘首望月[1]。该铜镜外有铭文带，上

有阳文楷书“承安二年上元日，陕西东运司官局造，监造录事马[押]、提控所转运使高[押]”，共二十九字。“承安”是金章宗完颜璟的年号。“陕西东运司”是“陕西东路转运司”的简称，金代的转运司“掌税赋钱谷、仓库出纳，权衡度量之制”[2]。由于当时铜资源匮乏，其铜镜重量是由转运司严格控制的，如辽宁省博物馆藏有一面双鱼镜，上面就刻有“三斤六两半辽东路转□司监造官咸平录事不术鲁昭勇[押]”字样。可见金代转运司具有度量物品重量、提供铸造规范的职责[3]，其监造的铜镜或刻有重量，或标明了监造官的官职和姓名，或二者兼具。（王湛）

[1] 河北省文物研究所:《历代铜镜纹饰》，河北美术出版社，1996年，第16页。

[2] 《金史》卷五七《百官三》，中华书局，1975年，第344页。

[3] 陈志英:《金元时期的转运司》，复旦大学博士学位论文，2008年。

228. **犀牛望月铜镜**

编号：C5.938

时代：金

尺寸：直径13.3厘米，缘厚0.4厘米

圆形，圆钮，无钮座。该铜镜的纹饰采用四分法布局，镜背满布水波纹，钮上方一片祥云托一轮弯月，影子倒映水中，钮左小洲上立一牛，低首望着水中之月，钮右饰以礁石等纹饰，是犀牛望月故事的另一种场景描绘。主体纹饰外饰纹以三圈锯齿纹，镜缘宽平。（王湛）

229. **犀牛望月铜镜**

编号：C5.862

时代：金

尺寸：直径20.5厘米，缘厚0.2厘米

圆形，圆钮，无钮座。这面犀牛望月铜镜的纹饰采用四分法布局，主纹为波浪起伏的海水，钮左右两侧各有一人面鱼身的仙人手捧灵芝、宝盘等物浮游。镜背上部祥云托月，下部海水中一牛昂首而望。宽平缘。此镜形体较大，纹饰刻画清晰丰满，人物面部较为细致，是同类题材中较为精良者。（王湛）

230. **犀牛望月葵花形铜镜**

编号：C5.3283

时代：金

尺寸：直径16.6厘米，缘厚0.5厘米

八出葵花形，大圆钮，无钮座。镜背纹饰分内外二区，内区满布海水与波浪，钮上方有祥云托月，钮下方一牛立于小洲上扭颈昂首望月，身后有一条大鱼回旋而游。外区以葵瓣对称装饰卷云纹。整体纹饰采用浮雕工艺，刻画生动鲜明，立体感强。（王湛）

231. 柳毅传书故事铜镜

编号：Y2011

时代：金

尺寸：直径10.9厘米，缘厚0.8厘米

来源：1976年黑龙江阿城出土

圆形，圆钮，无钮座。钮左侧上方沿镜缘伸出一棵大树，枝叶满布，树下二人似在互相交谈，姿态恭敬，男子为书生打扮，女子身旁有数只小羊，钮右侧一书童牵马等候。窄卷缘。此传说来自唐代李朝威传奇小说《柳毅》（原载《太平广记》卷四百一十九），说的是洞庭龙女远嫁泾川，婚后被夫家欺凌，牧羊于道畔，遇见落第回乡的书生柳毅，向其诉说了自己的不幸遭遇，柳毅仗义为其传书，后龙女获救，历尽一番曲折二人也终成眷属的故事。镜中描述的正是柳毅回乡途中与牧羊的龙女初遇的情景。（王湛）

232. **柳毅传书故事铜镜**

编号：C5.3669

时代：金

尺寸：直径10厘米，缘厚0.2厘米

圆形，圆钮，无钮座。钮右上方一棵大树，枝叶向两边挺伸，树下一男子拱手而立，钮左一女子及身后侍女面向男子，立于河水之上，双方作交谈状，河边一侍者牵马站立，马后有花草小树。宽平缘。此纹饰应是洞庭龙女获救返家后，柳毅与其辞别的场景。与前一面柳毅传书镜形成了前后呼应的画面。（王湛）

233. 许由洗耳故事菱花形铜镜

编号：C5.822

时代：金

尺寸：直径29厘米，缘厚0.8厘米

八出菱花形，大扁圆钮，无钮座。镜钮上有铸铭。镜背纹饰源于许由洗耳的典故：山林古树之间，右侧一人临河而坐，侧身前倾，手捧河水作洗耳状，左侧一人似乎要牵牛离去，却又回身作高声说话状。宽平缘。许由洗耳的故事在东汉蔡邕《琴操·河间杂歌·箕山操》和晋皇甫谧《高士传》等中都有记载，说法略有出入，这件

铜镜表现的是《高士传·许由》中的记载："尧让天下于许由……由不欲闻之，洗其耳于颍水滨，时其友巢父牵犊欲饮之，见由洗耳……巢父曰：'子若处高岸深谷，人道不通，谁能见子，子故浮游欲闻求其名誉，污吾犊口！'牵犊上流饮之。"许由洗耳镜有许多不同的画面构图，是金代最流行的人物镜[1]。（王湛）

[1] 孔祥星：《略论中国古代人物镜》，《文物》1998年第3期。

234. 抚琴人物故事菱花形铜镜

编号：C5.809

时代：金

尺寸：直径12.6厘米，缘厚0.5厘米

八出菱花形，圆钮，无钮座。纹饰分为内外二区，内区上方为一株大树，树下左侧一人端坐，正在抚琴，右侧一人站立。空白处装饰花草若干。外区为八朵卷云纹。窄平缘。此镜的人物、树、岸边的表现手法与王质观弈等人物故事镜极为相似，应为同一时期制作。这类镜子宋、金均用。（王湛）

235. 四童攀花枝铜镜

编号：C5.3591

时代：金

尺寸：直径20.8厘米，缘厚0.5厘米

圆形，圆钮，无钮座。主纹环钮饰枝叶繁茂四缠枝牡丹，不同姿态四童子在花枝上攀登嬉戏，童子体态健美，活泼可爱。外围一周连珠纹。宽平缘。该镜体大厚重，纹饰生动美观。童子攀花是金代流行的铜镜纹饰。（王湛）

236. **四童攀花枝葵花形铜镜**

编号：C5.939

时代：金

尺寸：直径13.9厘米，缘厚0.6厘米

双层六出葵花形，圆钮，无钮座。环钮四童子围绕，姿态各异，或俯或仰，于花丛间嬉戏，画面活泼可爱，生趣盎然。镜缘宽平，外沿葵瓣凹处已极不明显。此类铜镜贴近生活，深受人们喜爱。

以小儿活动为主要内容的铜镜纹饰在目前发现的金以前的各种铜镜中极少出现，所以它具有强烈的时代特征[1]。其画面通常有二至五个童子，手持花朵作嬉戏状，或背景辅以钱文，童子模样健硕可爱，氛围热闹喜庆。（王湛）

[1] 张英：《吉林出土铜镜》，文物出版社，1990年，第5页。

237. **五童钱纹铜镜**

编号：5.1156

时代：金

尺寸：直径12.1厘米，缘厚1.2厘米

圆形，圆钮，无钮座。镜钮外饰连珠纹一圈，五枚大定通宝钱纹环钮成圈与连珠纹相交，在连珠纹圈内形成五内向连弧形。其外五童子均作俯卧状，一手举花，一手扶握钱缘，活泼可爱。童子背部又有五枚大定通宝钱纹与弦纹连接。窄卷边，沿边饰一周弦纹。图案象征多子多福，荣华富贵，纹饰丰满别致，妙趣横生，富有金代铜镜艺术特色。（王湛）

238. 大定通宝钱纹铜镜

编号：C5.929

时代：金

尺寸：直径11.5厘米，缘厚0.4厘米

圆形，扁长钮，无钮座。镜背素地，绕钮座饰一圈连珠纹，纹饰模糊不清。主体纹饰为五枚方孔钱纹，每钱上铸阳文楷书“大定通宝”四字，钱纹间饰五朵小花。外饰一圈弦纹，窄卷缘。“大定”是金世宗完颜雍的年号，大定通宝始铸于大定十八年（1178），因此这类镜属大定十八年以后的制品[1]。（王湛）

[1] 张英：《吉林出土铜镜》，文物出版社，1990年，第5页。

239. **承安三年四兽铜镜**

编号：C5.927

时代：金承安三年（1198）

尺寸：直径9厘米，缘厚0.5厘米

圆形，圆钮，无钮座。一周粗弦纹将纹饰分为内外两区，内区四兽环钮同向配列。外区为一周阴刻楷书铭文“承安三年上元日，陕西东运司官造，监造录事任[押]，提控运使高[押]”，共二十六字。窄卷缘。瑞兽镜在金代比较流行，其内外区划分、内区瑞兽、外区铭文的布局虽与唐代瑞兽镜较为接近，但整个铜镜的风格仍然不同。承安是金章宗完颜璟的第二个年号，承安三年为1198年，这是一件具有明确纪年的铜镜，可为其他相似器物提供断代依据。（王湛）

240. **兽钮网纹铜镜**

编号：5.5430

时代：金

尺寸：直径7.7厘米，缘厚0.2厘米

圆形，伏兽钮，头部两角伸出，四肢舒展，张爪伏地。无钮座。环钮饰网状纹，网纹内饰连珠纹，外与一圈弦纹相连，弦纹与边缘间隙饰一周连珠纹。窄卷边。纹饰简而粗糙，具有原始气息。（王湛）

241. 有钱无病铜镜

编号：C5.841

时代：金

尺寸：直径10.4厘米，缘厚0.7厘米

圆形，圆钮，无钮座。镜背素地，铸有楷书阳文“有钱无病”四字。宽平缘。镜缘刻有“韩州司判赵[押]”六字，为金官府检验时的签押文字。金代官押多镌刻于镜缘上，亦有的刻于镜背纹饰的间隙，笔划纤细。此为金镜一大特点。

韩州的设置在辽金时屡有变迁，王寂在《辽东行部志》中记载：“韩州，辽圣宗时并三河、榆河二州为韩州……常苦风沙，移于白塔寨，后为辽水所侵，移于今柳河县，又以州非冲途，即徙于旧九百奚营，即今所治是也。”金代的韩州治所在今吉林市梨树县，其昭苏太河曾出土被金从汴梁劫掠的北宋大晟编钟，钟体侧面亦刻有“韩州司判验记官赵[押]”字样。（王湛）

242. 景教十字莲花纹铜镜

编号：C5.3908

时代：金

尺寸：直径12厘米，缘厚0.7厘米

圆钮，背饰十字纹饰，以镜钮为中心，钮缘饰莲花纹，十字四端呈尖状，中间有小突起。宽缘。该式十字纹饰与内蒙古自治区敖伦苏木城遗址出土的景教徒墓顶石、北京房山十字寺发现的抱柱石上的十字纹饰相似，而此镜十字中间饰莲花的组合纹饰较为罕见。十字上、下各饰有云浪纹，下方云纹中间饰莲花宝座，这一莲花云浪纹组合亦见于福建泉州景教徒墓葬石刻。

十字的四个象限内有古叙利亚文字铭文，ܚܘܪܘ ܠܘܬܗ（仰望之）、ܣܒܪܘ ܒܗ（寄希望于此）[1]，与内蒙古赤峰市松山区城子乡发现的一方叙利亚文—回鹘文合璧景教徒瓷质白釉墓砖和房山十字寺抱柱石上的文字相同。此镜纹饰和铭文带有浓郁典型的景教艺术风格，应为金末蒙古汗国时期景教徒遗物。十字莲花题材的纹饰运用在铜镜上尚属首次发现，弥足珍贵，为研究13世纪中外文化交流提供了重要实物证据。（田率）

[1] 牛汝极：《十字莲花——中国元代叙利亚文景教碑铭文献研究》，上海古籍出版社，2008年。

243. 西夏文六字真言葵花形铜镜

编号：C5.925

时代：西夏

尺寸：直径15厘米，缘厚0.8厘米

六出葵瓣形，圆钮，无钮座。镜背素地，上有乱序排列的西夏文佛教六字真言“唵嘛呢叭□（咪）吽”，阴文楷书。宽平缘。六字真言又称“六字大明咒”，源于梵文，是诸佛慈悲和智慧的音声显现，佛教认为常诵之可以驱灾避祸，增加功德。西夏文字于1036年颁布，1227年西夏亡国以后仍为党项族所用。这件西夏文铜镜形制与宋镜无二，表明了宋与西夏的交流以及佛教在西夏的影响。（王湛）

244. 至元四年双龙纹铜镜

编号：C5.935

时代：元至元四年（1338）

尺寸：直径25厘米，缘厚0.6厘米

圆形，圆钮，镜背中心饰一方框，内铸阳文“至元四年”铭。方框左右饰火珠纹，上下各饰一浮雕飞龙，昂首盘旋，龙身卷曲，利爪伸展，作欲吞火珠状。龙纹间隙饰荷叶、花卉、流云等纹样。宽平缘。

铸有“至元四年”年款的双龙纹镜在元代颇为流行。湖南省曾发现过铸有“至元四年”的双龙纹镜，纹饰和铭文与此镜近同[1]。此外，甘肃漳县元代汪世显家族墓葬[2]、河北邯郸古寺遗址[3]皆有出土。（柏进波）

---

[1] 孔祥星、刘一曼：《中国铜镜图典》，文物出版社，1992年，第879页。

[2] 漳县文化馆：《甘肃漳县元代汪世显家族墓葬·简报之二》，《文物》1982年第2期。

[3] 河北省文物研究所：《历代铜镜纹饰》，河北美术出版社，1996年，图版388。

245. **双摩羯纹铜镜**

编号：C5.936

时代：元

尺寸：直径11.7厘米，缘厚0.5厘米

圆形，圆钮，无钮座。镜背以水波纹为地，线条流畅，水波层伏。钮外饰两只龙首鱼身的摩羯，姿态相同，皆曲颈昂首，卷鼻，张口吐舌，龙角竖起，身生双翼，曲身呈S状，牛角形双鱼尾，环钮同向飞腾追逐，首尾间饰流云纹。宽平缘。此镜运用浮雕的手法刻画摩羯，细部生动，纹饰细腻。

摩羯源于印度神话中一种长鼻利齿、鱼身鱼尾的动物，梵文称makara，汉译作摩竭、摩羯、摩伽罗。摩羯纹饰常见于古代印度的雕塑、绘画艺术中，寺院建筑的塔门上尤为多见，在印度流行于公元前3世纪中叶至公元12世纪[1]。据文献记载，关于摩羯的神话在公元4世纪末传入中国，随后其形象逐渐本土化。

隋唐时期的摩羯多为嘴大张、卷长鼻、鱼身、双翼的形象，保留了很多印度摩羯的特点。至宋代，摩羯的形象越来越接近龙首鱼身，头部几乎看不出印度摩羯的特点。辽代是摩羯纹发展的繁荣时期，这与辽代继承了唐宋文化且佛教盛行关系密切。金元时期，摩羯多作屋脊装饰，同时也是铜镜装饰纹样中较为常见的题材。张家口市博物馆藏3件元代双摩羯纹铜镜与此镜形制、纹饰均相近[2]。元代以后，摩羯纹较为少见。（柏进波）

[1] 岑蕊：《摩竭纹考略》，《文物》1983年第10期。

[2] 宋志刚：《张家口市博物馆藏金元摩羯纹铜镜》，《文物春秋》2000年第1期。

246. 双凤流云纹铜镜

编号：C5.942

时代：元

尺寸：直径17.5厘米，缘厚0.7厘米

圆形，圆钮，无钮座。主纹饰为高冠长尾展翅飞舞的双凤，细颈弯曲，羽翼丰满，振翅欲飞，尾羽舒展，环钮同向配列，满铺镜背，间隙点缀不同形态的流云。宽平缘。此镜采用浅浮雕工艺，制作规整，双凤华贵典雅，纹饰精美，布局疏密有度，是元代铜镜中难得的精品。

双凤对飞是宋镜中常见的纹饰题材，用柔和飘逸的线条刻画出双凤绕钮追逐的曼妙身材，乃模仿唐代细密工整的鸾凤穿花、鸾凤衔绶式样。元镜的双凤纹饰受宋镜双凤题材的影响颇深，不过元代双凤体态及尾羽形式与宋双凤相比有明显的区别。元双凤体态长尾舒展华美，宋双凤尾羽多为卷曲，有的双凤一凤尾卷曲，另一凤尾作花叶形。（柏进波）

247. 仙人观瀑图铜镜

编号：C5.3593

时代：元

尺寸：直径15.5厘米，缘厚0.4厘米

圆形，圆钮，无钮座。镜背素地，钮右山石耸立，怪石嶙峋，飞瀑流泉，钮左芦苇丛生，双雁高飞，钮下方荷塘流水，莲花盛开，一仙人端坐岸边，举目观瀑，身后一侍者伫立。纹饰外围一周双弦纹。宽平缘。此镜纹饰清新秀丽，与后一仙人观瀑图铜镜内容相似，但钮上方无仙人，且细部处理有别，应是不同匠人对于同一题材的不同创作。（柏进波）

248. **仙人观瀑图铜镜**

编号：C5.1008

时代：元

尺寸：直径18厘米，缘厚0.4厘米

圆形，圆钮，无钮座。镜背素地，钮右山石上瀑布高悬，倾泻而下，山石旁芦苇丛生，随风而荡，雁落苇丛，昂首嘶鸣。钮左上亦有一片芦苇，繁茂蓬勃，若飘若止。钮上方有数

位仙人，有的端坐云头，有的吹箫奏乐，有的携琴而视，还有一戏莲童子以及振翅高飞的双雁。钮下方是潺潺流水，一仙人坐于岸边，举目观瀑，若有所思，身后立一侍者。纹饰外围一周双弦纹。宽平缘。此镜纹饰流畅精美，布局疏密有度，是金元人物故事镜中的上佳之作，而且这种仙人观瀑图的纹饰题材新颖少见，别有意趣。（柏进波）

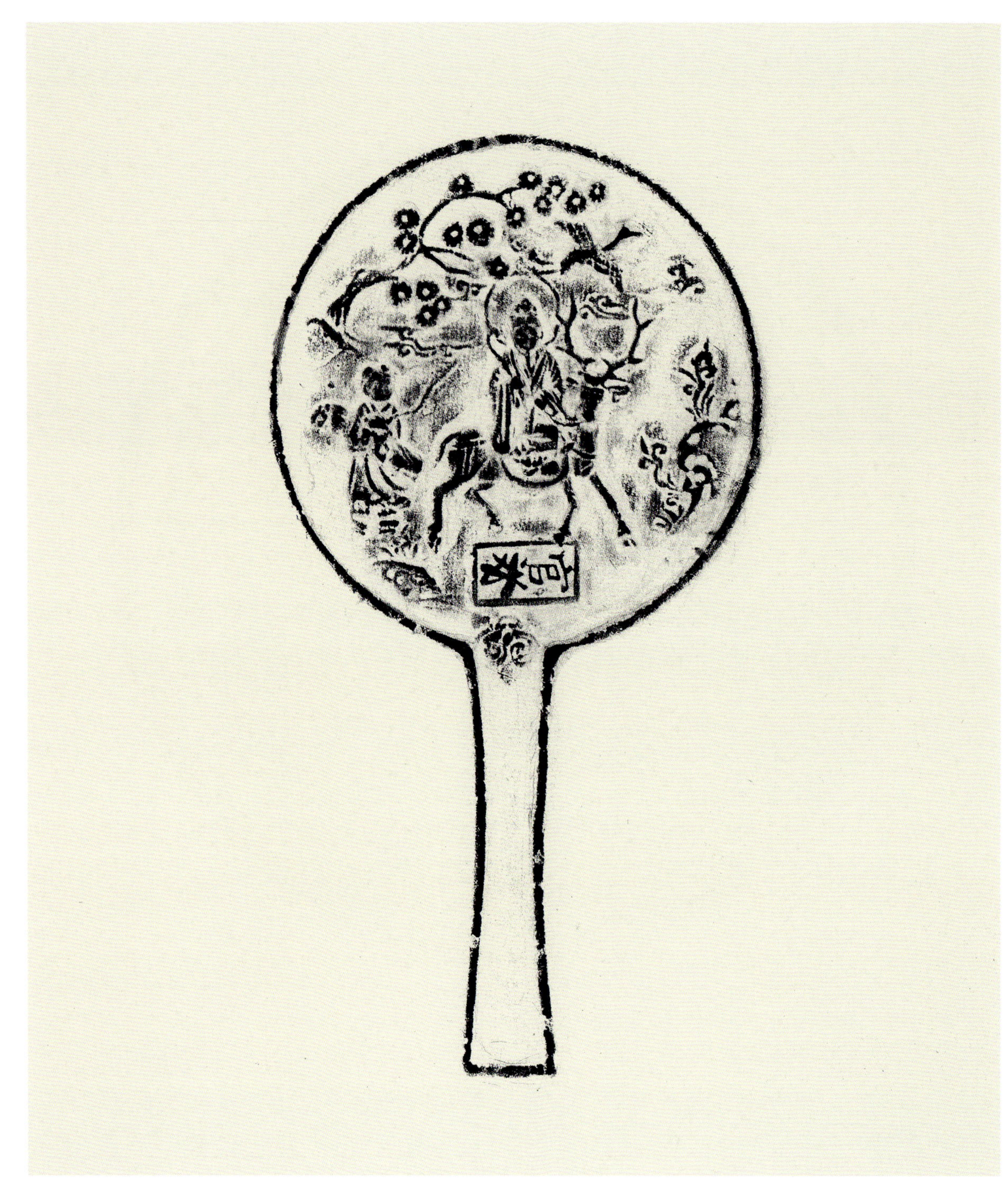

249. 仙人骑鹿有柄铜镜

编号：C5.2578

时代：元

尺寸：通长18.8厘米，直径10厘米，缘厚0.6厘米

圆形带柄，无钮。镜背左上饰一株松树，横挺斜生，枝叶扶疏。松树下一仙人侧身骑鹿前行，着长袍，背后有头光，神情悠然自得，右侧祥云上一仙鹤伴飞左右，身后一侍女抱琴紧随。主纹饰间隙以山石、花草、流云点缀，布局疏密

有度，构图生动，形神毕肖。接近镜柄处，铸一长方形栏，栏内铸“官[押]”字样。窄缘，镜缘凸起压于镜柄之上。

元代铜镜盛行仙人故事的题材，乃沿袭了宋金时期的纹饰风格，但在纹饰布局和图案设计上有所改变，常见有仙人、童子、鹤、鹿、龟等元素，取“鹤鹿同春”“松鹤延年”“龟龄鹤寿”等美好的寓意，表达对长寿富贵的祈求。（柏进波）

250. **仙人松鹿叶形铜镜**

编号：C5.3354

时代：元

尺寸：最长19.8厘米，最宽18.9厘米，缘厚0.4厘米

花叶形，无钮。镜背素地，正中饰一参天松树，苍劲挺拔，松树两侧祥云流动，仙气缭绕。树下端坐一仙人，气定神闲，其身后有翠竹环抱，身前有一鹿昂首伫立，龟蛇爬竹，其上一仙鹤展翅伸颈，绕飞仙人，间隙处以花草山石点缀。窄缘。此镜纹饰秀丽，布局疏朗，构图流畅自然。元代盛行人物故事类铜镜，纹饰多以传统神话故事为题材，仙人松鹿的纹饰因其寓意吉祥，在当时颇为流行，但是这种花叶形的镜形较为少见。（柏进波）

251. 洞天仙府铜镜

编号：5.4306

时代：元

尺寸：直径20.7厘米，缘厚0.6厘米

圆形，圆钮，无钮座。钮左大山旁开一大门，门内一只仙鹤探头向外看，钮右古木参天，一老者坐于树旁，一侍者捧物而立，钮左一人、一长角鹿前趋而来，鹿前有一长方框，脚下流水潺潺。宽平缘。此类纹饰题材常见，含有祈祷长寿之意。故宫博物院藏一纹饰相同之镜，镜中老者与侍者间有“至顺辛未志”五字[1]，至顺辛未为元文宗至顺二年（1331），该镜为此类图案铜镜断代提供了重要依据。（柏进波）

[1] 郭玉海：《故宫藏镜》，紫禁城出版社，1996年，图版157。

252. 洛神图有柄铜镜

编号：C5.2680

时代：元

尺寸：通长22.5厘米，直径12.5厘米，缘厚0.7厘米

花叶形带长柄，无钮。镜背正中饰洛神及两位侍童，一侍童锦衣广袖，手擎华盖，一侍童双手托物，仰视洛神。洛神发髻高耸，身着罗衣长裙，裙带飘舞，一手扶华盖，一手前指。镜背上方饰一轮圆月，周围饰流云、海浪，云水相接，仙气缭绕。窄缘，镜缘的凸边压于长方形镜柄之上。

元代盛行人物故事镜，此镜纹饰取材于传统神话故事。洛神又名宓妃，传说为宓（伏）羲之女，因渡水淹死，成为洛水之神。洛神的

故事最早见于楚辞，后来在汉赋中，洛神的形象呈现多样化，至曹植作《洛神赋》，传说中的洛神与现实里的甄妃结合，构造了一个全新的洛神形象，并在民间广为流传。从东晋至唐宋，有关洛神的典故在诗词中频繁出现，元曲也有引用。

洛神图有柄镜是元代铜镜的特色样式。1972年北京西绦胡同元代居住遗址出土一枚[1]，1981年吉林九台八家子元代遗址也出土了这种形制的铜镜[2]。（柏进波）

[1] 中国科学院考古研究所等：《北京西绦胡同和后桃园的元代居住遗址》，《考古》1973年第5期。

[2] 张英：《吉林出土铜镜》，文物出版社，1990年，第140页。

253. **梵文铜镜**

编号：C5.983

时代：元

尺寸：直径9厘米，缘厚0.6厘米

圆形，圆钮。钮上铸梵文一字，钮外饰一周弦纹，将镜背分为内外两区，并以不同数目的梵文环列一周，内区十六字，外区二十字，排列疏密适度。窄卷缘。

镜铭为兰札体梵文书写的准提咒。准提咒是目前显教《佛教念诵集》中的十小咒之一，最早见于隋代阇那崛多译《种种杂咒经》中的七俱胝佛神咒和唐代玄奘译《咒五首》中的七俱胝佛咒。而准提信仰在中国真正流行起来是在辽代《显密圆通成佛心要集》问世之后，因其提出了全新的显密双修的准提法，修行方法比印度准提法要简便许多，并且迎合了当时显密争辩、融合的佛教思潮。元代以后，准提信仰更是达到了与观音菩萨同等的地位，被吸收、融摄到汉地佛教的思想、灵验记、修持方法和忏法中。

元代的梵文镜既可照容，又能持之念咒，是民间信仰与日常生活需求结合的产物，在当时也颇为流行。（柏进波）

254. 镂雕舞台戏纹铜镜

编号：C5.961

时代：元

尺寸：直径8.5厘米，缘厚0.8厘米

圆形，伏跪人形钮。镜背的纹饰为杂剧表演图案，镂雕一舞台，画梁斗拱，雕栏画柱，装饰精巧美观。舞台展示五人表演杂剧的场景，正中一人伏身跪地，化为镜钮，构思别致。钮左二人并排而坐，一人弹琵琶，一人击鼓，为杂剧配乐，钮右二人作说唱状。窄卷缘。此镜中有弹琵琶的人物形象，而元杂剧早期只有鼓、笛、拍三种乐器，后期才增加了琵琶，故其时代应为元中叶以后。

山西芮城永乐宫旧址西北的元墓，其石椁前壁有一副线图，刻有双层楼阁，上层为一完整的戏台，四人演出，与此镜镂雕舞台的结构相似[1]。上海博物馆所藏一枚元代铜镜，纹饰题材也是元杂剧的舞台演出，采用镂空透雕手法，正中为一尊形大花瓶，钮左一人弹琵琶演奏，钮右立一人双手捧物[2]。

元代杂剧又称北杂剧、北曲、元曲，是元代兴起于中国北方的一种新型戏剧样式，因其广泛反映社会现实，丰富而具有表现力，代表了当时文学的最高成就。此镜真实再现了元杂剧的演出场景。（柏进波）

[1] 山西省文物管理委员会、山西省考古研究所：《山西芮城永乐宫旧址宋德方、潘德冲和“吕祖”墓发掘简报》，《文物》1960年第8期。

[2] 上海博物馆：《练形神冶 莹质良工：上海博物馆藏铜镜精品》，上海书画出版社，2005年，第356页。

255. 洪武龙纹铜镜

编号：C5.958

时代：明洪武二十二年（1389）

尺寸：直径11.6厘米，缘厚0.6厘米

圆形，山形钮，无钮座。镜背浮雕单体龙纹，五爪，龙首在钮下方，身体蜿蜒盘曲于上，前肢伸张，一后肢压尾，另一后肢仅露五爪，作腾飞状。龙纹间隙满布波浪起伏的海水及流云。钮左铸篆书阳文“洪武二十二年正月日造”十字，外围以长方形框。宽平缘。此镜纹饰精美，布局规整，造型生动。

龙纹镜是明代较为流行的样式，故宫博物院收藏的洪武云龙纹镜与此镜近同，且在圆形镜下加铸两条腿作为支架[1]。明代龙纹镜存世较多，其中以四爪、五爪的龙居多，但龙纹的艺术造型创新不多，而是在元代龙纹的基础上表现更加具体化、细腻化，龙的躯体也更加流畅、飘逸，整体龙的形象较唐、宋以来更加瘦长，但是一后肢压于尾的特点得以保留。（柏进波）

[1] 何林：《故宫藏镜》，紫禁城出版社，2008年，第168页。

256. 宣德吴邦佐造双龙纹铜镜

编号：5.3035

时代：明宣德年间（1426—1435）

尺寸：直径20.5厘米，缘厚1.3厘米

圆形，圆钮，无钮座。镜背素地，浮雕双龙夹钮对峙，钮上方饰一火焰纹，构成明确的火焰宝珠形。双龙形态相近，首尾对称，曲颈面珠，口半张，眼圆睁，角伏卧顶后，身形健壮，鳞甲

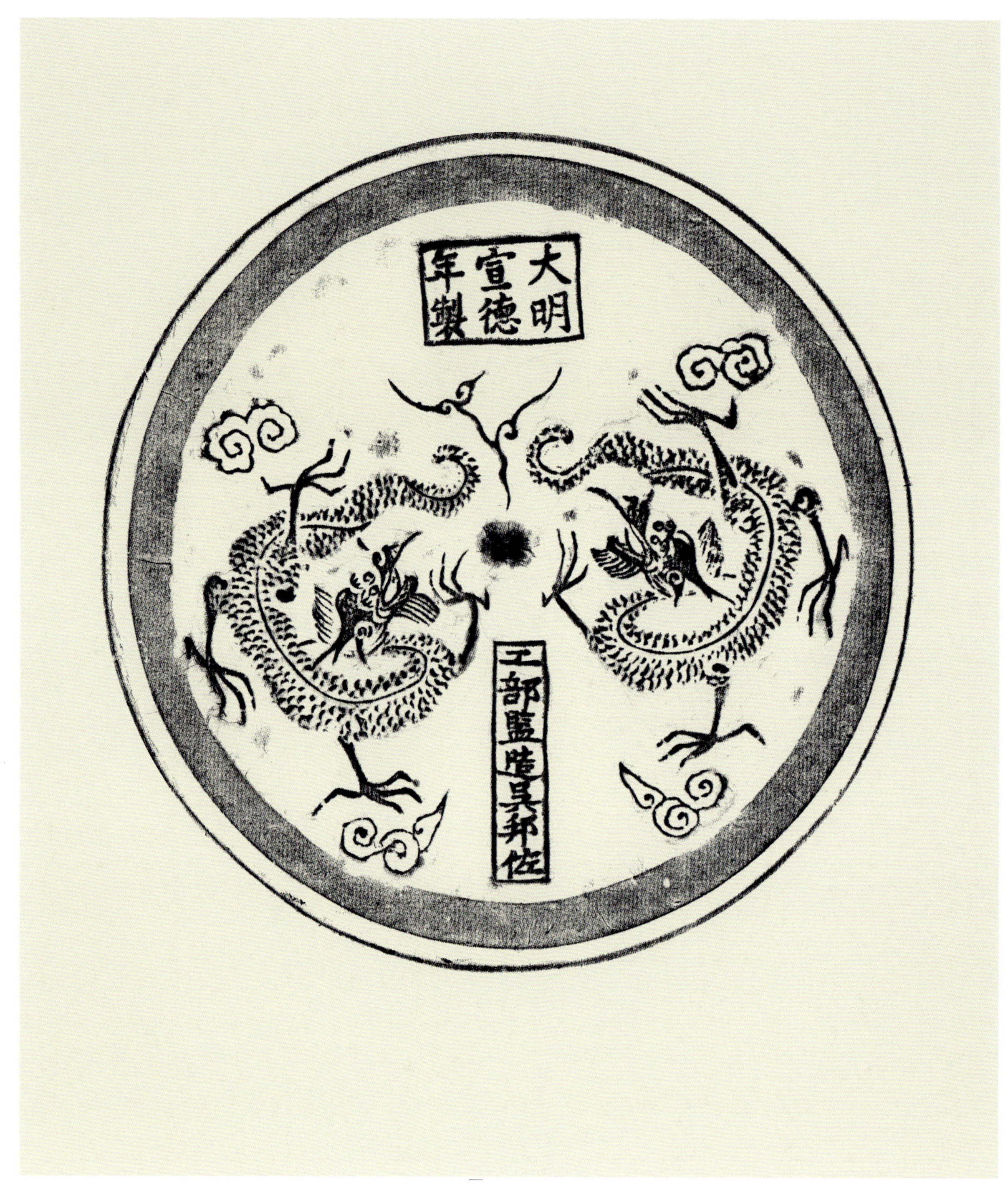

分明，鳍线清晰，身躯盘曲，一前爪握珠，另一爪向下伸张，后肢一屈伸一后摆，颇有双龙戏珠的意趣。火焰纹上方长方形栏内铸楷书铭文“大明宣德年制”六字。钮下方长方形栏内铸楷书铭“工部监造吴邦佐”七字。隙间点缀四朵祥云。双重缘。此镜制作规整，为明代龙纹镜中上品之作。

宣德是明宣宗朱瞻基的年号，铭文中的吴邦佐乃宣德时铸铜工艺名匠，是宣德炉样式的设计者和冶炼、铸造的督造官。（柏进波）

257. 云龙纹菱花形铜镜

编号：C5.1001

时代：明

尺寸：直径19.8厘米，缘厚0.8厘米

八出菱花形，圆钮，无钮座。镜背素地，主体纹饰为一浮雕的蟠龙，绕钮而置，首尾相接，顾首，口对钮珠，大口张开作吞珠状，凶猛威严，龙体态丰满，身形卷曲，鳞甲分明，两前爪前后伸展，后爪一屈伸一压于龙尾之下，具有典型的明代龙纹的特点。隙间饰以云纹。宽平缘。此镜制作规整，纹饰疏朗美观，龙纹有一股不怒自威的英霸之气。（柏进波）

258. 大顺三年双龙纹铜镜

编号：Y1942

时代：大顺三年（1646）

尺寸：直径10.4厘米，缘厚0.8厘米

圆形，圆柱形钮，顶平。铸以八字楷体阳铭，分为三列，中间为“大顺三年”，两侧分别为“孟秋”“月造”，连读为“大顺三年孟秋月造”。圆钮座。仿唐镜形制，体现在以一周圆形凸棱将镜背分为内、外两区。内区以纵横交错、纤细致密的阴线刻为地纹，以绕钮盘旋、呈行走状的双龙作为主纹，首尾相连，逆时针方向旋转排列。双龙独角前扬，龙首回望，四爪前伸后蹬，长尾分叉卷曲。整个龙的形象以浅浮雕写意手法表现，龙身无鳞，以短直线刻为数节。内区龙纹与其外侧凸棱之间有一周素面弦纹带，如同镜缘一般，从而使得内区仿佛一面独立的镜子。若与外区合二为一观赏，出现了一种镜中镜的视觉效果。外区满饰浅浮雕变形连枝花卉纹。高窄素卷缘。铜质精纯，镜体呈灰黑色，无锈，保存良好。此镜铸于大顺三年孟秋月（阴历七月）。

迄今为止，发现“大顺三年”纪年镜数量较少，共计七面。主要收藏于中国国家博物馆[1]、上海博物馆[2]、江西省博物馆[3]等文博单位。1953

年，河南省文物工作队征集到一面大顺三年双龙镜，现藏河南博物院[4]。1956年，江西省博物馆在九江市废铜中选购到一面铜镜，钮上铸有“大顺三年孟夏月造”楷书铭文[5]。20世纪80年代初，四川省文物商店征集到一面铜镜，钮上亦铸“大顺三年孟夏月造”铭文[6]。2012年，在整理重庆中国三峡博物馆藏铜镜过程中，该馆学者发现两面形制、纹饰及铭文相同的铜镜，均为“大顺三年孟秋月造”铭文双龙镜[7]。

根据镜背内、外两区纹饰的差别，可将大顺三年镜分为两种类型（表一）。A型：内区双龙体形健硕，外区饰以疏朗的如意云纹、卷云纹。B型：内区双龙体形修长，外区饰一周密集的花卉连枝纹。国博馆藏的这面大顺三年镜属于B型。

2018年，国博举办“江口沉银：四川彭山江口古战场遗址考古成果展”。展出一面银镜，两面铜镜，未见大顺纪年镜。另有彭山文物管理所藏“大西大顺二年”铭文金册，江口遗址发掘出水“大顺二年”铭文五十两银锭，西王赏功金银币、大顺通宝铜钱等[8]。据《明史·张献忠传》记载：明崇祯十七年（1644），张献忠率军攻陷成都，蜀王及妃投井自杀。“献忠遂僭号大西国王，改元大顺。冬十一月庚寅，即伪位，以蜀王府为宫，名成都曰西京。”[9]由此推断，“大顺三年”应是公元1646年，即清代顺治三年。目前所见两种铭文的铜镜，分别铸于大顺三年的阴历四月、七月，为张献忠大西军撤离成都之前所铸。（霍宏伟）

表一　大顺三年双龙镜一览

铜镜基本信息 / 收藏单位	纹饰		铭文		直径（厘米）	资料来源
			大顺三年			
	A 型	B 型	孟夏月造	孟秋月造		
中国国家博物馆		√		√	10.4	
上海博物馆	√		√		12.3	[2]
河南博物院		√	√		10.5	[4]
江西省博物馆		√	√		10.6	[3] [5]
四川省文物商店		√	√		10.5	[6]
重庆中国三峡博物馆	√			√	12	[7]

[1] 新中国成立后，最早研究大顺三年镜的学者袁炎兴撰文并公布了一面铜镜的图片，与国博藏镜的纹饰、铭文相同。参见袁炎兴：《张献忠大顺三年铜镜》，《文物》1960年第1期。

[2] 上海博物馆：《练形神冶　莹质良工：上海博物馆藏铜镜精品》，上海书画出版社，2005年，第372页。

[3] 吴水存：《九江出土铜镜》，文物出版社，1993年，图版137。

[4] 河南省文物局：《河南省文物志》上卷，文物出版社，2009年，第691页。

[5] 李恒贤：《从大顺年号镜浅谈对张献忠的历史评价》，《江西历史文物》1981年第1期。

[6] 苏成纪：《张献忠大顺三年铜镜》，《四川文物》1984年第2期。

[7] 夏伙根：《“大顺三年”铜镜与张献忠》，《光明日报》2014年3月29日第9版。

[8] 王春法：《江口沉银：四川彭山江口古战场遗址考古成果》，北京时代华文书局，2018年，第266页。

[9] 《明史》卷三〇九《张献忠传》，中华书局，1982年，第7975—7976页。

259. 凤穿牡丹纹铜镜

编号：C5.993

时代：明

尺寸：直径27.7厘米，缘厚0.8厘米

圆形，圆钮，花瓣纹钮座。纹饰以一周宽弦纹分为内外两区，内区绕钮同向配列五只瑞兽，外区四凤同向展翅穿飞于牡丹花间，外围作十四出菱花形纹圈，隙间点缀云纹。宽平缘。凤纹与花卉、瑞兽组合成以凤纹为主体的综合性图案，这种风格始于隋唐，明清时期盛行，寓有吉祥喜庆之意，因而这类纹饰题材运用广泛，常见的有“凤穿牡丹”“丹凤朝阳”“龙凤呈祥”等。此镜所饰四凤灵动丽巧，姿态各异，且尾羽采用了高浮雕的手法铸造，层次分明。明代的凤纹体态丰满，尾羽舒展，但不如元代的凤纹尾羽华丽。此镜镜体厚重，布局紧凑，纹饰富丽精美，为典型的明代大镜式样。（柏进波）

260. **双凤流云纹铜镜**

编号：C5.3355

时代：明

尺寸：直径24.9厘米，缘厚1.1厘米

圆形，圆钮，无钮座。镜背素地，主纹饰为高冠长尾飞舞的双凤，细颈弯曲，双翅展开，尾羽舒展，间隙满布流云纹，外围一周弦纹与镜缘分隔。窄卷缘。双凤对飞是宋元时期常见的纹饰题材，与祥云组合寓意吉祥如意，不过明代的凤纹较宋元时期相比表现更加程式化。此镜制作规整，体大厚重，纹饰细腻。（柏进波）

261. 四凤纹铜镜

编号：C5.946

时代：明

尺寸：直径35.2厘米，缘厚2.2厘米

圆形，圆钮，无钮座。镜背素地，钮四周以连续的流云纹围成一周，上下左右各饰一只翔凤，姿态相同，昂首向天，双翅伸展，羽翼丰满，尾羽飘逸，凤下饰一大朵云纹，尾羽上方饰一小朵云纹。窄卷缘。此镜纹饰采用浮雕的手法，秀丽雅致，疏朗美观，制作精湛。明代的凤纹，一般凤头较宋元时期的要小，凤目细长，细颈，长尾飘逸，数量以四凤和八凤为主。（柏进波）

262. **凤鹤纹铜镜**

编号：C5.989

时代：明

尺寸：直径32.6厘米，缘厚1.4厘米

圆形，圆钮，无钮座。镜背素地，钮上下饰对称团鹤，口衔如意。钮两侧饰相对飞舞的双凤，曲颈展翅，尾羽摇曳，灵动飘逸，凤鹤纹其间点缀六朵云纹。钮右铸一长方形框，内有楷书阳文“许子□□”四字，后两字已模糊难辨。窄卷缘。明代铜镜通常会标明生产铜镜的匠人名或店铺字号，据此推测方框内的铭文可能为某匠人的名字。此镜纹饰清新，配列疏密适度，团鹤与翔凤的组合别具一格。（柏进波）

263. 万历双凤纹铜镜

编号：C5.970

时代：明万历三十年（1602）

尺寸：直径9.1厘米，缘厚1.4厘米

圆形，圆钮，无钮座。镜背素地，一周凸弦纹将纹饰分为内外两区，内区饰双凤展翅卷尾，首尾相连，凤首尾间铸铭文“孪生回文，壬寅秋秉忠制”十字，外区为一周铭文带，内容为“光轮承熙，朗曜湛迪，长明恒持，广照万历”，均为篆书。万历三十年（1602）即夏历壬寅年。窄卷缘。

此镜铭乃回文诗歌，回环读之得四言三十二首，意在歌颂大明盛世，祈愿光明万丈，普照大地。回文诗是中国古典诗歌中较为独特的体裁，据唐吴兢《乐府古题要解》：“回文诗，回复读之，皆歌而成文也。”（柏进波）

264. 梅竹花卉纹葵花形铜镜

编号：C5.991

时代：明

尺寸：直径25.4厘米，缘厚1.1厘米

八出葵花形，圆钮，无钮座。镜背素地，一周连珠纹将纹饰分为内外两区，内区绕钮饰缠枝花卉纹，外区饰八株梅竹环列成圈。三重窄卷缘。明代以圆形镜为主，其他形制并不常见。这种八出葵花形镜是唐宋时期流行的形制，明代存世数量较少。此镜三重卷缘难得一见，纹饰清新雅致，配列疏密适度。（柏进波）

265. **花卉纹铜镜**

编号：C5.990

时代：明

尺寸：直径33.9厘米，缘厚1.4厘米

圆形，圆钮，无钮座。镜背素地，一周弦纹将纹饰分为内外两区，内区饰龙虎纹，夹钮首尾相对，外区饰四种共八支折枝花卉，分别为菊花、石榴、梅花、牡丹，对称分布，相间配列。宽平缘。菊花乃寿客，寓意吉祥长寿；石榴多籽，寓意百子长生，多子多福；梅花报春，有吉祥喜庆之意；牡丹华容，寓意富贵。此镜体大厚重，制作规整，纹饰疏朗美观。明代初期的镜缘多沿袭元镜内直外坡的形式，中晚期才开始流行这种宽平缘，因此该镜的时代应为明中期以后。（柏进波）

266. 马奉君造铜镜

编号：C5.964

时代：明

尺寸：直径8.8厘米，缘厚0.4厘米

圆形，圆平钮，钮上铸“马奉君造”二行四字楷书阳文。镜背以线界成方格，钮占两格，其余每格内铸一字，连读为四句七言诗：“王母蟠桃宴八仙，名山洞府寿千年。三杯寿酒蓬莱客，驾鹤腾云上九天。”方格与镜缘内接的间隙处，各饰一株花草纹。窄平缘。此镜布局规整，纹饰清新。

镜铭内容描述了八仙为王母庆寿的情形，应取材于明代当时流行的八仙戏。八仙戏，又称八仙庆寿，源于宋元杂剧和南戏。庄一拂《古典戏曲存目汇考》称：“宋官本杂剧，即有《宴瑶池爨》。”元陶宗仪《南村辍耕录·院本名目》中载有《瑶池会》《蟠桃会》《八仙会》《王母祝寿》等多种名录，元钟嗣成亦著有《宴瑶池王母蟠桃会》。明代杂剧在宋元杂剧的基础上加以创作，形成了更加贴近世俗生活的八仙戏，明杂剧作家朱有燉即著有《新编福禄寿仙官庆会》《群仙庆寿蟠桃会》《新编瑶池会八仙庆寿》等剧目。此外，在明清小说中常有演出八仙戏的描述，《水浒传》第八十二回梁山好汉受招安后，皇帝大宴，教坊司、礼乐司即演出八仙庆寿。

有所不同的是，宋、元时期的八仙戏表现的主要是“神仙道化”和“隐居乐道”的内容，而至明初，《蟠桃会》《八仙庆寿》《仙官庆会》等八仙戏则主要表现神仙庆寿和献瑞、驱邪，成为歌舞升平的吉祥戏，深入人心，成为反映人们世俗生活的艺术表现。（柏进波）

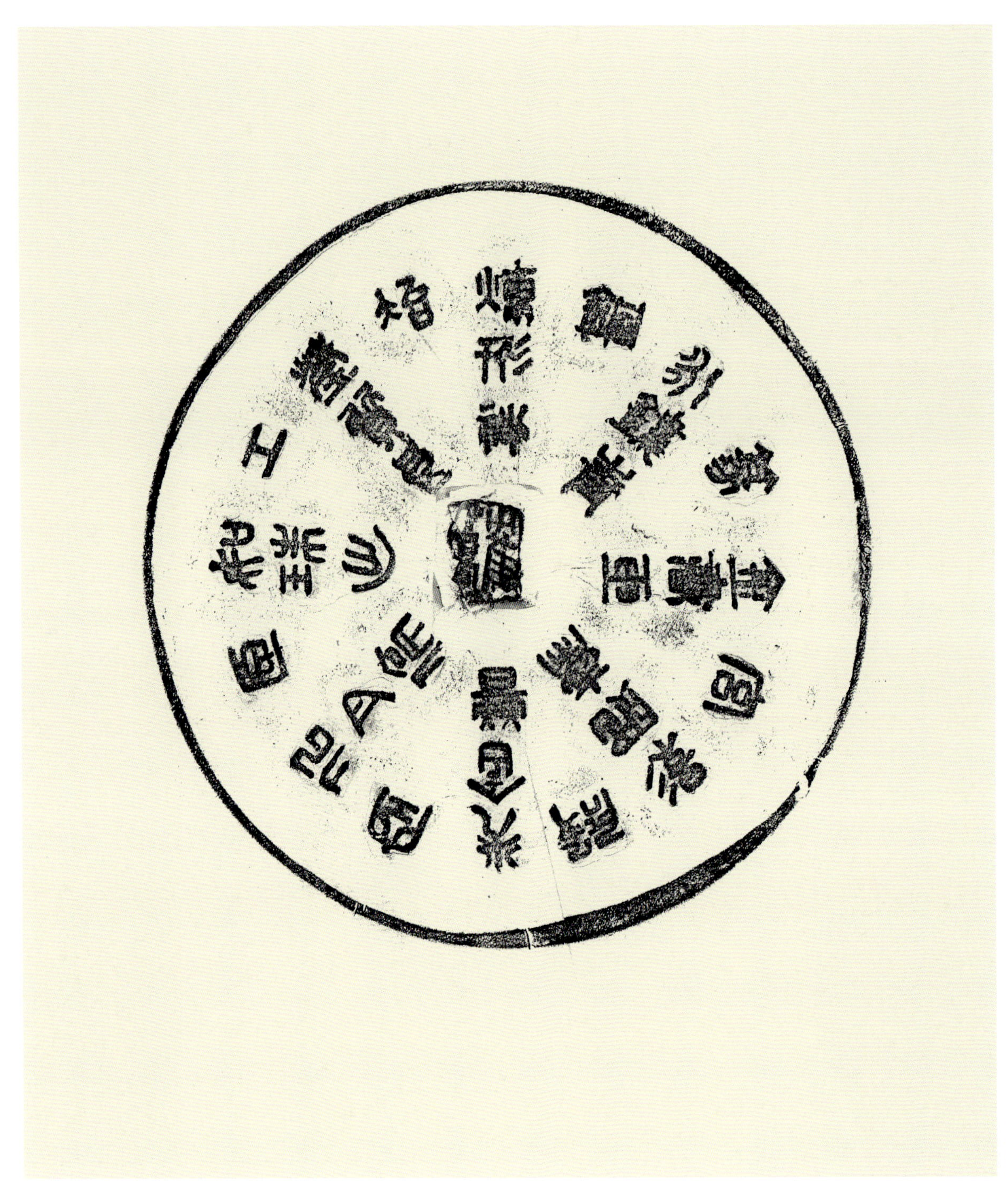

267. **炼形神治四言铭文铜镜**

编号：C5.952

时代：明

尺寸：直径9.8厘米，缘厚0.6厘米

圆形，方平钮，无钮座，钮上铸楷书阳文“崔□□”三字。钮周围铸篆书四言句铭“炼形神治，莹质良工，如珠出匣，似月停空，光含晋殿，影照秦宫，金书玉篆，永镂青铜”，三字一行，余一字一行，共三十二字，铭文绕钮对称分布，布局别具一格，疏密适度，简洁美观。窄卷缘。

四言镜铭赞颂铜镜质量精美，明如珠，净如月，光芒四射，照容效果甚佳，应是仿改自隋至唐初流行的“练形神冶团花铭带铜镜”的镜铭。“炼形神冶”铭最早见于记载是在南宋初期江少虞所撰《新雕皇朝类苑》，宋神宗熙宁末年曾出土一面“炼形巧冶”铭的铜镜，镜背为杂花纹，铭曰：“炼形巧冶，营质良工，如珠出匣，似月停空，当户写翠，对脸傅红，绮窗绣幌，俱含影中。”至明代徐伯龄撰《蟫精隽》卷二所收录的一枚古妆镜，“炼形神冶”铭演变为：“炼形神冶，莹质良工，如珠出匣，似月停空，当眉写翠，对脸傅红，光含晋殿，影照秦宫，镌书玉篆，永镂青铜。”与此镜的铭文内容基本相同。（柏进波）

268. **七绝诗句铜镜**

编号：C5.839

时代：明

尺寸：直径10.4厘米，缘厚0.5厘米

圆形，银锭钮，无钮座。以双线勾勒出四出花瓣，空余处楷书七言诗句九行二十八字：“月样团圆水样清，好将香阁伴闲身。青鸾不用羞孤影，开匣当如见故人。”花瓣外与内卷边处饰以四种不同的花草图案。卷缘。明代手工业生产发展迅速，装饰题材也更为广阔，花鸟虫鱼、亭台楼阁等，较前代更为世俗化，此类吉祥铭文的纹饰是明镜中常见的题材。（王湛）

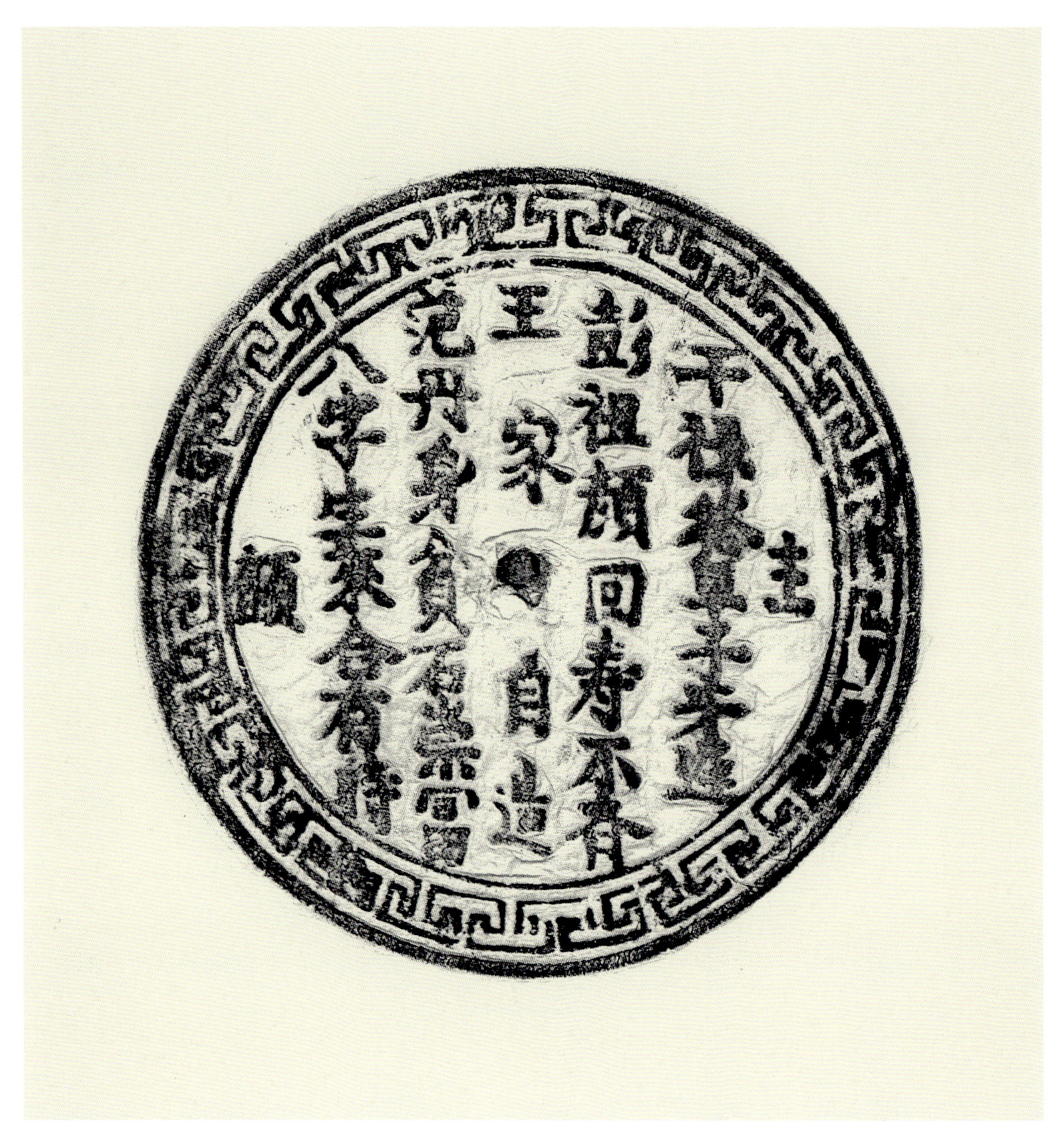

269. 王家自造铜镜

编号：C5.962

时代：明

尺寸：直径8厘米，缘厚0.3厘米

圆形，圆钮，无钮座。镜背素地，钮上下方各铸直铭楷书二字，合为“王家自造”；钮左右各铸两直行七言诗句“干禄发早子牙迟，彭祖颜回寿不齐。范丹身贫石崇富，八字生来合有时”，共二十八字；钮左右近缘处，铸铭文“主顾”二字，对称分布。宽平缘，缘上饰回纹。

明代的诗文镜与汉唐时期相比，文辞直白，缺少诗意，内容多与社会生活联系紧密。此镜铭的诗句常被明代算命先生于街头诵念，借此宣扬宿命论，以招揽顾客占卜算卦。《水浒传》第六十回吴用智赚玉麒麟，冒充算命先生时即念此口号，内容与镜铭基本相同：“甘罗发早子牙迟，彭祖颜回寿不齐。范丹身贫石崇富，八字生

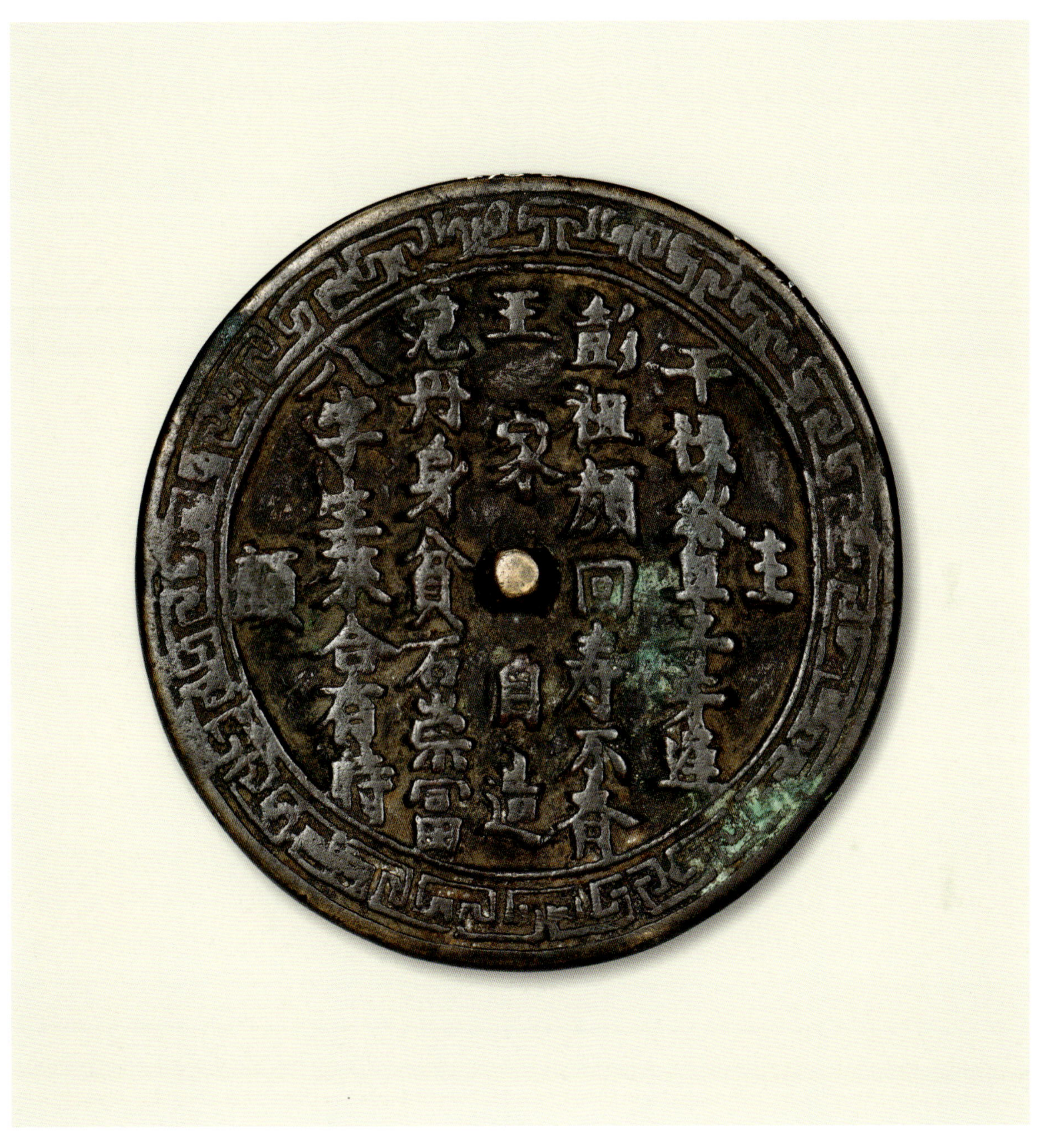

来合有时。”明末冯梦龙纂辑的白话小说集《警世通言》卷十三也引用了这首算命歌作为引言：“甘罗发早子牙迟，彭祖颜回寿不齐。范丹贫穷石崇富，算来都是只争时。”与此镜铭最后一句虽表达不同，也意在强调人命天定，可能是占卜算命发展至明末时期口号有所改变。由此可见，明代算命占卜颇为时兴，而此镜诗文中的“干禄”很有可能是“甘罗”的讹传。

甘罗，战国时期秦国名臣甘茂之孙，十二岁即因功赐任上卿，位同宰相；姜尚，字子牙，年逾古稀才得以施展才华，辅佐周文王建立周朝，大器晚成。彭祖乃古代神话中的长寿仙人，以享寿八百余岁著称于世；颜回，孔子得意门生，德行出众，然其寿不长。范丹，东汉名士，为吏清廉，穷居自若；石崇，西晋巨富，其与晋武帝舅父王恺斗富的故事在民间广为流传。镜铭对举不同命运的人，意在强调生死有命，各有时运，以此劝人算命。（柏进波）

270. 黄家自造百寿团圆铜镜

编号：C5.1003

时代：明

尺寸：直径22.9厘米，缘厚0.9厘米

圆形，圆平钮，钮上铸“黄家自造”四字楷书铭文，仿汉龙钮座，双龙绕钮追逐，首尾相对，外围一周凸弦纹。镜背满布星点纹，钮座上下左右各置一圆框，对称分布，内铸篆书铭文“百寿团圆”，其中“团”“圆”二字以所饰圆框入字形。铭文间列四个神仙人物，作拜寿状，手执不同物品，神态各异。窄卷缘。此镜厚重，制作规整，纹饰疏朗美观。镜铭“百寿团圆”是明代铜镜常用的吉语，祈求健康长寿、团圆美满。吉语文字是明代铜镜颇有特色的一种流行装饰，通常四字成句，对称分布于镜钮四周，字体大而规整，以楷书和篆书为主。（柏进波）

271. 喜生贵子福寿双全铜镜

编号：C5.948

时代：明

尺寸：直径39.3厘米，缘厚1.9厘米

圆形，圆钮，龙虎纹钮座，外围一周弦纹。钮座上下左右各置一大方框，内铸铭文“喜生贵子”，大方框间又配列小方框，内铸“福寿双全”，铭文均楷书。镜背满布仙鹤、宝瓶等杂宝纹饰，沿镜缘一周饰十二个姿态各异的童子，有的手捧贡品，有的驾着祥云，形象生动。窄卷缘。此镜造型规整，体大厚重，纹饰丰富，寓意吉祥富贵。镜铭“喜生贵子”和“福寿双全”均为明代常用的吉语文字，应是贺喜贺寿所用，同时也表达了人们对于生活的美好愿景。（柏进波）

272. **湖州薛茂松造五子登科福寿双全铜镜**

编号：C5.994

时代：明

尺寸：直径32.6厘米，缘厚0.5厘米

圆形，六出花瓣形高平钮，钮上铸“湖州薛茂松造”铭文六字，无钮座。镜背素地，铸“五子登科”和“福寿双全”大字铭文，相间环钮成圈。“五子登科”四字外围以四出花瓣纹装饰，“福寿双全”四字外围以宽线方栏。镜钮右上铸长方形印记“德孚”二字，应为人名。铭文“五”字正下与钮中间铸正方形纪铭“丁亥定铸”四字。特宽素平缘。此镜造型规整，体大而厚重。

据镜钮铭文，此镜乃明代湖州制镜名家薛茂松所造。湖州镜约在北宋中晚期出现，至南宋时

期开始流行。明代湖州制镜业得以延续发展，仍是全国制镜中心，与宋代不同的是，这时湖州最重要的制镜家族已由石家变为薛家。据明代《乌程县志》载："湖之薛镜驰名。薛，杭人，而业于湖。"见于记载的明代湖州薛氏家族的制镜名家除薛茂松外，还有薛仰峰、薛怀泉等。

"五子登科"的典故出自《宋史·窦仪传》："仪学问优博，风度峻整。弟俨、侃、偁、僖，皆相继登科。"后来这个故事作为教子有方的典范收录于蒙童读物《三字经》中："窦燕山，有义方，教五子，名俱扬。"自隋唐开科取士以来，宋、明、清各朝社会风气皆重科举，家族子弟若科举中榜，最是光宗耀祖。但"五子登科"作为吉语，明代始现，以此为题材的明代铜镜也颇为多见，且往往与吉祥图案装饰在一起。此镜除"五子登科"外，还有"福寿双全"的吉祥语，表达人们对于美好生活的祈求。（柏进波）

273. 胡聚盛五子登科铜镜

编号：C5.999

时代：明

尺寸：直径20.5厘米，缘厚0.6厘米

圆形，圆钮，无钮座。镜背素地，钮的上下右左分铸“五子登科”四个大字铭文，每字与钮间各对应一“喜”字，均楷书，外饰方形围栏。铭文“五”字两侧均铸有长方形字号“胡聚盛号青铜明境（镜）”八字，“胡聚盛”应为商号名称。“子”字两侧各饰一莲蓬，寓意喜生贵子，多子多福，祈求子孙绵延昌盛。纹饰外围一周弦纹。窄卷缘。

明代铜镜多为民间工匠制作，既沿袭了宋代制镜时在镜背铸以私人作坊名号作为商标的传统，又形成了自己的风格。宋代作坊类铭文后常缀以“照子”，而明代常在作坊名后缀以“号”或“记”。“号”即具有广告性质的商号，而“记”则是买主委托铜镜作坊定制。这反映出明代不但私人作坊众多，手工业发达，而且商品经济已经发展到了一定的高度。（柏进波）

274. 五子登科铜镜

编号：C5.945

时代：明

尺寸：直径39.5厘米，缘厚2.5厘米

圆形，圆钮，龙虎纹钮座，外围一周弦纹。镜背素地，满布仙鹤、祥云、宝瓶、方胜、画卷、灵芝等多宝纹饰，象征吉祥如意。多宝间又饰有十个人物，或坐或立，或手执或头顶不同物品，形态各异，生动活泼。钮座周围置四个方框，内铸铭文“五子登科”，楷书。窄卷缘。此镜造型规整，体大厚重，纹饰美观。（柏进波）

275. 方仰民造麟趾螽斯铜镜

编号：C5.974

时代：明

尺寸：直径18.8厘米，缘厚0.7厘米

圆形，圆平钮，钮柱印章款，双龙戏珠钮座，外围一周凸弦纹。钮上铸“方仰民造”铭文，钮座外饰四个篆书大字，连读为“麟趾螽斯”，兼有隶书之韵，每字外围以宽线方栏。窄卷缘。此镜印章式钮，具有明代晚期吉语镜的特点。这种钮式完全就是工匠的印章，在万历年间开始流行，章款多见的还有“何勃然制”“许清达制”等。

“麟趾”出于《诗·周南·麟之趾》：“麟之趾，振振公子。”郑玄笺：“喻今公子亦信厚，与礼相应，有似于麟。”南朝齐王融《三月三日曲水诗序》：“族茂麟趾，宗固盘石。”《诗·周南·螽斯序》：“螽斯，后妃子孙众多也。言若螽斯不妒忌，则子孙众多也。”铭文“麟趾螽斯”寓意子孙昌盛，望其皆为仁德之辈。（柏进波）

276. 状元及第铜镜

编号：C5.997

时代：明

尺寸：直径29厘米，缘厚1厘米

圆形，圆钮，龙虎纹钮座，外围一周双弦纹。镜背素地，饰仙鹤、如意、方胜、瑞花、楼阁、祥云等多宝图案，有仙人共十一个，均手持不同宝物，这些多宝和仙人象征吉祥如意。钮座上下铸铭文“状元及第”四字。宽平缘。此镜造型规整，体大厚重，纹饰疏朗美观。镜铭反映了明代科举制度的繁荣，高中状元即意味着光宗耀祖、高官厚禄和荣华富贵，因此普通百姓也都渴望能在科举考试中一举夺魁，从而改变命运。（柏进波）

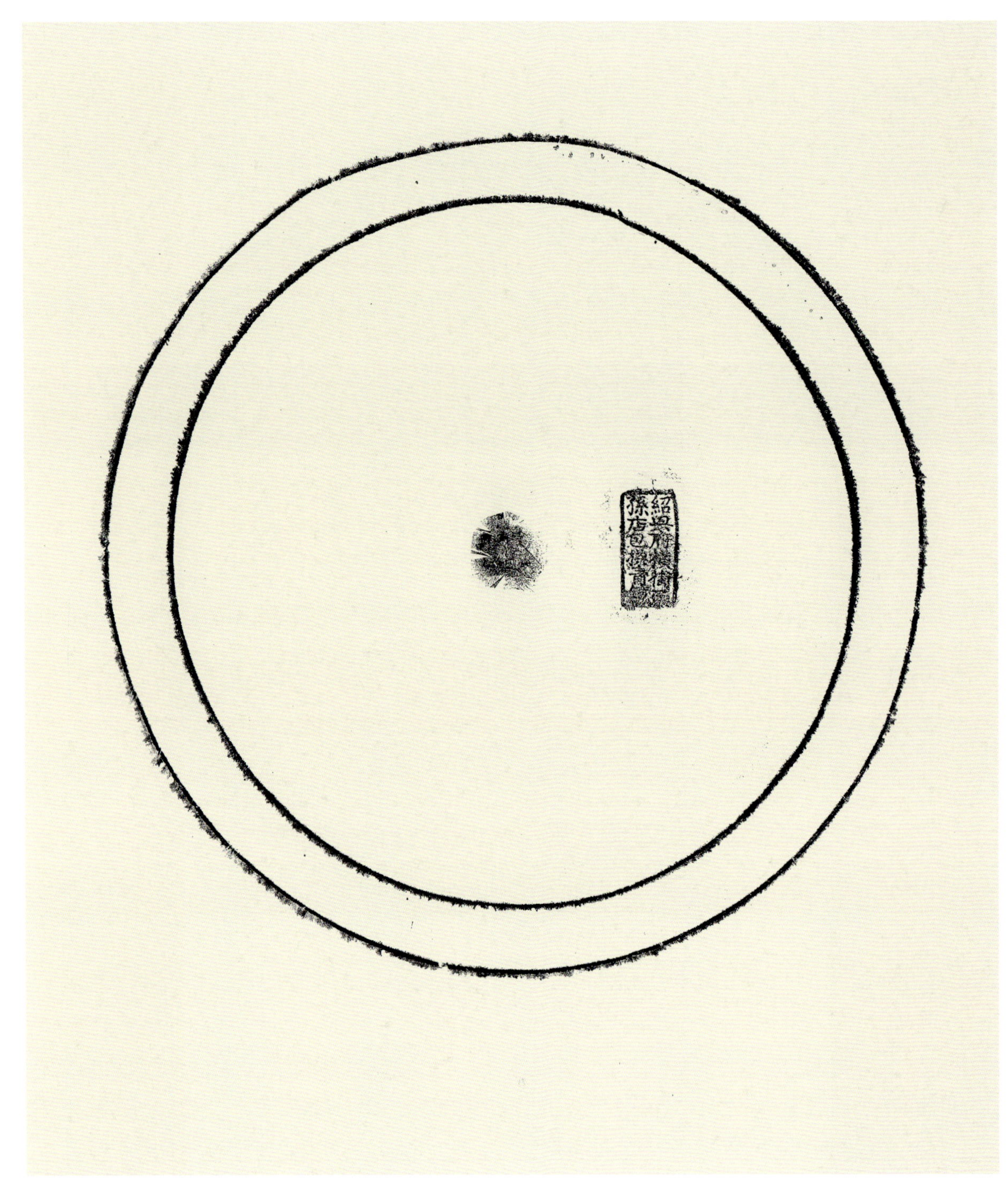

277. **绍兴府孙店铜镜**

编号：C5.851

时代：明

尺寸：直径20厘米，缘厚1厘米

圆形，圆钮，无钮座。接近镜边缘有一周弦纹，其余素地。钮右有长方形铸镜字号“绍兴府横街西孙店包换青镜”，楷书阳文二行十二字。窄卷缘。铭文内容包括了制镜地址、店名。“包换”二字为广告语，表明其正宗，可见私造镜中有不少仿制品出现。绍兴府（今浙江绍兴市），北宋称越州，1131年南宋高宗以“绍祚中兴”之意改元绍兴，同时升其行在越州为绍兴府。此镜镜形是明代最流行的形式，“包换”等也是明代常见的铭文。（王湛）

278. **南京浦左溏造仿汉铜镜**

编号：C5.824

时代：明

尺寸：直径6.8厘米，缘厚0.4厘米

圆形，桥形钮，无钮座。二周绳纹间布四个乳钉纹夹以卷草纹，沿边缘处列一圈锯齿纹。钮右铸长方形印记“南京浦左溏造”楷书阳文二行六字，钮下方铸圆形印记楷书阳文“吕”字，应为铸镜者的地址和名号。窄平缘。从镜的形制和工艺看，此为典型的明代仿汉镜。（王湛）

279. 人物多宝纹铜镜

编号：C5.3696

时代：明

尺寸：直径11厘米，缘厚0.8厘米

圆形，银锭钮。镜背素地，纹饰由上至下分三层排列。上层中间为一座二层楼阁，两侧为引颈展翅高飞的仙鹤，鹤下分别饰以宝钱和花叶。中层钮上方饰一对犀牛角，两侧各立两人，手执不同物品，四人姿态各异。下层中间为一香炉，两侧置宝瓶，最外侧有方胜、宝钱、双角、金铤及画卷。镜背图案画面为平雕，凸出镜背较多，立体感强，轮廓分明，人物栩栩如生，宝物形象逼真。窄卷缘。

多宝纹又称杂宝纹，“杂宝”一词最早见于佛教典籍，指一些珍稀贵重之物。《太平广记》中即有两卷名曰“杂宝”，举出珍宝凡二十余种。多宝纹在宋元时期开始流行，见于各类器物，但尤以瓷器最具特色，其组合无固定形式。明代时多宝纹继续流行，多宝的种类也在此前的基础上有所增加，但较宋元相比造型多已变形，万历以后稍见规整，常与神仙人物组合使用。此镜的多宝图案象征吉祥如意，财源亨通，平安长寿。（柏进波）

280. 人物多宝纹铜镜

编号：C5.959

时代：明

尺寸：直径11.8厘米，缘厚1.2厘米

圆形，钮作龟趺驮碑形，钮上铸铭文“王福通造”。镜背素地，钮上方立有三人，手持不同宝物，姿态各异，钮左右饰一仙鹤和一弓腰人物，外侧近缘处为手持宝物的两人，面面相对，钮下方饰一瑞兽，两侧各立一人，再外侧分别饰祥云和童子。窄平缘。此镜造型规整，镜钮设计别具一格，纹饰疏朗雅致，人物服饰清晰，刻画生动，形神兼备。（柏进波）

281. 人物多宝纹方形铜镜

编号：C5.3607

时代：明

尺寸：长7.2厘米，宽7.2厘米，缘厚0.4厘米

方形。镜背素地，饰宝瓶、祥云、银锭等多宝图案，其中宝瓶位于镜背中央，瓶身化为镜钮，构思精巧。钮两侧各饰一人物，手持不同宝物。宽平素缘。此镜所饰多宝图案较宋元时期相比造型粗疏，有些已难辨其形。（柏进波）

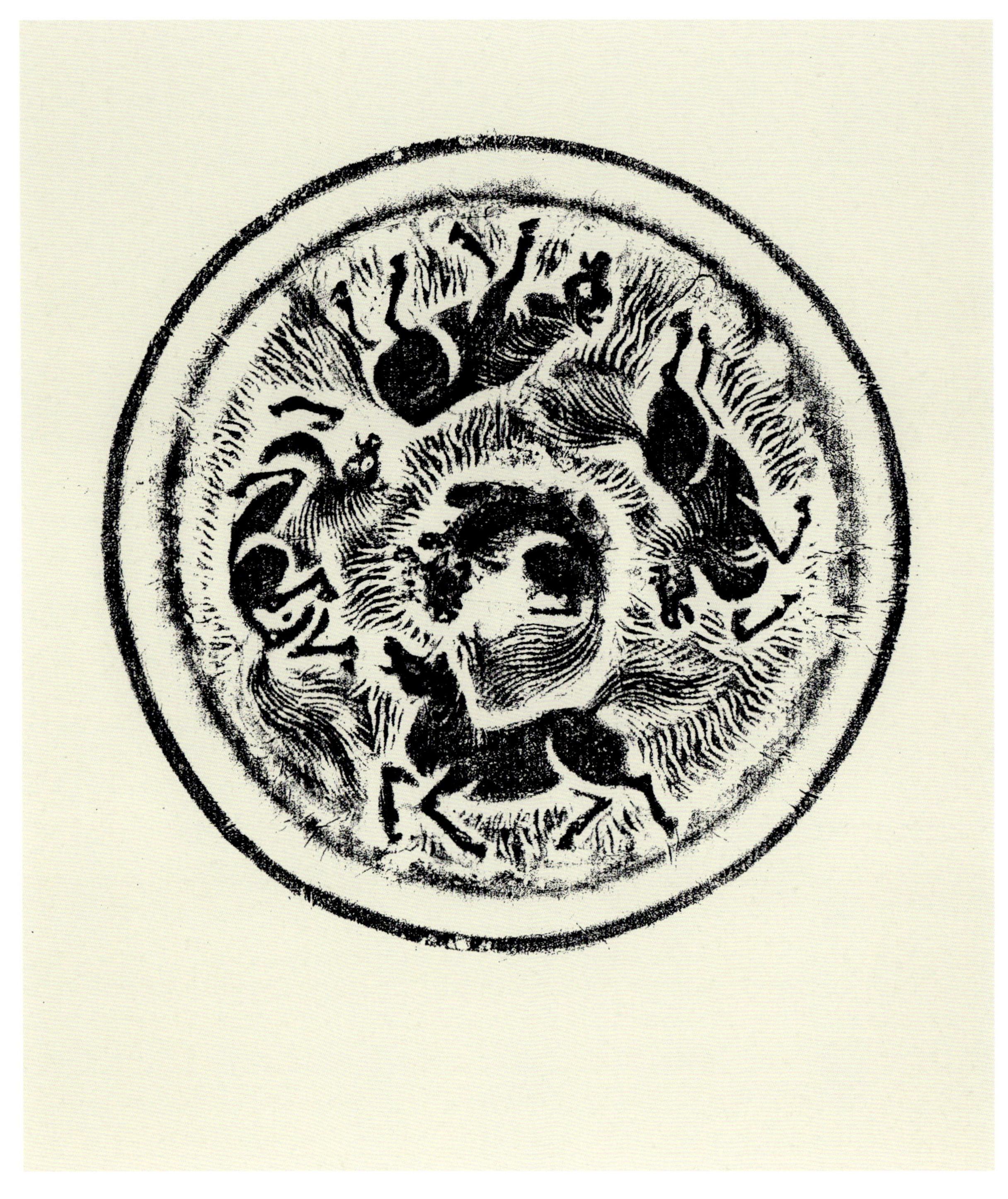

282. 五马纹铜镜

编号：C5.984

时代：明

尺寸：直径10.4厘米，缘厚1.3厘米

圆形，卧马钮。镜背满布草叶纹，似一片辽阔的草原，其上有五匹膘肥体壮、姿态各异的骏马，以高浮雕的手法将每匹马的神态雕画得栩栩如生。镜背中心一马卧地休养，身向右侧卷曲，

尾向左散，首尾几乎相接，巧妙地化为镜钮，马腹下有孔，可穿带。另外四匹马环中心卧马配列，其中一马昂首散尾，尽情奔驰；一马昂首嘶鸣；一马卧地打滚，自娱自乐；一马低首漫步，悠闲吃草。窄卷缘。此镜纹饰生动活泼，构思精巧，题材在明代铜镜中少见，工艺精湛，制造精美。（柏进波）

283. 嘉靖十八年袁南村置铜镜

编号：C5.1006

时代：明嘉靖十八年（1539）

尺寸：直径11.9厘米，缘厚0.7厘米

圆形，圆钮，无钮座。镜背素地，钮两侧铸直铭各六字："嘉靖十八年秋八月袁南村置。"宽平缘。明代常将纪年或产地与人名结合在一起铸在铜镜上，除在工匠姓名后缀以"铸造""自造""造""雅制""制"等作为商标推销自家所产铜镜外，还会在人名后缀以"置""置用"表明铜镜乃私人定制，这也从侧面反映出明代商品经济的发达程度。嘉靖是明世宗朱厚熜的年号，由镜铭可知，此镜乃是明世宗时袁南村定制购买。（柏进波）

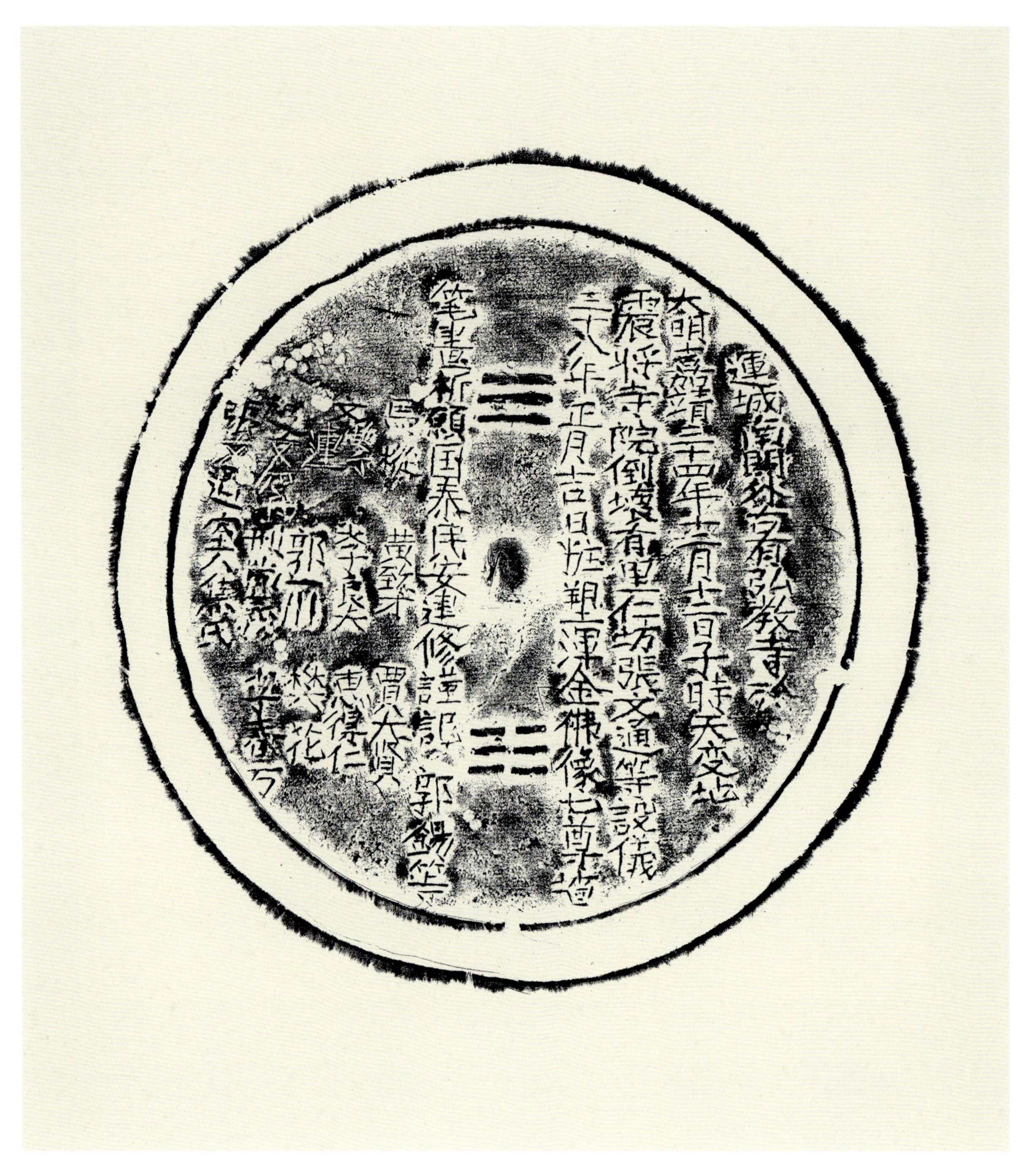

284. 嘉靖运城弘教寺纪念铜镜

编号：C5.1002

时代：明嘉靖三十八年（1559）

尺寸：直径21.4厘米，缘厚1厘米

圆形，圆钮，无钮座。镜背素地，钮上下方饰八卦中的乾坤图案。钮左右铸铭文“运城南门外右有弘教寺，于大明嘉靖三十四年十二月十二日子时，天变地震，将寺院倒坏，有里仁坊张文通等设仪，三十八年正月吉日，妆塑浑金佛像七尊，墙笔画祈愿国泰民安，建修谨记，郭锡等。马枞、黄致才、贾大贤、文连□、李良夫、惠得仁、郭一川、樊花、张文智、刑尚义、李春方、张文通、室人焦氏”，

铭文记述运城弘教寺在嘉靖年间遇震重修一事。后还铸有“马枞”“黄致才”等十几人姓名，应为捐建重修弘教寺的人员名单。其中“文连□”“张文智”“张文通”的姓名部分有后来补刻的痕迹。窄卷缘。

嘉靖三十四年(1555)十二月十二日发生的这场大地震，因破坏力大而造成了巨大的损失和人员伤亡，诸多史籍有载。据《明史·五行志》：“壬寅，山西、陕西、河南同时地震，声如雷。渭南、华州、朝邑、三原、蒲州等处尤甚。或地裂泉涌，中有鱼物，或城郭房屋，陷入地中，或平地突成山阜，或一日数震，或累日震不止。河渭大泛，华岳、终南山鸣，河清数日。官吏、军民压死八十三万有奇。”运城地处山西省西南部，此镜为研究明嘉靖三十四年的这场关中大地震提供了珍贵的历史资料。（柏进波）

285. **隆庆三年何鲢省置方形铜镜**

编号：C5.1004

时代：明隆庆三年（1569）

尺寸：边长7.4厘米，边宽7.4厘米，缘厚0.5厘米

方形，银锭钮，无钮座。镜背素地，钮两侧铸直铭各四字："隆庆三年何鲢省置。"双重窄卷缘。此镜所饰银锭钮是明代流行的一种镜钮，也是明镜区别于其他时代铜镜的重要依据。隆庆是明穆宗朱载垕的年号。由镜铭可知，此镜乃是明穆宗时何鲢省定制购买。（柏进波）

286. 万历篆书铭文铜镜

编号：C5.3404

时代：明万历年间（1572—1620）

尺寸：直径12.7厘米，缘厚0.8厘米

圆形，圆钮，无钮座。镜背素地，绕钮一周铸铭文“万历荆州葛诚所篆”八字，近缘处铸四言诗句一周，共十六字，“江汉澄清，衡岳钟灵，文明之世，风物咸宁”。铭文均为篆书。铭文带间饰一周水波纹和一周回纹。窄卷缘。此镜纹饰简练，文字古朴，布局疏密有度。明代诗文镜多自赞或颂扬，此镜铭称颂万历年间太平盛世，荆州地区人杰地灵。衡岳即南岳衡山，荆州乃湖北省旧府名，明清时设置，治所在今江陵县。（柏进波）

287. **丹凤朝阳方形铜镜**

编号：C5.1032

时代：清

尺寸：边长12.5厘米，边宽12.5厘米，缘厚0.5厘米

方形，无钮。镜背素地，正中饰一株参天大树至顶，一轮红日高挂，主体纹饰为一曲颈展翅的凤凰，顾首朝阳，羽毛清晰，尾羽卷曲，似云似草，间隙处饰流云、花草等纹样。宽平缘，缘内侧作八角形。明清时期的凤纹表现形式进一步程式化，画凤口诀有“凤有三长，眼长、腿长、尾长”，以及“首如锦鸡，冠似如意，头如藤云，翅似仙鹤”。清代流行丹凤朝阳的凤纹题材，多以单线勾勒而成，别具风格。这一题材因其承载了百姓对于幸福美满生活的希冀和渴求，颇受欢迎，虽然宫廷风格的凤纹精美繁复，民间的凤纹却如此镜般简洁生动。（柏进波）

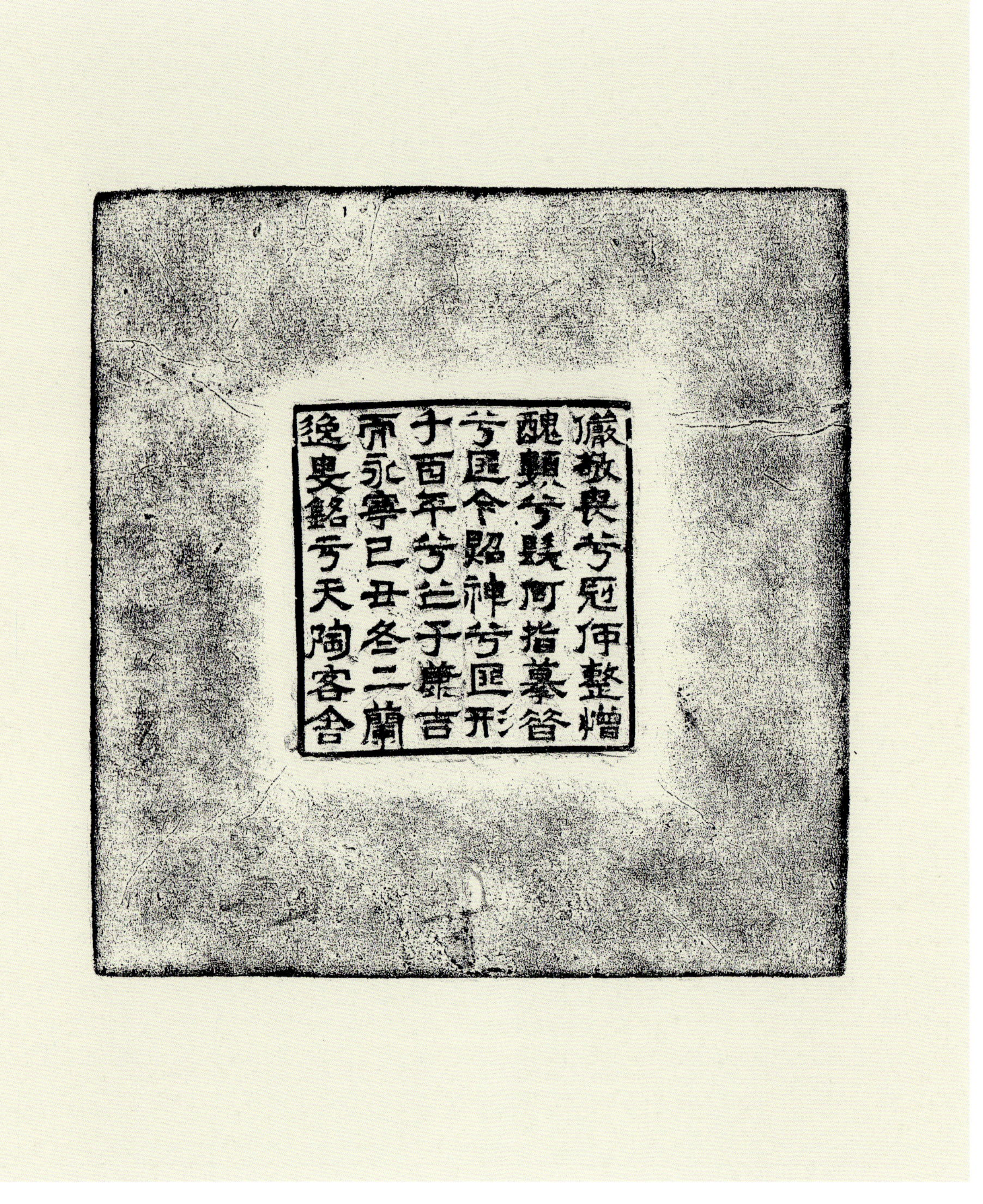

288. 二兰逸叟方形铜镜

编号：C5.986

时代：清

尺寸：边长12.3厘米，缘厚0.3厘米

方形，无钮，镜背素地，正中铸一凸起的方框，内有铭文六行，每行八字，共四十八字。铭文内容为：“俨敬畏兮冠何整，憎丑类兮发何指，摹昔兮匪今，照神兮匪形，千百年兮□子，康吉而永宁。己丑冬二兰逸叟铭于天陶客舍。”镜铭颂扬铜镜的同时，也警醒自己修养品性。丑类即恶人，《左传·文公十八年》曰：“丑类恶物，顽嚣不友。”唐孔颖达正义：“丑亦恶也，物亦类也。指谓恶人等辈，重复而言之耳。”（柏进波）

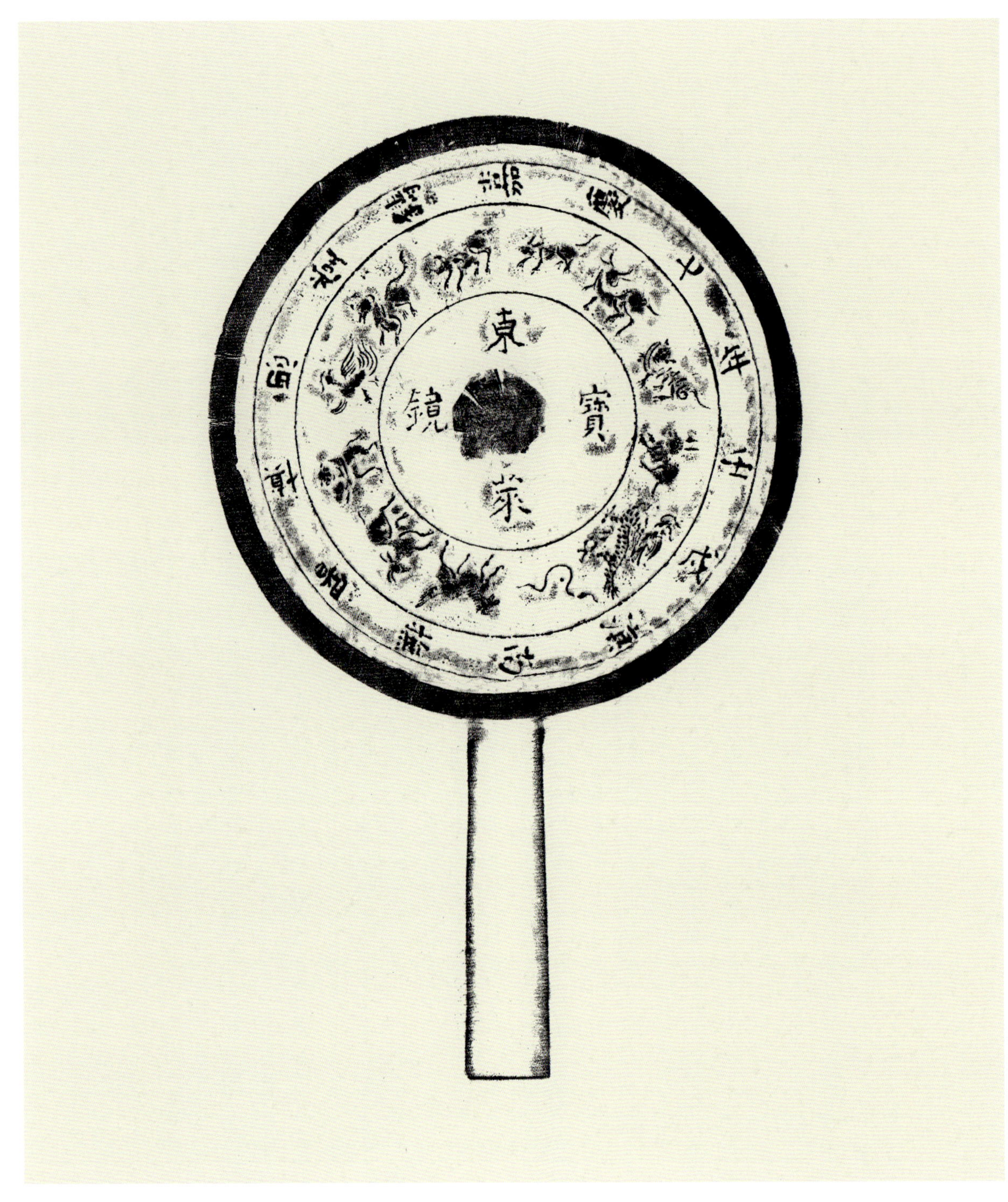

289. **嘉庆七年慎思堂铸十二生肖有柄铜镜**

编号：5.1722

时代：清嘉庆七年（1802）

尺寸：通长28厘米，直径17.2厘米，缘厚0.7厘米

圆形带柄，圆钮，无钮座。镜背素地，三周凸弦纹将镜背纹饰分为三区，内区对称铸“东莱宝镜”四字，中区饰十二生肖图案，外区饰一周铭文带：“嘉庆七年壬戌滇南抚署慎思堂铸。”宽平素缘。嘉庆为清仁宗爱新觉罗·颙琰所用年号。

清代已处于铜镜历史衰退期的后段，不仅产量急剧下降，且大多制作粗疏。清代铜镜铸造虽仍有官铸和私铸两种方式，但官铸所占比例很小，主要为民间私营。此镜为清仁宗时滇南慎思堂所铸，布局规整，纹饰生动，疏密有度，是民间铸镜中的精品。（柏进波）

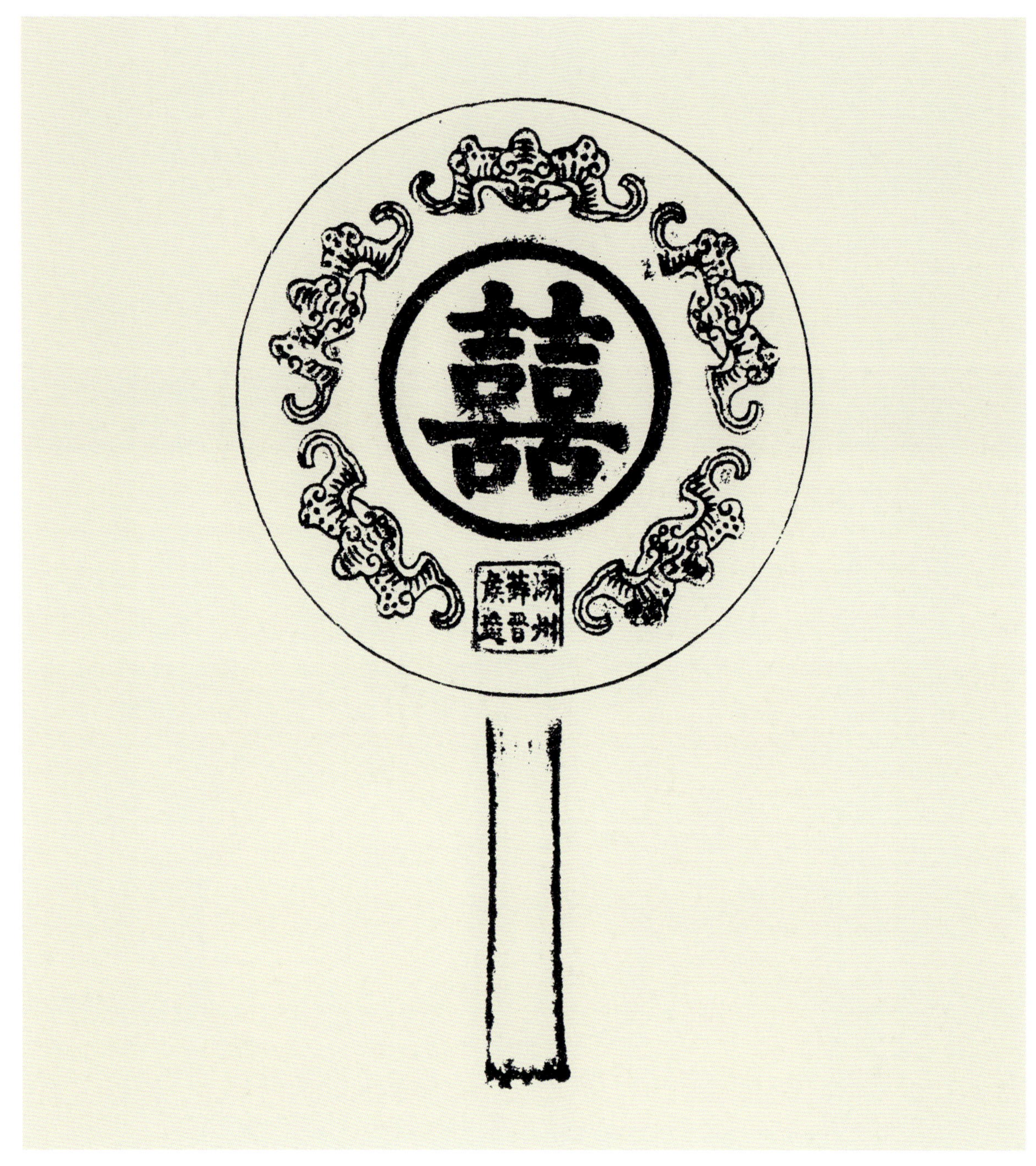

290. 湖州薛晋侯造双喜五蝠有柄铜镜

编号：C5.1028

时代：清

尺寸：通长25.3厘米，直径15.1厘米，缘厚0.4厘米

圆形带柄，无钮。镜背素地，纹饰由一道宽凸弦纹分为两区，内区饰囍字，外区饰五只展翅飞翔的蝙蝠，头均朝向囍字环列一周，囍字正下方两蝠间铸“湖州薛晋侯造”六字，外围方形边框。窄卷缘。蝠与福谐音，取福意。蝠纹在表现形式上以五蝠居多，因五蝠谐音五福。据《尚书·洪范》：“五福：一曰寿，二曰富，三曰康宁，四曰攸好德，五曰考终命。”而清代五福通常指福、禄、寿、喜、财。

清代标有字号的铜镜较少，其中“薛晋公

造”“薛惠公造”款识的铜镜较为流行。光绪《乌程县志》卷二十九载：“薛，名晋侯，字惠公。同时称薛惠公老店，在府治南宣化坊。近年玻璃镜盛行，薛镜永不复铸矣。”薛惠公是湖州产镜世家薛氏的后人，雍正、乾隆时人，铸镜素有佳名，传世清镜中很多质量较高的作品上都有“薛晋侯”“薛惠公”的款号，即为薛家作坊所制。据清人笔记所载，薛晋侯造铜镜与曹素功制墨、吴大展刻字、顾青娘与王幼君制砚、张玉贤火笔竹器齐名。又据阮葵生《茶余客话》载：“陆子冈治玉，鲍天成治犀，朱碧山治银，濮谦治竹。……及近时薛晋臣治镜……皆名闻朝野。”当时薛晋侯铸镜的名气可见一斑。（柏进波）

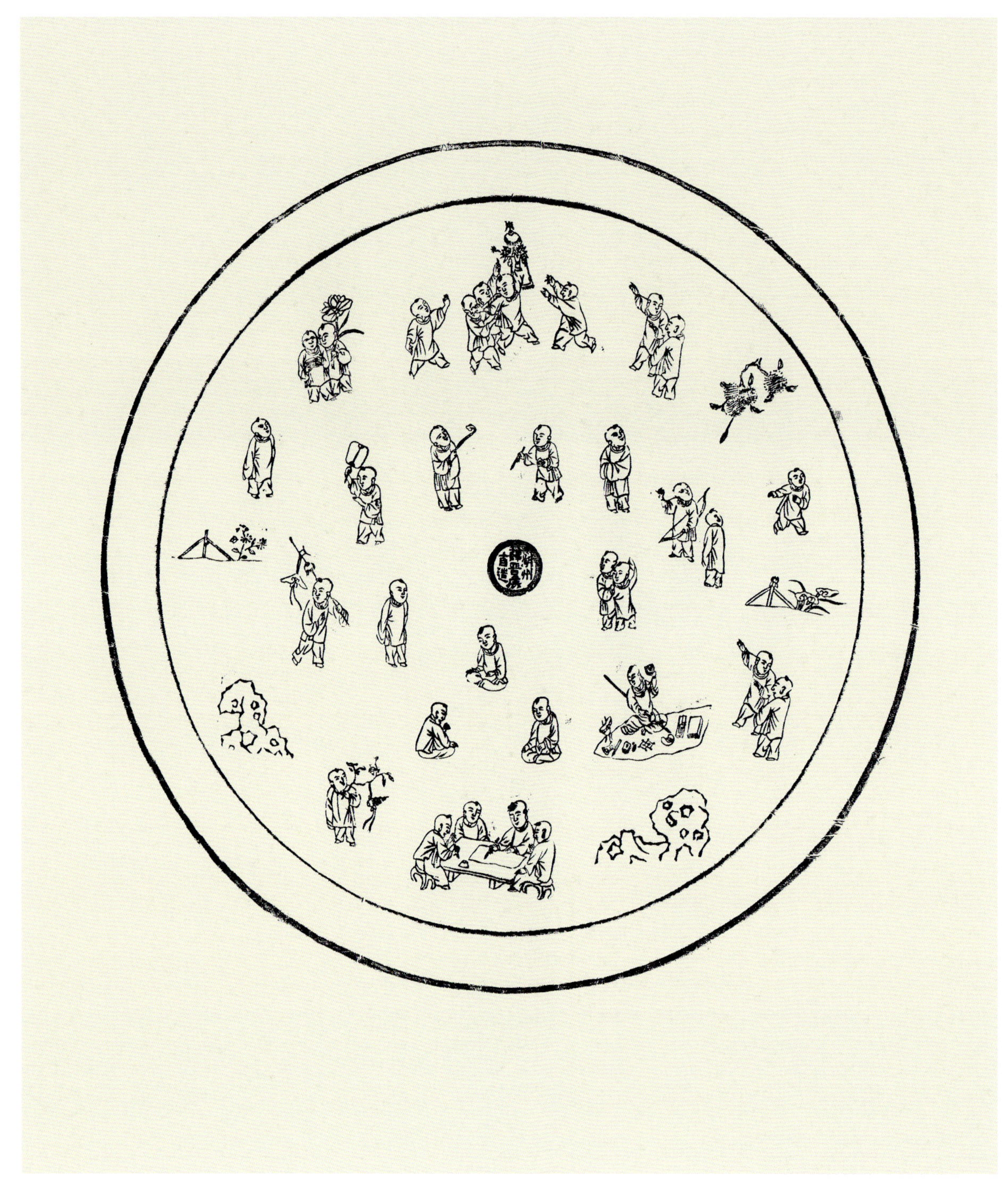

291. **湖州薛晋侯造婴戏图铜镜**

编号：C5.947

时代：清

尺寸：直径36.5厘米，缘厚1.2厘米

圆形，圆平钮，钮上铸“湖州薛晋侯自造”七字。镜背素地，饰婴戏图，以线雕技法刻画三十二个姿态各异的童子，题材多取自民俗风情，有五子夺魁、三重三元、榴开百子、围桌

识字、敬奉如意等，间饰花草、山石、灵芝等纹饰。窄卷缘。婴戏图又称百子图，是中国古代传统艺术题材之一，通过描绘童子嬉戏玩耍的场景，祈福纳祥，表达对子孙满堂、幸福吉祥的美好向往。清代婴戏图的题材较为盛行，还常以珐琅彩、粉彩装饰于瓷器上，竹木牙雕器中也不乏婴戏主题。此镜体大厚重，纹饰清新细腻，炼铜精致，是清代铜镜中的精品之作。（柏进波）

292. **彩漆双喜有柄铜镜**

编号：C5.1035

时代：清

尺寸：通长25.2厘米，直径13.7厘米，缘厚0.3厘米

圆形带木柄，之间以蝠形牙角相接，无钮。镜背髹黑漆，纹饰皆描金而成，正中饰一囍字，上下左右各饰一大朵牡丹，雍容华贵，富丽堂皇，外围一周卷草纹饰带。窄卷缘。此镜髹漆保存较好，纹饰精美，色调典雅，工艺精湛。"囍"字的由来民间相传与北宋文豪王安石有关，因其大婚之日金榜题名，双喜临门，挥毫写下"囍"，自此坊间开始流行，多用于婚嫁相关的场合。（柏进波）

293. 髹漆描金天仙送子有柄铜镜

编号：C5.1034

时代：清

尺寸：通长28厘米，直径17.2厘米，缘厚0.4厘米

圆形带柄，无钮。镜背髹红漆，纹饰皆描金而成，饰一仙人跨坐麒麟，头戴花冠，手举花草，一童子紧随其后，高举一幡，上书“天仙送子”，周围饰草木、秀竹，近缘处饰一周锯齿纹。镜柄正上方饰一长方框，内书“姑苏西义丰造”六字。西义丰是清朝苏州有名的制铜名店。窄卷缘。此镜虽部分髹漆脱落，但仍可看出其彩绘精细，色调浓烈，工艺精巧。

“天仙送子”典出《魏书·帝纪第一·序纪》：“初，圣武帝尝率数万骑田于山泽，欻见辎軿自天而下。既至，见美妇人，侍卫甚盛。帝异而问之，对曰：‘我天女也，受命相偶。’遂同寝宿。旦，请还，曰：‘明年周时，复会此处。’言终而别，去如风雨。及期，帝至先所田处，果复相见。天女以所生男授帝曰：‘此君之子也，善养视之。子孙相承，当世为帝王。’语讫而去。子即始祖也。”后世遂将“天仙送子”作为婚嫁颂祝之词。（柏进波）

铜镜名称及纹饰寓意研究集成

孔祥星

中国国家博物馆收藏中国古代铜镜2000余面，除了数量众多的传世品外，还有不少我国各地出土的考古发掘品，这是该馆铜镜收藏最重要的特点。杨桂荣曾编辑了《馆藏铜镜选辑》第一至十辑，分别刊载于1992年至1997年《中国历史博物馆馆刊》上，总共辑录了铜镜542面。在当时，可以说是较全面系统地展示中国古代铜镜的著作。但由于这些铜镜资料在刊物上发表的周期较长，显得分散，目前能将10辑收集起来实在不易。此次编辑《中国国家博物馆馆藏文物研究丛书·铜镜卷》，集中收录了国博馆藏铜镜293面。

《中国国家博物馆馆藏文物研究丛书·铜镜卷》仍旧采用铜镜著作最流行的出版方式，即一镜图、一说明。我注意到有些执笔者在撰写铜镜说明时，特别关注了两点：一是扩大了视野，列出相同或类似的出土和传世铜镜资料；二是努力去探究铜镜纹饰背后的文化内涵，列出不同的观点和看法。受此启发，我想将一些铜镜名称及纹饰文化内涵的争议集成于此，以求提供更多的思考线索，进一步深入研究铜镜丰富的文化内涵，也能使铜镜的定名更科学，概念更准确。

一、战国和西汉早期铜镜名称及纹饰寓意

（一）山字纹镜的名称及含义

1. 山字说

梁廷枏《藤花亭镜谱》：“刻四山形以象四岳，此代形以字。”

驹井和爱同意梁廷枏的看法，并认为是铜镜上常见的一种雷纹的变形。秦汉以后与今天的山字几乎没有变化，用大的图形表示山字，含有不动、安静、养物等观念[1]。

李学勤《上海博物馆藏的两面铜镜》一文中，引用了《上海博物馆藏青铜镜》17四山四鹿纹镜、瑞典高本汉《中国古镜》C56四山三鹿一犬镜、瑞典远东古物博物馆收藏的三山一犬二鹿镜、梅原末治《汉以前古镜的研究》11方形一犬一鹿二豹镜，认为镜中所饰动物都表示狩猎。“狩猎图象同山字纹结合，对理解山字纹涵义很有启发。”“上述几面山字纹镜，纹饰为山间捕猎，证明当时人们是把镜上的山字形理解为山的。西周以来，‘山’字的写法已与后世隶楷大致相仿，战国时楚的‘山’字也是如此。所以不管山字纹的来源怎样，战国时人把它看作山，在其间描绘狩猎，我们称之为山字纹镜是没有错的。”[2]

《长沙楚墓》：“楚镜中的山字纹已比较清晰地表明，山字纹原本就是山字，不是以形代字，而是以字代形，其笔划形态接近山字。”“山字纹当为楚人创新。”[3]

2. 器物等纹饰演变说

梁上椿："似亦为兽纹之一部所变幻。"[4]

驹井和爱：铜镜上常见雷纹的一个变形纹饰演变而成[5]。

孔祥星、刘一曼："可能与殷周铜器上的钩连雷纹有关。"[6]

陈佩芬："这种新的纹饰，源自青铜器上的钩连雷纹。""所谓山字纹镜则是截取钩连雷纹的基本构图，作不交连的放射状。故山字纹虽然是出于青铜礼器的纹饰，但却是改变了结构的一种创造移植。"[7]

程如峰："与'楚代中山'所获山字器形有关。"[8]

周世荣："山字纹来源于远古各种编织物，包括竹编、树枝编、丝织物等。"[9]

张正明："竹器上的山字纹是源，铜器上的山字纹是流。"[10]

梅原末治在《汉以前古镜的研究》一书中，称为"变样羽状兽纹地丁字镜"，并强调："关于这种图纹的寓意，目前还没有适当的解释。"[11]

3.宇宙模式的反映

张正明认为山字纹镜的圆和钮座的方，使人想到天圆地方："天与地之间有山，山与山之间有花叶。"[12]

皮道坚："山字镜奇特的装饰图式，乃是楚人'运转无已，天地密移'的宇宙观的艺术方式表现。"[13]

《长沙楚墓》："山字图纹既是写实的，又是寓意的，其具体含义已不可知，但其构图的形态与风格明晰地表达出一种神秘、庄严和旋转不息的气势。"[14]

上列程如峰、周世荣、张正明、皮道坚等文章，《长沙楚墓》均以采用。

（二）菱形纹镜的名称及含义

1. 方连纹、菱形纹说

周世荣：方连纹镜又称菱花镜，这种方连纹常见于楚丝织品，似应来源于织物图形[15]。

邓秋玲："菱形纹铜镜（又名方连纹铜镜）……可能起源于几何纹中的三角形纹。春秋晚期前段，楚地曾流行一种亚腰形纹（或名棱形纹）……等腰三角形的底边相对，即成菱形。如将两个亚腰形相连，其空白处也可形成菱形。"[16]

2."杯文（纹）"说

傅举有："其实，正确的称呼，应该叫杯纹镜，因为花纹所显示的，正是战国流行的酒杯的形象。这种酒杯的两侧有耳，又叫耳杯，只是铜镜上的花纹，把耳杯图案化了。"并引用汉刘熙《释名·释采帛》"绮……有杯文，似形杯也"，《太平御览》辑《东宫旧事》有"绛杯文绣罗一幅""七彩杯文绮被一，绛石杯文绮被一，七彩杯文绛袴，长命杯文绮袴"等，说明文献中有"杯文（纹）"的名称[17]。

3.对菱纹镜类型划分名称的差异

梁上椿将之分为折叠式、连贯式[18]。

孔祥星、刘一曼《中国古代铜镜》采用梁上椿的类型划分法。

邓秋玲将之分为行状式、叠状式（即梁上椿折叠式）、框状式（即梁上椿连贯式）、格状式[19]。

傅举有将之分为芙蓉杯文、凤鸟杯文、水波纹杯文、龙纹杯文四大类，每类中再分小类[20]。

（三）蟠螭镜的名称及其含义

1. 蟠螭镜名称

日本学者基本上都称为蟠螭镜。在汉以前的铜镜中，最先受到日本学者重视的正是这类铜镜。在他们的著作中，一直采用蟠螭镜名称。

1921年，富冈谦藏在《蟠螭镜考》中提到，从这类铜镜的纹饰（主纹和地纹）与汉以前的青铜器有共同点，铭文是汉代盛行的小篆体等方面，认为这是西汉镜中最早阶段的镜子，并改变了过去以铜镜铭文命名的方式，采用以纹饰来命名这类铜镜为蟠螭镜[21]。

梅原末治称之为蟠螭镜。他将这类铜镜的年代上溯到汉以前，指出了主纹是显著涡纹化旋转的虺龙，且显示了唐草化的倾向，有铭带、多圈带、TLV规矩纹的则近于汉镜的特征[22]。

樋口隆康：所谓蟠螭纹是龙的体躯和四肢

呈细长的带状，呈明显的涡化，有时还附加菱云纹和鸟纹[23]。

冈村秀典《蟠螭镜的文化史》："蟠螭纹镜的称谓，自富冈谦藏以来已被广泛应用，再由此改变成其他名称很难，所以就这样被沿用下来。"[24]另外，他在《前汉镜的编年与样式》中指出：所谓蟠螭镜是以龙为主题纹饰的一类铜镜，包含有蟠螭纹镜、涡状虺纹镜、螭龙纹镜[25]。

中国学者多称为蟠螭镜。

梁上椿认为主纹以蟠曲之爬虫禽兽组成，其中因以爬虫类之蟠螭为主体者较多，故可习用蟠螭纹镜之旧名。他还指出，事实上所谓蟠螭纹镜并非都为蟠螭之图案，大概可区分为蟠禽、蟠兽两种[26]。

李学勤在《中国青铜器的起源与发展》中指出："青铜器的明显变化，起于春秋中期，我们觉得蟠螭纹的产生，可以作为当时新潮流的一种标志。所谓蟠螭纹，指以两条或更多的小螭龙相对纠结，作为花纹单位重复出现的一类纹饰，它自此时出现后，在青铜器上流行了几百年之久，蟠螭纹是由神话动物构成的。"[27]1996年，他又写了《大乐贵富蟠螭规矩纹镜》一文[28]。

程林泉、韩国河："汉代的蟠螭纹镜，有的称为龙纹镜，有的称为虺纹镜，由于它们之间区别较难，仍然遵循传统的命名，其中包括蟠虺镜。"[29]

其他称为蟠螭镜的著作较多，不再一一列出。

2. 龙纹镜名称

新中国成立以后，伴随中国古代青铜镜纹饰研究的进展，国内出版的一些铜镜著作中对蟠螭纹名称提出了异议，称为龙纹。

周世荣称之为龙纹镜[30]。但是他在《中华历代铜镜鉴定》"春秋战国铜镜"中又分别列出龙纹镜、蟠螭纹镜两个类型[31]。

陈佩芬于1987年在其著作中将这类铜镜称为龙纹镜，但在说明中又提到："春秋、战国之际盛行卷龙纹和交龙纹，即龙的躯体作卷曲状或是两龙相交状，这种纹饰比较粗壮的称蟠螭纹，较小而作繁密式排列的称蟠虺纹。在战国青铜镜上，一般都是蟠螭纹，也就是形体比较大的龙。"[32]

马承源等认为："在青铜器上，交体龙纹的体躯比较粗壮的，旧称蟠螭纹。经过变形缩小的交体龙纹，旧称蟠蛇纹，盛行于春秋战国之际。其实据《说文》'螭若龙而黄，北方谓之地蝼'。青铜器上如何能看到螭的黄色，故似应称龙为宜，春秋战国之际多数小器上的纹饰都缩小而微型化，缩小的龙纹也不必称之为虺。"[33]

高至喜在《论楚镜》中专门列出"螭纹和龙纹"标题，指出："战国晚期，楚地流行一种云雷纹地龙纹镜，一些学者称为蟠螭纹镜。螭与龙都是古代传说中的一种动物。《说文·虫部》释螭为'若龙而黄'，'或云无角曰螭'，也有的释'龙子也'，'螭龙也'，可见螭、龙很难区别，叫龙纹、螭纹均可。不过，我们认为称为龙纹为宜。""镜中的所谓蟠螭纹，除变形者外，多数是有角的龙，因此笔者认为以龙为主要纹饰的铜镜应称龙纹镜。"[34]

朱凤瀚《古代中国青铜器》一书将蟠螭纹归在龙纹中的"交龙纹"类B型第Ⅲ式："两条（或两条以上）的小龙相互交绕，组成一个纹饰单元，再重复出现构成带状或密布于器表。小龙均张口，上唇较明显的上卷，或垂舌。此纹饰通常亦被称做'蟠螭纹'，流行于春秋中晚期至战国早期。""综合以上螭为龙之说，则可以为螭为无角小龙之称。"在该书"曲龙纹"类中也还提到此种纹饰在以往著作中通常亦被称作蟠螭纹等[35]。

邓秋玲《论湖南出土的龙纹铜镜》一文是专门对战国至西汉早、中期的龙纹铜镜进行分型分式及年代研究的文章，其中主要的镜类都是过去学者定名的蟠螭镜[36]。

《长沙楚墓》中亦称为龙纹镜（邓秋玲为此书铜镜的执笔者之一）。

3. 蟠螭纹比龙纹特点更为鲜明

我认为所谓的蟠螭纹与同时期被称为龙纹

的纹饰最主要的不同点是图纹的表现形式，蟠螭镜主要是指龙纹形体结构不明确，有的头部可辨识，有的头部无法辨识，但身躯均呈涡状纠结形或菱形。龙纹镜的龙则多为单体排列，头部、身躯、四肢、尾部结构明确清晰。考虑到“蟠螭镜”名在过去很长时间内使用的情况以及所表示的含义，尤其是蟠螭纹本身就是龙纹的一种表现形式。因此仍可约定俗成的称为“蟠螭纹镜”，其含义明确，特点突出。

二、汉三国魏晋铜镜的名称及纹饰寓意

（一）规矩镜的名称及含义

张金仪《汉镜所反映的神话传说与神仙思想》第二章第三节特别用“规矩式镜的争议”为标题，列出了中外学者的不同看法，特别强调“规矩纹样的来源，向来聚讼纷纭，东西方学者各执一辞”[37]。樋口隆康《古镜》第五章“后汉式镜·方格规矩镜”也综合介绍了各种观点。李学勤《规矩镜、日晷、博局》中说：“TLV花纹有什么意义，长期以来是困扰着考古学和美术史学者的一大问题。迄今为止，中外论著提出的见解已有十来种，始终莫衷一是。”[38]可见这类铜镜的名称及含义的确值得深入研究。以下我们根据三位学者的论述，简要地排列中外学者的一些看法，如果要了解更多内容和文章出处，可参看上述著作，此文省略。

1.“TLV镜”说

1937年，美国卡普兰（S. M. Kaplan）《论TLV镜的起源》中首先命名TLV纹。

1945年，杨联陞《所谓TLV镜与六博小记》也提到TLV纹。

2. 日晷说、式占盘说

1939年，英国叶慈（W. Perceval. Yetts）《柯尔中国铜器集》中认为镜上图形类似数术用盘，据汉代石日晷，建议称之为“日晷镜”。L表示夏至、秋分、冬至、春分，V表示四季开始，T表示空间。

原田淑人：认为是占星盘纹。

3. 其他纹样演变说

梁上椿：“最特殊之点为由山字镜之山字、细地纹镜之细纹及蟠螭镜之蟠螭纹等转化而成之规矩（TLV）纹。”

4. 规矩说、八极纹、宇宙模式说

梁上椿指出首先将这种纹饰称为规矩纹的是日本梅原末治“方格规矩镜”这一名称。

伽马：铜镜钮外方框——地，T——四方之间，V——四海，L——沼泽地栅栏门，钮——中国，八乳——支撑天的柱子。

驹井和爱：T和L象征地和天的四方，V象征天的四维，TLV即规矩隅角纹。

林巳奈夫：方框象征大地，T象征东西南北四方之极，L是绳，V是连接丑寅、辰巳、未申、戌亥的方角。

孙机认为“规矩含义却难以用六博作解释”，与栻盘有关。“在四维、四仲的位置上以TLV形符号组成的是一个象征天地的图案。占天、测天的栻盘和日晷固然要加上这种标志，博局和规矩镜也借用它以使自身带有‘法象天地’的意义。”[39]

李学勤提出“八极纹”的名称。《文选》卷二十九左太冲《杂诗》注引《尸子》云：“八极为局。”局即博局。《荀子》“明参日月，大满八极”，可知八极为天地的边际。《淮南子·地形》“天地之间，九州八极”，注云：“八极，八方之极也。”综合看，“八极实指撑天宇的八座山，是天地间的维系”。《鹖冠子·天则》“举以八极”，陆佃注：“八极，八方之极，四中四角是也。”所以TLV纹分布在四面八方，正是八极的象征。TLV纹如果要找一个有典据的词代替，似乎最好叫做八极纹[40]。

董鸿闻等《规矩镜和汉代的测量技术》一文中，认为V即规，L即矩[41]。其引《尸子》卷下：“古者倕为规矩准绳，天下人加以效焉。”《史记·夏本纪》：“左准绳，右规矩，载四时，以开九州，通九道，陂九泽，度九山。”既然TLV同

时出现，T必是测量工具——准的图案。《吕氏春秋·似顺论》：“为圆必以规，为方必以矩，为平直必以准绳。”

5. 博局说

（1）研究文章

1939年，英国叶慈注意到TLV纹和博局的关系，日本中山平次郎、法国沙畹研究博戏，但上述学者还没有主张TLV性质就是博局。

1945年，杨联陞《所谓TLV镜与六博小记》认为TLV说上的花纹同于博局，博局说至此已告形成。

1979年，熊传新《谈马王堆三号西汉墓出土的陆博》：“也可以称为博局纹铜镜。”[42]

1986年，傅举有《论秦汉时期的博具、博戏兼及博局纹镜》，直接称为博局纹镜[43]。

1987年，《上海博物馆藏青铜镜》称为“六博纹镜”，认为镜上的六博纹只是一种移植。

1993年，孔祥星、刘一曼等《中国铜镜图典》使用博局镜名。

2002年，李零《跋中山王墓出土的六博棋局》文之补记云：“既然这种镜子的图案与博局一致，又有铭文自身的证明，‘博局纹镜’当然是最好的叫法，‘规矩纹镜’和‘TLV’只能算是习惯的俗称。”[44]

（2）铜镜铭文中有“博局”名称的资料

周铮《“规矩镜”应改称“博局镜”》文中，刊载了有“刻具博局去不羊”等49字铭文的铜镜拓片[45]。

日本《东京国立博物馆美术志》刊载有“刻娄博局去不羊”等56字的铜镜拓本。

江苏东海尹湾汉墓出土有“刻治六博中棐方，应随四时合五行”等86字铭的铜镜[46]。

民间收藏的铜镜中也有一些具有“博局”内容的铭文。

（二）草叶纹镜的名称及其含义

1. 名称

（1）草叶纹名称

中外许多学者多使用草叶纹名称，似成定论，但概念亦有分歧。

富冈谦藏分为草纹和叶纹。

后藤守一称为叶纹。

梁上椿定名为草叶镜。

樋口隆康《古镜》中有草叶纹镜类型，但他将花蕾纹、花瓣纹、麦穗状纹作为主纹的都归于草叶纹镜类。其所说的麦穗状纹即中国学者一般所指有单层、双层、三层的草叶纹纹饰。

冈村秀典《前汉镜的编年与样式》中亦有草叶纹镜类型，包含以花瓣纹、花蕾纹、草叶纹等植物纹样为主文的铜镜。他将草叶纹分为三种形态：A.草叶蕾形图案，B.成长为麦穗状的芽，C.最后成为前端有麦穗状部分的图案。其所说的A、B型我们多在四叶或三叶蟠螭镜中看到，C型即我们所称的草叶纹。

（2）火焰纹名称

陈佩芬《上海博物馆藏青铜镜》中将此类叶纹称为“火焰纹”，未释其意。

2. 寓意

（1）待探讨

李学勤《伏兽草叶纹镜》一文中说：“草叶纹到底是表现什么，尚有待入探讨。”[47]

（2）神山象征

冈村秀典对上述草叶镜的三种形态进行了分析：

A.蟠螭镜中草叶纹左右对称地配置有龙的图案，这种纹样在长沙马王堆一号墓中的朱地彩绘木棺左侧板上也可以看到，中央为火焰状赤色的山，其两侧有龙，左龙头后有虎，尾部有鹿；右龙头后有鸟，尾部有仙人像。长沙砂子塘1号墓外棺侧板中央柱子形丛立的山峰，两侧有龙，下部有豹。对于这些图像，日本学者曾布川宽认为，中央的山岳为昆仑山，龙渡弱水，表现昆仑山升仙主题。

B.蟠螭纹初期的草叶纹，二层形状类似马王堆木棺的山岳纹，两侧配龙即是同一主题。因此蟠螭纹的草叶纹是像昆仑山那样的神山的象征。龙是向山飞升的乘物。

C.蟠螭纹和星云镜的博山钮，汉镜的钮座表示大地的中央，内区表示天空或宇宙，因此四叶四龙蟠螭镜，钮座即大地，四草叶即四方山岳，四龙飞向天空。

D.钮座外的二龙，起着支撑大地中央山峰的作用。山与龙是公元前2世纪文物上的主要题材。

（3）麦穗象征

王纲怀曾说："草叶纹其实就是麦穗纹，这也与西汉文景之治重视农业、发展生产的史实相吻合。"[48]

（4）社稷观念

梁鉴、邓秋玲等注意到草叶纹与其他纹饰的组合，认为纹饰布局与古人"天圆地方"观念相符。梁鉴还认为既然与天、地和五谷相关，或许可以作进一步推测，这种纹饰布局所要表现的更深层的涵义中，体现着古人"社""稷"的观念[49]。

（5）长生观念

邓秋玲分析草叶与古人企求延年益寿、长生不老的观念有关[50]。

（6）汉代审美情趣

《长安汉镜》的作者作了宏观的推论，认为草叶纹饰显然与汉代时尚的审美情趣及社会文化背景密切相关。用大自然的花叶和草叶来装饰新的铜镜艺术，去真正领悟来自生活、生产的现实乐趣[51]。

在上述多种看法中，我们认为仅仅从草叶的形状像麦穗，进而与重视农业有关的话，那么与草叶组合成主题纹饰的花叶、螭龙、TLV规矩又如何解释呢？因此这种看法是缺乏深度和证据的。为了研究草叶纹镜的寓意，首先需要从战国镜向西汉镜的变化，从西汉早期整个铜镜发展的过程着手，全面系统地研究草叶纹镜，特别要以考古类型学的方法，分析草叶纹镜的类型以及它与其他镜类的关系，然后结合当时的历史、文化进行全面考虑。因此本文同意李学勤"草叶纹到底是表现什么，尚有待深入探讨"的想法，不再作更多的评述了。

（三）神兽镜名称

梅原末治将神兽镜分为六个类型：环状乳神兽镜、半圆方枚神兽镜、重列神兽镜、神兽镜、画纹带神兽镜、三角缘神兽镜[52]。

樋口隆康在《古镜》一书中将其分为七类：环状乳神兽镜、重列神兽镜、三段式神仙镜、对置式神兽镜、求心式神兽镜、画文带同向式神兽镜、三角缘神兽镜。

梁上椿分为阶段式、放射式、对列式三种。并将每种的特点作了概括："阶段式神兽镜之配置方式完全为上下排列之佛龛式者，即其内区神兽只能由一定之一方读之。""放射式神兽镜，其神兽均向外配置，而作环绕形之排列，宛如以钮为中心而将神与兽向周围各方作放射线式之射出，持此镜读其神兽，无论任何方向均有正位踞立者。""对列式神兽镜，又可分为两种。一为两分对列式，即以钮座为中心而将镜背内区分为二部分，其神兽作向内（钮）相对之排列……二为四方对列式，即其排列方式与规矩四神镜或四乳禽兽带镜相同，神兽配置于四方而作向外相对之排列。"

管维良在《鄂城汉三国六朝铜镜概述》中将神兽镜分为三型七式：Ⅰ型辐射状神兽镜类，1式神兽镜、2式半圆方枚神兽镜、3式画纹带神兽镜；Ⅱ型重列神兽镜类，1式重列神兽镜、2式直铭重列神兽镜、3式半圆方枚重列神兽镜、4式分段式重列神兽镜；Ⅲ型半圆枚连弧纹镜。

《鄂城六朝墓》将神兽镜分为三型七式：Ⅰ型（该书第Ⅷ型）画像纹缘神兽镜；Ⅱ型（该书第Ⅸ型）重列神兽镜，1式直铭五段重列神兽镜、2式五段重列神兽镜、3式六段重列神兽镜、4式三段重列半圆方枚神兽镜、5式三段重列神兽镜；Ⅲ型（该书第X型）环列神兽镜，1式半圆方枚神兽镜、2式神兽镜[53]。

不难看出，学者之间划分型式的标准存在很大的差异，即使是同一学者所确定的型式着眼点也不同。有的以主题纹饰神兽的配置方式定名，如重列式、阶段式、放射式、辐射式、环列式、对列式、对置式、求心式、同向式等；有的以乳钉形式定名，如环状乳；有的以边缘纹饰定名，如画纹带；有的以边缘形制，如三角缘；有的以某些构成要素定名，如半圆方枚；还有的以两种要素合成定名，如画纹带同向式、三段重列半圆方枚式。可以说在中国古代铜镜的定名和类型划分中，以神兽镜名称为最多，概念为最复杂，型式划分为最混乱。

其实，一些名称很难反映神兽镜中某型或某式铜镜的特点，如过去最为流行的“半圆方枚神兽镜”“画纹带神兽镜”等名称并不准确，因为“半圆方枚”“画纹带”等，即使是“环状乳”这一种很有特点的乳钉，在几种不同型式神兽镜中也都能见到，不能将它们作为划分型式的名称标准。

我们认为神兽镜根据主题纹饰的布局方式命名，分为重列神兽镜、环绕式神兽镜、对置式神兽镜、同向式神兽镜、三区段式神兽镜。这些不同型式的神兽镜，如果从观察图纹的排列方式看，实际上只有重列式（只能从一个方向，自上而下观察图纹）和环列式（以钮为中心，从不同方向观察图纹）。前者包括重列式、同向式，后者包括对置式、环绕式。三区段式神兽镜比较特殊，各段中图纹的排列方向并不固定。

三、隋唐铜镜名称及纹饰寓意

（一）瑞兽葡萄镜

1. 名称

（1）海马葡萄镜名称

宋《宣和博古图》卷二十九鉴二“龙凤门”收录了6面“汉海马蒲萄鉴”。尽管后来的资料及研究成果证明这些铜镜应是唐代铜镜，但这是此类铜镜的最早定名。清《金石索》也沿用了《宣和博古图》所定的名称及时代，收录了6面“汉海马蒲桃竟”。

（2）海兽葡萄镜名称

宋《宣和博古图》卷三十鉴三“龙凤门”收录了1面“唐海兽蒲萄鉴”。此镜虽然是唐代铜镜，但并不是海兽葡萄镜，而是唐菱花形双鸾双兽镜。尽管如此，这是在著录中最早出现的“海兽葡萄镜”这个名称。

清《西清古鉴》卷四十鉴二，虽然没有采用《宣和博古图》“海马葡萄鉴”一名，仍按照其所定时代，收录了28面被称为“汉海兽葡萄鉴”的唐镜。此后尽管对此类镜出现了多种不同的称呼，但直到现在，最为人们熟悉和使用的还是“海兽葡萄镜”名称。因为使用最为普遍，人数较多，这里就不一一列举采用此名称的中外学者和著作名称了。

（3）鸾兽葡萄镜、禽兽葡萄镜、鸟兽葡萄镜、狻猊葡萄镜、走兽葡萄镜、对兽葡萄镜等名称

《西清古鉴》卷四十使用了汉“鸾兽葡萄镜”的名称，这应是内圈纹饰中有鸾鸟的纹饰，但文字说明仍然称兽纹为“海兽”。

滨田耕作[54]、梁上椿等相继将此类镜改称“禽兽葡萄镜”，这个名称使用得相对较多一些。秋山进午则提出“走兽葡萄镜”名称[55]，但此名称和鸟（鸾）兽葡萄镜、狻猊葡萄镜等名称一样，很少被学者采用。

（4）瑞兽葡萄镜

1979年孔祥星提出“瑞兽葡萄镜”名称，目前已有一些学者采用此名称。

2. 寓意

上文已提到此类镜有海马、海兽、禽兽、鸾兽、天马、狻猊、瑞兽、对兽、走兽葡萄镜等名称。分析一下这些名称，明显可以看出有的是特定的称呼，如海马、海兽、天马、狻猊；有的是泛称，如禽兽、鸾兽（有禽有鸟）、瑞兽（祥瑞之兽，不确指某兽）、对兽、走兽（兽的形态）。

（1）海马、海兽概念

《宣和博古图》中同时出现海马和海兽名称，但并没有对名称的概念和两者的区别予以说明。难怪梁上椿说：“吾人于此类抱有一不可解之谜焉，即禽兽葡萄之纹既为已完成之写实作风，则可以对于葡萄纹中而配入禽兽之源由，先

进学者未与吾人以明了的指示。”

早期著作既没有明确所指，后来的学者则纷纷推测和探讨。《金石索》说“海马蒲桃竟，《博古图》不释其意。或取天马来自西域，及张骞使西域得蒲桃归之异欤？”

据梁上椿介绍，研究此类镜图纹起源来由最早而详尽者当推德人希如陶，他于1890年出版的《中国研究》中已经考证，1896年文章中有更为精细的研讨，他认为“海马”及“葡萄”两名词均系外来语。“海马”是古代伊朗与祭祀有关的神圣植物Haoma（音读号马），东传后讹变为“海马”，其实原来并没有任何动物之含义。

樋口隆康并不同意此种看法，他在《海兽葡萄镜论》一文中[56]，分析了《宣和博古图》列出的11面具有“海马”和“海兽”名称的镜纹饰。认为6面“汉海马葡萄鉴”中，2面兽纹是天马和狮子（狻猊），其他4面都是狻猊纹。4面具“海兽”名称的，分别为神兽纹、凤凰和狻猊纹、瑞兽纹、狻猊花枝纹。由此推测，《宣和博古图》应是称呼天马为海马，狮子形的狻猊为海兽。

樋口隆康还认为天马之所以被称为海马与中国广为流传的龙马传说有关。明代王圻、王思义编纂的《三才图会》中有“海马”图的说明，引用《隋书·西域传》：“青海周回千余里，中有小山，其俗至冬辄放牝马于其上，言得龙种。吐谷浑尝得波斯草马，放入海，用生骢驹，能日行千里，故时称青海骢焉。”也就是说“海马”的“海”是“青海”的“海”，“青海的马”成了“海马”。由于名马产地多与西域有关，“青海马”是其代表，于是《宣和博古图》的作者将从西域来的名马称为“海马”。而《西清古鉴》的作者则认为铜镜中的兽纹，狻猊比马要多，故称为“海兽”。

樋口隆康从铜镜中兽的形态去分析“海马”和“海兽”的来由是值得肯定的。但是，他既然认为《宣和博古图》是将天马称为“海马”，狻猊称为“海兽”，那为什么该书将只有狻猊没有海马的4面铜镜也称为“汉海马葡萄鉴”而不称为“海兽葡萄鉴”呢？可见仅以兽的形态来推测《宣和博古图》关于“海马”的概念还是有疑问的。

（2）禽兽概念

由于此类镜葡萄纹非常明确，其上的兽纹也就成为学者关注的重点。诸多学者也是较客观地从铜镜上的兽形入手，加以研究。尽管有不同的名称，如鸟兽葡萄镜、鸾兽葡萄镜，应该说类似禽兽这样的泛称是最没有争议的。

多兽概念：梁上椿认为此镜群图纹中之兽，不类于海兽，而有近似长鬣之狮或剽悍之豹，以及似鼠、似羊、似猫、似狼诸兽形，而且还配有诸禽类，似以“禽兽葡萄镜”之名较为正确。可见他是强调了多种兽类的概念。但我们从他在各种动物名称前加一个“似”字，可知铜镜上出现的兽纹并非确指哪一种动物。

狻猊概念：小淦和博《海兽葡萄镜》书中将隋初唐的海兽葡萄镜称为狻猊葡萄镜，其后各期都称为海兽葡萄镜。所谓海兽是以狻猊为基础形成的。他还认为此类镜脱离了中国镜所具有的思想性、咒术意味的内容，虽然还残留着一些神秘的、灵异的因素，但主要是艺术性的图纹，意匠的主流是西方起源的狮子和葡萄。陈佩芬亦认为由于此类镜主要纹饰是狻猊和葡萄，故可正其名为“狻猊葡萄镜”，她还认为狮子纹饰在汉镜中未见，它是随着佛教的传入而兴起的，到唐代成为镜上的常饰[57]。

狻猊即狮子，《穆天子传》：“狻猊日走五百里。”郭璞注：“狮子也，食虎豹。”《汉书·西域传》注云：“狮子似虎，正黄有髯耏，尾端茸毛大如斗。”秋山进午在其对兽葡萄镜的编年中，强调了1a式与1c式兽形的不同，前者的兽可以看到有一角或二角的，即中国传统想象上的天禄辟邪，后者的兽是极其生动写实的。这种写实的兽很难从传统的兽中引申出来。因此他根据唐太宗贞观九年康国献狮子的文献记载，推论1c镜表现的兽正是康国所献的狮子，并以此作为1c式产生年代的依据。以上这些看法虽有差异，均可归至狻猊概念中。

（3）瑞兽概念

孔祥星使用“瑞兽葡萄镜”名称，其理由如下：第一，唐代已有“瑞兽”“瑞马文”“瑞牛文”等名称，《西清古鉴》已经有“瑞兽镜”来命名唐代铜镜的先例，因此将此类镜中兽称为“瑞兽”有可能更接近唐人当时的称呼；第二，海兽葡萄镜中被称为“海兽”的兽与六朝末期隋初唐流行的瑞兽镜的许多兽相似，同意日本学者原田淑人提出的海兽葡萄镜是将传入中国后已经流行的葡萄纹与四兽镜、五兽镜、六兽镜等纹样结合起来的镜子的观点；第三，利用考古资料，特别是纪年墓出土的铜镜，可以看到瑞兽镜和瑞兽葡萄镜有一些相同的形制特征及发展序列和演变关系。当然也有不赞成者，台湾学者施翠峰极力反对，他认为不使用海兽葡萄镜一名，“不是完全忽略了海兽葡萄镜的存在，就是将它们视为极其不重要的一种唐镜而已”。[58]

日本有的学者在谈到此类镜重要性时，称它们为“多谜之镜”“凝结了欧亚大陆文明之镜”。从以上此类镜名称的变化中，不难发现，从宋人开始，历经800余年，尽管海兽葡萄镜的名称使用最为普遍，但学者们总在试图给它取一些更为科学的名称，应该说这是件好事。由于这类镜唐时的名称以及流传到日本时的称呼都没有保留下来，关于其名称的争论还将继续下去。本书虽然使用瑞兽葡萄镜这一名称，但海兽葡萄镜的名称已为人们所熟悉和使用，也不必放弃这一称呼，只是没有必要过多地研究“海马”“海兽”的涵义了。

（二）宝相花镜

隋唐铜镜中，名称更为纷繁的是以花朵和花枝等植物为主题纹样的铜镜，本文暂列出涵盖纹饰最不一致的宝相花名称。

《西清古鉴》卷四十鉴二收录了8面“唐宝相花鉴”，此书没有阐述“宝相花”的概念，从8面铜镜纹饰看，至少可以分为五种不同的纹饰。

梅原末治《唐镜大观》有关植物类纹饰的名称较多，有宝相华（花）、瑞花、花枝、莲花、唐草等。宝相花又分为宝相华散文、宝相华枝蔓文、宝相八华蔓文、宝相华文几种，前三种名称还能看出所指纹饰的形态和布局，带有一定的规律性。“宝相华文”包含的纹饰就比较多，很难把握和概述。

《岩窟藏镜》将此类镜统称为宝相华镜，其说明为：“采用一种或两种图案化之华瓣苞叶组成图文，其形状虽种类各殊，然均不失西方印度佛教艺术之趣味，统名之为宝相华镜。”书中所列铜镜有宝相四华、五华、六华、八华镜，宝相卍形四华镜、并蒂宝相四华镜、方格宝相全华镜、宝相集锦小华镜等。正如作者所言，其称为宝相花的纹饰形态和布局是各不相同的。

沈从文《唐宋铜镜》中将唐代有代表性的图案分为四类，第一类是宝相花图案，包括写生大串枝、簇六规矩宝相、小簇草花、放射式宝相、宝枝花等。可以看出作者关于宝相花概念的界定也十分宽泛，纹饰多种多样，即使是其中带有宝相名称的两类铜镜，纹饰也多有差异[59]。

周世荣《中华历代铜镜鉴定》图三十、三一、三三分别列出8种“唐代铜镜中的莲花”、11种“隋唐铜镜中的宝相花”和11种“隋唐铜镜中的团花”纹样。尽管作者划分如此明确，但我们从书中所列的花卉形态，依旧很难看出这三类纹样各自鲜明的特征，以至于有一些近似的图纹却划分在不同的类别中，也就是说某一种图案既可以归于第一类，也可以归在第二类甚至于第三类中[60]。

孔祥星等《中国古代铜镜》将此类镜统称为瑞花镜类，包括宝相花镜、花枝镜、亚字形花叶镜。还强调了该书中以花瓣纹为主纹的称为宝相花镜，并引用《辞海》关于宝相花的解释：“将某些自然形态的花朵（主要是荷花）进行艺术处理，变成一种装饰化的花朵纹样。”但从该书介绍的几种铜镜纹饰看，也没有指出宝相花纹饰的特征。

秋山进午则将此类镜分为团花纹系（前期隋唐式镜）、瑞花花枝系（后期隋唐式镜），后者又细分为宝相花、瑞花花瓣纹、瑞花花枝纹、瑞花蔓枝纹等。

《宣和博古图》卷三十鉴三“龙凤门·唐”收录1面“周宝花鉴”，“铁鉴门”收录二面“唐宝花鉴”，此书并没有阐述“宝花”的概念。第一面内区是缠枝花叶，外区是八株花枝环列。二面铁镜都是四朵花叶纹。史载唐代越州贡“宝花花纹罗”，我们分析宝花镜名称是否缘于此。赵丰认为宝花和宝相花虽有发展上的因袭关系，但它们分别是对花卉图案发展史上两个不同阶段的称呼[61]。

观察一下学者对宝相花铜镜纹饰的称呼，明显可以看出，各有各的取舍，看法还是十分多样的。唐代铜镜中哪些花卉是属于宝相花？宝相花具备哪些形态特征？有什么样的内涵？都难有一个统一而明确的观点。

台湾学者李孟学硕士论文《唐代团花镜研究》认为：“以‘宝相花’为名，在近代学者沿用的时候，成为一种植物花纹的泛称，与此显然是相当不精确的用法……基于‘宝相花’一词特有的宗教意涵，在使用上实应该更为斟酌。”[62]陈灿平博士论文《隋唐墓葬出土铜镜研究》中，也强调了：“‘宝相花’则最需注意，因为是特指，不宜随意使用。”[63]

以上我们介绍了战国汉唐一些铜镜名称及其寓意，其实，只要稍微将中国古代铜镜研究资料进行集成，就能发现不仅是铜镜的名称和纹饰的寓意，铜镜的年代学、类型学、铸造学研究方面，也存在许多分歧和争议。需要我们从不同视角去充分运用历史文献资料，科学使用考古出土资料，重视传世收藏资料，进行深化、细化研究。在这里，我要特别强调的是，文物考古单位一定要将出土铜镜与其出土的载体（墓葬、遗址）结合在一起，进行综合性研究，不只局限于将品相良好、纹饰精美的铜镜有选择性地发表。

铜镜研究正处在一个新的起点，期盼种种，有待开启。

---

[1] [日]驹井和爱：《中国古镜的研究》，岩波书店，1953年。

[2] 李学勤：《缀古集》，上海古籍出版社，1998年。

[3] 湖南省博物馆等：《长沙楚墓》，文物出版社，2000年。

[4] 梁上椿：《岩窟藏镜》第一集，大业印刷局，1940年。

[5] 同[1]。

[6] 孔祥星、刘一曼：《中国古代铜镜》，文物出版社，1984年。

[7] 陈佩芬：《上海博物馆藏青铜镜》，上海书画出版社，1987年。

[8] 程如峰：《从山字镜谈楚伐中山》，《江淮论坛》1981年第6期。

[9] 周世荣：《浅谈荆楚文化中的青铜镜》，《长江文化论集》第一辑，1995年。

[10] 张正明：《楚文化史》，上海人民出版社，1987年。

[11] [日]梅原末治：《汉以前古镜的研究》，内外出版印刷株式会社，1935年。

[12] 张正明：《巫、道、骚与艺术》《楚文艺论集》，湖北美术出版社，1991年。

[13] 皮道坚：《楚艺术史》，湖北教育出版社，1995年。

[14] 同[3]

[15] 周世荣：《中华历代铜镜鉴定》，紫禁城出版社，1993年。

[16] 邓秋玲：《论楚国菱形纹铜镜》，《南方文物》1996年第2期。

[17] 傅举有：《论杯纹楚镜》，《中国文物世界》144期，1997年。

[18] 同[4]。

[19] 同[16]。

[20] 同[17]。

[21] [日]富冈谦藏：《古镜的研究》，丸善株式会社，1920年。

[22] 同[11]。

[23] [日]樋口隆康：《古镜》，新潮社，1979年。

[24] [日]冈村秀典：《蟠螭镜的文化史》，《泉屋博古馆纪要》第十四卷，1998年。

[25] 《史林》67卷5号，1984年。

[26] 同[4]。

[27] 中国美术全集编委会：《中国美术全集·青铜器》，文物出版社，1985年。
[28] 同[2]。
[29] 程林泉、韩国河：《长安汉镜》，陕西人民出版社，2002年。
[30] 周世荣：《铜镜图案——湖南出土历代铜镜》，湖南美术出版社，1987年。
[31] 周世荣：《中华历代铜镜鉴定》，紫禁城出版社，1993年。
[32] 同[7]。
[33] 马承源：《中国青铜器》，上海古籍出版社，1988年。
[34] 高至喜：《论楚镜》，《文物》1991年第5期。
[35] 朱凤瀚：《古代中国青铜器》，南开大学出版社，1995年。
[36] 邓秋玲：《论湖南出土的龙纹铜镜》，台北《故宫文物月刊》，1996年。
[37] 张金仪：《汉镜所反映的神话传说与神仙思想》，台北"故宫博物院"，1981年。
[38] 李学勤：《比较考古学随笔》，广西师范大学出版社，1997年。
[39] 孙机：《汉代物质文化资料图说》（增订本），上海古籍出版社，2011年。
[40] 同[38]。
[41] 董鸿闻等：《规矩镜和汉代的测量技术》，《考古与文物》1995年第6期。
[42] 熊传新：《谈马王堆三号西汉墓出土的陆博》，《文物》1979年第4期。
[43] 傅举有：《谈秦汉时期的博具、博戏兼及博局纹镜》，《考古学报》1986年第1期。
[44] 李零：《跋中山王墓出土的六博棋局—与尹湾〈博局占〉的设计比较》，《中国历史文物》2002年第1期。
[45] 周铮：《"规矩镜"应改称"博局镜"》，《考古》1987年第12期。
[46] 连云港市博物馆：《江苏东海县尹湾汉墓群发掘简报》，《文物》1996年第8期。
[47] 同[2]。
[48] 王纲怀：《西汉草叶铭文镜》，《收藏家》2003年第4期。
[49] 梁鉴：《也谈西汉草叶纹镜》，《收藏家》2004年第4期。
[50] 邓秋玲：《论长沙西汉墓出土的草叶纹铜镜》，《收藏家》2007年第12期。
[51] 程林泉、韩国河：《长安汉镜》，陕西人民出版社，2002年。
[52] [日]梅原末治：《汉三国六朝纪年镜图说》，桑名文星堂，1942年。
[53] 南京大学历史系考古专业等：《鄂城六朝墓》，科学出版社，2007年。
[54] [日]滨田耕作：《关于禽兽葡萄纹镜》，《考古学研究》，1939年。
[55] [日]秋山进午：《隋唐式镜综论》，《泉屋博物馆纪要》第十一卷，1995年。
[56] [日]樋口隆康：《海兽葡萄镜论》，《橿原考古学研究所论集》创立三十五周年纪念，1975年。
[57] 陈佩芬：《上海博物馆藏青铜镜》，上海书画出版社，1987年。
[58] 施翠峰：《唐代海兽葡萄镜纹饰之研究》，台北"故宫博物院"编辑委员会：《一九九一年中国艺术文物讨论会论文集·器物（下）》，台北故宫博物院，1992年。
[59] 沈从文：《唐宋铜镜》，中国古典艺术出版社，1958年。
[60] 周世荣：《中华历代铜镜鉴定》，紫禁城出版社，1993年。
[61] 赵丰：《唐代丝绸与丝绸之路》，三秦出版社，1992年。
[62] 李孟学：《唐代团花镜研究》，台北艺术大学硕士学位论文，2009年。
[63] 陈灿平：《隋唐墓葬出土铜镜研究》，北京大学博士学位论文，2011年。

中国国家博物馆藏铜镜发掘品出土资料长编

霍宏伟

编者按：本长编所收资料，来自与国博馆藏铜镜发掘品有关的田野考古发掘简报、报告。因为发表、出版时间久远，诸多考古简报、报告不易查寻。所以，笔者广泛收集考古简报、报告信息，在辑录时尽可能地忠实于原文，文字讹误径改，重点选取与铜镜相关内容。这些内容无疑是一批关于中国古代铜镜发现史与研究史的珍贵资料，为学者提供第一手的原始材料，以利于进一步的深入研究。这部分内容也将成为本书铜镜图版与图释文字部分的有力补充。希望以此来凸显国博铜镜发掘品重要的学术价值，最大限度地增强本书的资料性、科学性及学术性。在该长编中，关于国博铜镜发掘品的名称、尺寸大小，或与前面图版部分著录的同一面铜镜略有差异，为了保持原貌，未做任何修改。2020年11月，恰逢国博"镜里千秋：中国古代铜镜文化"展览开幕，展出了部分馆藏铜镜发掘品，本长编收录了这些铜镜展出时的图片。

一、先秦铜镜

（一）商代

1. 安阳殷墟妇好墓四面铜镜

1976年春，河南安阳殷墟发现一座保存完整的殷代奴隶主贵族墓葬，出土大批珍贵的历史文物。根据地层关系、器物特征，特别是铜器的铭文判断，死者应是殷代王室成员，墓的年代约当公元前十二世纪前半叶，即殷墟的鼎盛时期。这次发现的殷代王室墓葬未经扰动，是现已发掘的殷代奴隶主贵族墓葬中保存最完整的一座，因而是难能可贵的。

这座墓在小屯村西北约一百米，地处过去发掘的殷墟大片宫殿遗址区的西北侧。墓上发现有范围略大于墓口的夯土房基，可能是当时的"享堂"一类建筑遗迹。墓坑是长方形竖穴，南北长5.6米，东西宽4米，墓底距地表深8米。椁室深至现在的地下水平面以下，早已大部塌毁，结构不明。

随葬品大部分放置在棺椁之间和棺内，也有出土于椁顶或填土中的，以青铜器和玉器为主，另有大量的海贝以及牙雕和骨器等。出土的青铜礼器近二百件，样式和数量之多，部分器物体型之大，都是考古发掘中十分难得的。这座墓出土的文物，还有四面铜镜。

结合地层关系统观墓内出土的文物，特别是铜器的基本特征，可以判定这座墓的年代，大体略晚于约当武丁前后的殷墟第一期。出土铜器的铭文，以"妇好"为最多。甲骨文的资料表明，武丁的三个法定配偶中，有谥号叫"妣辛"的，祖庚、祖甲称之为"母辛"；而"妇好"则是曾奉武丁之命东征西讨的一员女将，有人认为她是武丁配偶的"诸妇"之一。看来这里埋葬的就是"妇好"本人，即祖庚、祖甲的母辈"妣辛"。至于下葬的时间，似在武丁后期。无论如何，这是目前唯一能够同历史文献和甲骨文联系起来，进而推定墓主具体身份的殷代墓葬[1]。

1976年5—6月，中国科学院考古研究所安阳工作队在河南安阳殷墟发掘出妇好墓（编号：76AXTM5）。该墓位于安阳小屯村西北的岗地（图一），被一座商代房基所叠压。墓圹作长方竖井形，方向10度。墓口南北长5.6米，东西宽4米，墓底距墓口深7.5米。墓内出土四面铜镜，其中三面出于距墓口深5.6米的第六层（图二），墓室中部偏南处，一面小型镜（41号）位于玉盘的南侧，两面中型镜（45、75号）被压在玉援铜内戈和玉盘的下面，东西并列。另一件大型镜（786号）出于椁室内，具体位置不明。

图一　安阳殷墟妇好墓发掘现场

（《殷墟妇好墓》，图版一）

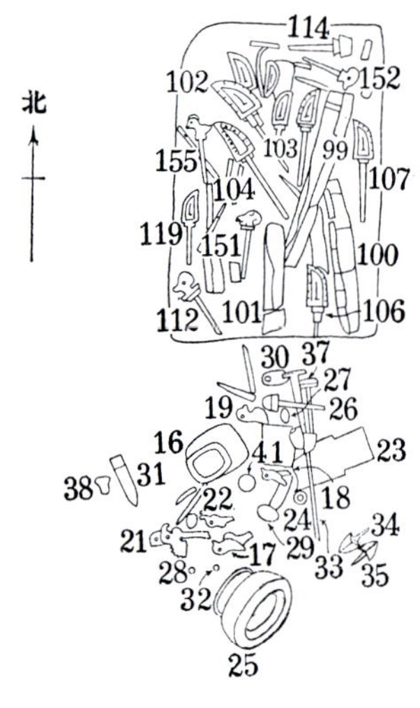

图二　妇好墓第六层部分随葬品平面分布图

（《殷墟妇好墓》，第12页，图五）

墓中出土四面铜镜，均为圆形，面部近平或微凸，镜身较薄，背面正中有一拱起的半环形钮，有大、中、小三型。

大型：一件（786）。背面周缘饰凸弦纹两周，内填排列规整的小乳钉纹一周，中心部位饰以叶脉纹，靠钮外又有一周凸弦纹。正、背面均有绿锈。直径12.5厘米，厚0.4厘米，钮高1厘米，重0.25公斤（图三、四）。

中型：二件。标本45，面微凸，背面饰凸弦纹六周，弦纹之间填以密排的竖直短道。正、背两面均有绿锈。直径11.8厘米，厚0.2厘米，钮高0.8厘米，重0.2公斤（图五、六）。标本75，背面纹饰与大型镜标本786相似，周缘的小乳钉一部分已锈蚀脱落，正、背两面绿锈较重，边缘微翘，稍变形。直径11.7厘米，厚0.2厘米，钮高0.7厘米，重0.2公斤（图七）。

小型：一件（41）。背面饰凸弦纹五周，弦纹之间填以密排的斜行短道。周缘一侧已变形，正背面有较重的绿锈。直径7.1厘米，厚0.2厘米，钮高0.4厘米，重0.05公斤（图八）。

图三　妇好墓出土大型镜

（786，《殷墟妇好墓》，彩版一二，1）

图四　妇好墓大型镜线图

（786，《殷墟妇好墓》，第104页，图六五，1）

图五　妇好墓出土中型镜
（45，《殷墟妇好墓》，彩版一二，2）

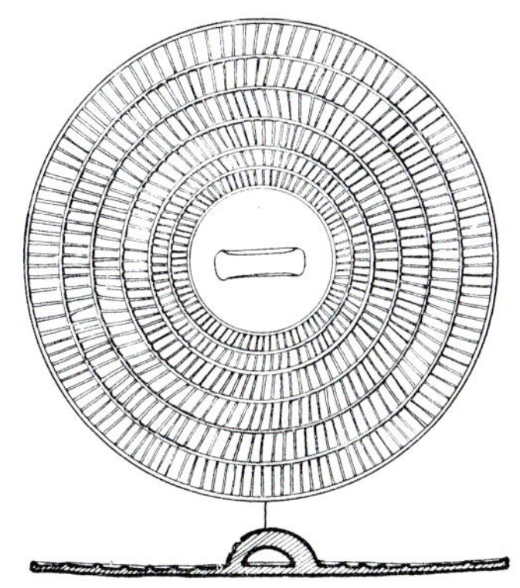

图六　妇好墓中型镜线图
（45，《殷墟妇好墓》，第104页，图六五，2）

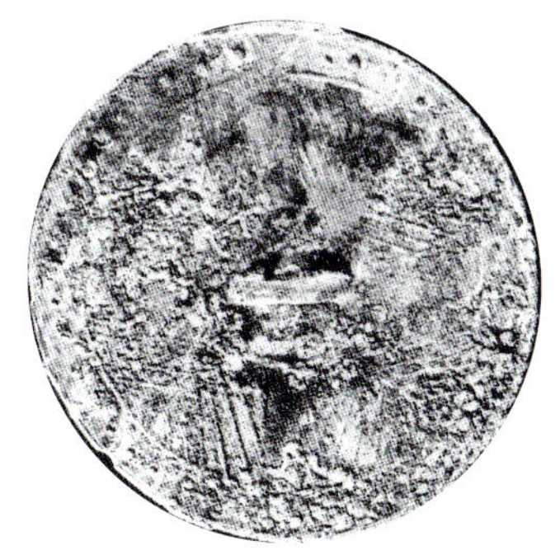

图七　妇好墓出土中型镜
（75，《殷墟妇好墓》，图版六八，4）

图八　妇好墓出土中型镜
（41，《殷墟妇好墓》，图版六八，5）

解放前在侯家庄的一座殷墓中（第1005号墓）曾出过一件镜形铜器，但是否就是铜镜，并没有取得一致的意见。这次发现了四面铜镜，有大、中、小三型，镜身较平而薄，钮也较细，已具备后期铜镜的特点。由此证明，最迟在武丁时期，我国已出现了铜镜，这比上村岭虢国墓地所出的三面铜镜，大约要早五百年。这座墓年代属于分为四期的殷墟文化中的第二期；墓主人应是殷王武丁的配偶妇好，死于武丁在世时（大约在武丁晚期），庙号称“辛”，即乙辛周祭祀谱中武丁三个法定配偶之一的“妣辛”。像这样能确切断定墓主人和墓葬年代的殷墓，在殷墟发掘史上还是第一次[2]。

妇好墓出土铜镜在中国铜镜史上具有重要的学术意义。1984年，孔祥星、刘一曼两位学者指出：“殷代铜镜虽然只发现五面，但它在我国铜镜发展史上的意义是相当大的。……现在殷代武丁时期的墓葬中就已出现了公元前十二世纪的镜子，比斯基泰文化的年代要早几百年。而且，殷代铜镜上的纹饰也具有自己的风格。这种风格也见于同时出土的其他器物上。”[3]

该墓出土大型镜（786）、中型镜（45）现藏国博（本书编号：2、3），在“古代中国”基本陈列展出（图九）；“镜里千秋：中国古代铜镜文化”展览上展出一面中型镜（图一〇）。

（二）西周至春秋

2. 三门峡上村岭虢国墓地三面铜镜

1957年度，在河南陕县附近的发掘工作，基

图九　“古代中国”基本陈列展出妇好墓两面铜镜（霍宏伟摄影）

图一〇 "镜里千秋"展览上的中型镜（霍宏伟摄影）

本上是在1956年的基础上继续有所扩大。上村岭在1956年秋季工作曾发掘三座东周墓和一座东汉墓，其中的一座大墓出铜器达200余件，在戈上有"虢太子元徒戈"的铭文，说明这里是东周时期的虢国墓地。今年在这里配合基建工程继续发掘了245座墓葬，计东周墓238座（包括车马坑4座），东汉墓2座，时代不明5座，其出土随葬品达2000余件。

东周墓葬都是土坑竖穴墓，可分大、中、小三类。值得一提的是，在这里共发现了四面铜镜，直径皆在6.5厘米左右，三件是素面的，一件的背部铸有虎、鸟、兽等简陋的动物纹，如果不是发掘出来的，我们将很难相信它们是东周早期的遗物。过去在安阳殷代大墓中虽然曾有所谓铜镜的发现，但并不够十分明确，根据这里的发现是可以把使用铜镜的上限提到东周初期，也可以算作一个重要的收获了[4]。

1956—1957年，黄河水库考古工作队在河南省三门峡市上村岭发掘一处虢国贵族墓地（图一一）。共计234座墓，三座车马坑和一座马坑，时代属于西周晚期至春秋早期。该墓地出土三面铜镜。其中，一面鸟兽镜发现于墓地中部偏南的1612号墓。该墓为竖穴土圹墓，葬具为一棺一椁。椁盖放石戈，棺椁间东南角放铜鼎；棺内，人骨架胸部有骨戈、串饰，右腿西侧有铜镜。由于镜和鼎同出，镜的大致年代得以确定。共计出土铜鼎二、铜镜一、石戈二十一、石珠一、石贝一件。标本1612∶65，镜身平直，正中有两个平行的弓形钮，饰虎、鹿、鸟纹，直径6.7厘米，厚0.35厘米，钮长2.1厘米，钮宽0.45厘米，钮高0.25厘米（图一二、一三、一四）[5]。

两面素面镜同出于上村岭虢国墓地南部正中的1650号墓。该墓为竖穴土圹墓，葬具为一棺一椁。出土时，两件复合，位于人骨架胸部。还出土有鬲一、盆一、豆二、三足罐一及其他陶器四件，石戈三件。标本1650：1.1、1.2，镜身平直，无纹饰，边缘略为凸起，正中有一个弓形钮。1650：1.1，直径5.9厘米，厚0.2厘米，边厚0.25厘米，钮

图一一 三门峡上村岭墓地全景
（由北向南摄；《上村岭虢国墓地》，图版壹，1）

图一二 上村岭1612号墓出土鸟兽镜
（《上村岭虢国墓地》，图版肆拾，2）

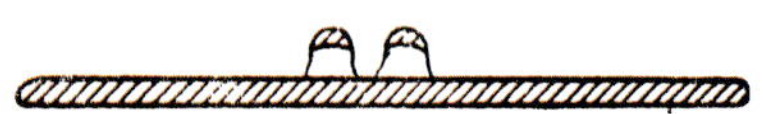
图一三 1612号墓鸟兽镜剖面图
（《上村岭虢国墓地》，第27页，图二〇，1）

图一四 1612号墓鸟兽镜拓本
（《上村岭虢国墓地》，第27页，图二一）

图一五 1650号墓出土素面镜之一
（《上村岭虢国墓地》，图版贰叁，1）

图一六 素面镜之一剖面图
（《上村岭虢国墓地》，第27页，图二〇，2）

长1.7厘米，钮宽0.7厘米，钮高0.55厘米（图一五、一六）；1650：1.2，直径6.4厘米，厚0.25厘米，边厚0.3—0.35厘米，钮长1.9厘米，钮宽0.5厘米，钮高0.7厘米（图一七、一八）。

此外，在位于该墓地西北角的1052号墓还出土一面阳燧。此墓不仅是规模最大的一座墓，而且是随葬遗物最多的墓，出土器物970件。在外椁室西侧发现两件铜戈，戈上均铸有“虢大子元徒戈”，由此可知墓主人身份为虢国太子。这件阳燧在考古报告中称为“弧面形器”。圆形，一面有钮，两只虎纹绕钮而行，呈顺时针方向排列，边饰鸟纹。平素缘。直径7.5、钮高1厘米（图一九、二〇、二一）[6]。

图一七 1650号墓出土素面镜之二
（《上村岭虢国墓地》，图版贰叁，2）

图一八 素面镜之二剖面图
（《上村岭虢国墓地》，第27页，图二〇，3）

图一九 1052号墓出土双虎纹阳燧
（《上村岭虢国墓地》，图版叁捌，13）

图二〇 1052号墓双虎纹阳燧拓本
（《上村岭虢国墓地》，第14页，图八，1）

图二一　国博藏上村岭1052号墓双虎纹阳燧（国博供图）

正如该发掘报告整理者林寿晋所言："解放前在安阳西北岗的殷墓中曾掘得一件圆铜片，一面有钮，从照片看，和1650号墓所出的两件铜镜相似；但实物不在，无法断定是否铜镜。如果安阳的一件暂且不算，这里发现的要算是我国确知的三面最早的铜镜。这样，就将我国铜镜的使用时间从战国向上推到东周早期以前。"[7]

上村岭虢国墓地的发掘，在中国考古学史上具有重要意义。因为在20世纪50年代，"西周和东周之际在考古学上几乎是空白点，这个墓地属于同一国家，包涵丰富，年代下限明确，是研究两周之际，特别是当时虢国文化面貌的一批典型材料，也提供了科学的断代标准。通过这次发掘和对其中一部分铜器铭文的研究，对虢国历史上的某些问题也有了新的认识"[8]。该墓地出土三面铜镜，现藏国博（本书编号：4、5、6；图二二），并在"镜里千秋：中国古代铜镜文化"展览上展出（图二三）。

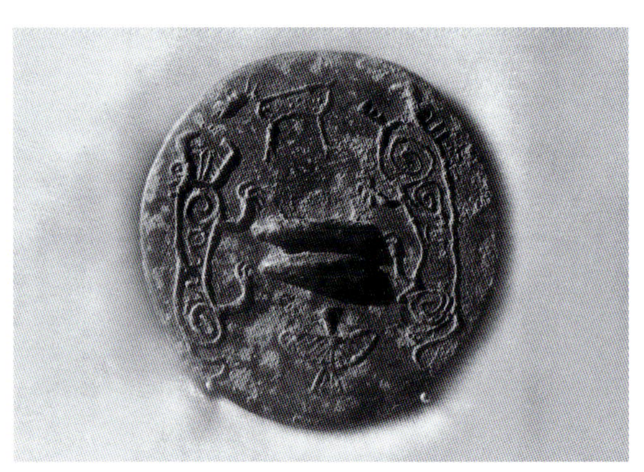

图二二　调拨至国博的鸟兽镜（国博供图）

图二三　"镜里千秋"展览上的三面铜镜（霍宏伟摄影）

（三）战国

3．湖南长沙东郊陈家大山124号战国墓四山镜

1951—1952年，在湖南长沙东郊陈家大山发掘战国墓13座。其中，124号战国墓出土一面四山镜。该墓方向78度，长3.46米，宽2.05米，深6.35米。墓道宽1.36米，墓道底高2.35米。一棺一椁，棺椁的前边一段被盗掘者破坏，其余的部分保存的情况很好。棺椁中间的空隙很小，没有放随葬器物的余地，随葬器物都放在南壁的壁龛内，壁龛长1.48米，宽0.42米，高0.60米，龛底比墓底高出1.65米（图二四）。随葬器物有漆奁（仅能看出痕迹），铜镜一件，在漆奁痕迹上，当时似装在奁内，陶豆、漆盘（痕迹）等。玉璧一块，出棺外前端。棺内人骨架已朽，有雕花板一块，雕花板的大小和棺的宽、长相等。因为长沙的土壤中含有酸性的关系，墓中的尸骨几乎都已毁灭。124号墓棺内有残缺不完全的人骨。

羽状地纹四山镜一件（124∶2）。羽状纹地。弦纽，方纽座；座外绕菱形格一，四山字纹压菱格上。窄边。径16.9厘米，厚0.12厘米，边厚0.63厘米（图二五）[9]。该镜现藏国博（图二六），本书铜镜图版部分未著录。该镜在"镜里千秋：中国古代铜镜文化"展览上展出（图二七）。

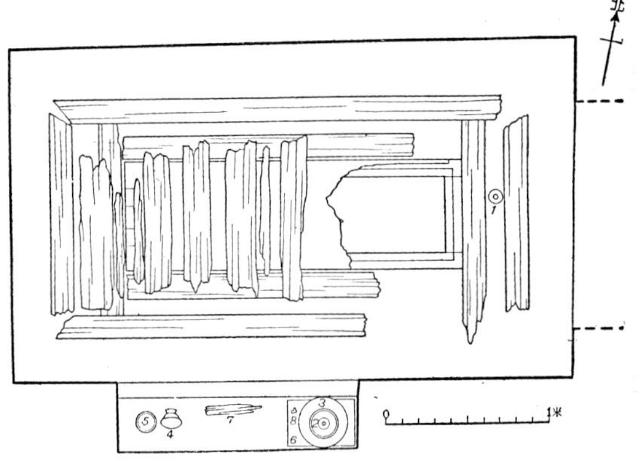

图二四　长沙东郊陈家大山124号战国墓平面图
（《长沙发掘报告》，第21页，图一七）

图二五　陈家大山124号战国墓出土四山镜
（《长沙发掘报告》，图版贰壹，3）

图二六　国博藏陈家大山124号墓四山镜
（国博供图）

图二七　“镜里千秋”展览上的四山镜（霍宏伟摄影）

4. 洛阳中州路西工段2719号战国墓羽状纹镜

1954—1955年，在河南洛阳中州路西工段发掘东周墓260座。其中，在2719号战国早期墓出土一面羽状纹铜镜（M2719：72）。该墓为竖穴土圹墓，长3.7米，宽2.85米，深10.45米。葬具为两椁一棺（图二八），墓主人葬式为屈肢葬（图二九）。墓内随葬有鼎、豆、壶等陶器，锥、锛、剑、戈、镞、镜等铜器（图三〇）。铜镜出土于人头骨上方，内椁与棺之间。腐朽较甚，纹饰不甚清楚。圆形壁薄，中央有细鼻，周缘一周贝纹，内为蟠螭纹。直径10.8厘米，壁厚0.15厘米（图三一、三二）[10]。该镜现藏国博（图三三），本书铜镜图版部分未著录，在“镜里千秋：中国古代铜镜文化”展览上展出（图三四）。

图二八　洛阳中州路2719号战国墓外椁、内椁与棺
（《洛阳中州路》，图版柒叁，1）

图二九　2719号战国墓棺内情形
（《洛阳中州路》，图版柒叁，3）

图三〇　2719号战国墓出土器物
（《洛阳中州路》，图版柒肆，1-17）

图三一　2719号战国墓出土羽状纹镜
（《洛阳中州路》，图版柒肆，16）

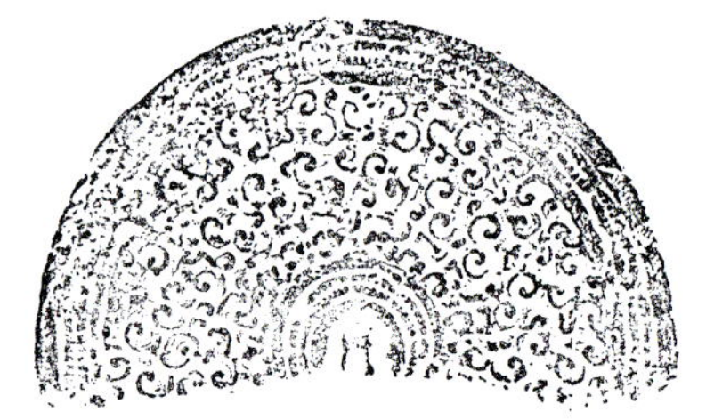

图三二　2719号战国墓羽状纹镜局部拓本
（《洛阳中州路》，第91页，图六〇，12）

图三三　国博藏2719号战国墓羽状纹镜（国博供图）

图三四　“镜里千秋”展览上的羽状纹镜
（霍宏伟摄影）

5. 长沙北门枫树山11号战国楚墓透雕蟠螭纹方镜

1954年，在湖南长沙北门枫树山11号战国楚墓发掘出一面透雕蟠螭纹方镜。同时出土器物还有陶鼎、敦、壶，漆羽觞、盒等。此镜放在一件彩绘漆盒内，镜面呈方形，边长13.2厘米，厚约0.25厘米，纽长0.7厘米，纽呈弓形，背无弦纹，边缘有1.3厘米的素平边，在边缘的四角嵌以四个银质小泡，纽座呈圆形，用透雕蟠螭纹四度操返，纹饰转曲自如，恰与纽座和边缘相楱，在蟠螭纹上亦嵌有四个银质小泡。此种铜镜的制作与其他铜镜不同，它的正背面分作两块，并且是用不同的铜质做成的。铸好后，再将背面嵌入正面之背上。八个银质小泡，虽然一方面是为了装饰，另一方面，可能就是起钉子的作用。

从出土以后的颜色来看，正面呈青黑色，背面呈灰黑色，花纹已有部分脱落，从此可见它是用两种不同的铜质做成的。这种铜镜，在长沙几年来的发掘工作中，还是第一次发现。听说过去在河南某地曾有出土。过去很多人认为这种镜是秦镜，不是战国镜，从这次在长沙战国墓中出土后，我们就得到了正确的答案，它不是秦镜，而是战国镜[11]。

此镜亦著录于《湖南出土铜镜图录》。作者周世荣指出："镜背雕成螭纹，四角饰以乳钉，外缘素平，螭首有两角一鼻，螭身曲转，形态不一，镜面与镜背是用两种不同的金属制成，镜面含锡量多，质地坚硬，色泽青黑发漆光，镜背质软，已氧化成灰黄色。"（图三五）这面方镜盛放于一件直径20.3厘米圆形漆镜奁之中（图三六、三七）。M11同出器物还有陶壶四、鼎二、敦四件，漆羽觞、残漆片、铜敦片、石璧、发丝[12]。

图三五　长沙枫树山11号战国墓出土方形透雕蟠螭纹镜（《湖南出土铜镜图录》，第29页，图3）

图三六　11号墓出土漆镜奁（《湖南省出土铜镜图录》，插图三，上）

图三七　11号墓出土漆镜奁中的铜镜（《湖南省出土铜镜图录》，插图三，下）

1954年，在湖南省长沙市枫树山发掘一座战国晚期墓（原编墓号为54长枫山M11，新编墓号为595）。该墓方向为210度。形制为竖穴土坑墓，长3.45米，宽2.08米，深4.8米。有一近长方形头龛。随葬器物包括圜底陶鼎、盒形敦、圈足壶各两件，铜鼎二件、透雕龙纹镜一面，另有漆奁一、漆耳环片三件、玻璃璧片、残发。

铜镜四类B型：一件。透雕龙纹方镜。标本M595：14，弓形钮，圆钮座。纹样为四组龙纹，附铸于整个镜背，每二龙为一组，首尾倒置，四肢张开，相互缠绕。镜背中部四方，各饰一乳钉。宽平边缘高于镜体，镜缘四角各有一乳状铆钉。边长13.2厘米（图三八）。

图三八　《长沙楚墓》收录枫树山11号墓出土透雕蟠螭纹镜（《长沙楚墓》，彩版三五，6）

第四类透雕龙纹镜，数量很少。透雕龙纹方镜出于战国晚期M595（54长枫M11）中。但在湖北江陵包山、张陵山所出透雕龙纹镜，年代在战国中期偏晚和战国晚期初。此镜的铸制时间亦当在战国中晚期之际[13]。该镜现藏国博（本书编号：28；图三九）。

6. 成都羊子山172号战国墓羽状纹镜

羊子山是四川成都北郊驷马桥附近的一个

图三九　国博修复后的透雕蟠螭纹镜（国博供图）

大土堆，距城约8华里，山高10米，直径约160米（图四〇）。1953年，因取土烧砖瓦，发现了许多墓葬，前西南博物院就派了一个工作组前来清理。羊子山是一座人工筑成的土台，原来略呈正方形。土台上从战国末年起直到现在，已成为丛葬的地方，可见荒废已久。羊子山的墓葬，战国和西汉的大都是木椁墓，172号墓是战国墓中最大的一座，在羊子山西北部的中心小方圈的外面。1955年3月，发现了这座墓的墓边。3月初开始清理，3月25日完毕。西南博物院撤销后，这批文物移交四川省文物管理委员会整理，整理完毕，即交四川省博物馆展览。

172号墓是一座长方形竖穴土坑木椁墓。长约6米，宽2.7米，椁高1.47米，墓底距现存地面约7.1米。墓室为南偏西76度，近东西向。随葬品分为陶器、铜器、漆器、玉器、石器、车马器饰及其他七大类，其中以铜器及车马器饰为最多，共计115件。

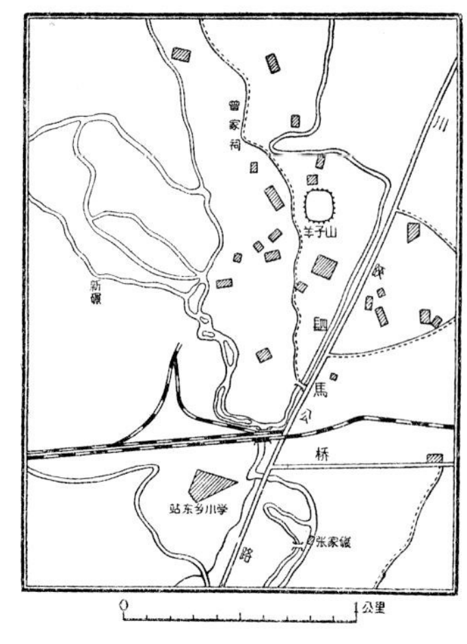

图四〇　成都羊子山地形图

（《考古学报》1956年4期，第2页，图一）

该墓出土一面羽状纹铜镜（172∶76）。见于棺内人头骨后部，同时出有铜印、铜矛、铜戈、银盘、金块、古象臼齿、犀牛齿等。镜的钮上有棱起的弦纹四条，钮外有弦纹三周，弦纹外有极精美的环纹、羽毛纹、鳞纹、云雷纹、涡纹、三角形雷纹构成的图案。涡纹中心突起成乳钉。图案不对称。直径8.8厘米（图四一、四二）。成都羊子山172号墓，是四川土坑墓中比较大的一座，出土器物也相当多，大部分器物都证明了它是战国时期的墓葬[14]。该镜现藏国博（本书编号：8），在“镜里千秋：中国古代铜镜文化”展览上展出（图四三）。

图四一　羊子山172号战国墓出土羽状纹镜

（《考古学报》1956年4期，图版伍，3）

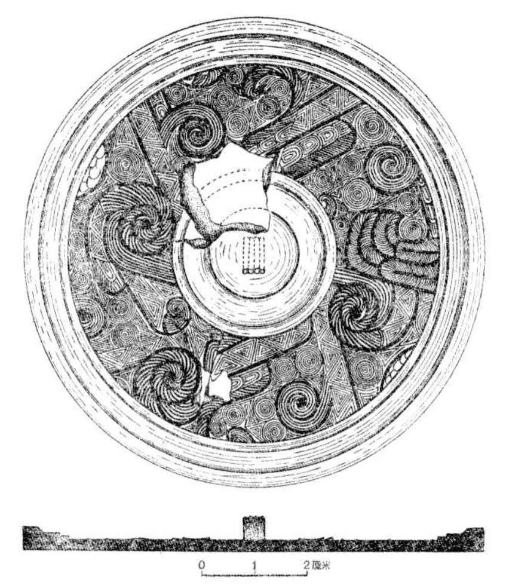

图四二　172号战国墓羽状纹镜线图

（《考古学报》1956年4期，第14页，图十七）

图四三 "镜里千秋"展览上的羽状纹镜（霍宏伟摄影）

7. 信阳长台关战国楚墓四面彩绘镜

长台关是河南省信阳县的一个小镇，位于淮河的北岸。河南省文化局于1957年3月下旬派文物工作队前往，与信阳专署、信阳县人民委员会合组发掘委员会进行发掘，至5月下旬工作完毕。

该墓在土岗的顶部，与东南边的土冢相距仅20余米。这是一座规模较大的土圹木椁墓，内置墓主人的木棺及种类丰富的随葬品，包括铜器、陶器、漆木器、竹器等。从墓的所在地、墓的构造、出土器物来看，初步估计是属于战国后期楚国的。墓主的身份，可能是诸侯或地位仅次于诸侯的统治阶级人物。虽然前室和主室遭到了严重的破坏，但从中还发现了不少精美的珍贵文物，尤其重要的是，其中有不少是考古史上从未发现过的[15]。

长台关1号战国楚墓位于河南省信阳市北20公里的长台关西北小刘庄后的土岗上（图四四）。1957年3—5月，对1号墓进行了考古发掘。1号墓是一座规模较大的木椁墓，墓向102度。墓口距地面深0.3米。墓圹呈长方形，东西长14.5米，前宽（东端）12.55米，中宽12.30米，后宽（西端）12.05米。墓室深度从地面至底面10.35米。斜坡墓道位于墓室东面。椁室结构复杂，木棺有内棺与外棺两重。墓内出土种类丰富的随葬品，共计903件，包括成组的乐器，成套的车马器、兵器，铜铁器、玉器、陶器、漆木器、竹器及纺织品等。该墓年代为战国早期，墓主人身份应该是战国时期楚国的士大夫。

铜镜两面（1—69、1—129），皆出于前室西部。正面光滑，背面有小钮。镜边漆有红色周线，其内绘以红、黑、银等色的对称云纹图案。标本1—129，直径14厘米，厚0.12厘米（图四五）。标本1—69，仅残存小半（图四六）[16]。两面彩绘镜现藏国博（本书编号：31；图四七）。

1958年，考古工作者于1号墓东侧10米处，又发掘出2号墓，其年代比1号墓略晚，仍属于战国早期。2号墓左侧室出土两面彩色漆绘镜，其中，三兽镜直径12.4厘米，厚0.1厘米；云纹镜直径13.8厘米，厚0.2厘米[17]。上述两镜较为重要，后者收藏于国博（图四八），本书铜镜图版部分未著录。

图四四 信阳长台关1号战国楚墓墓地远景（《信阳楚墓》，图版一）

图四五 长台关1号战国墓出土彩绘镜之一（《信阳楚墓》，图版四七，1）

图四六 1号战国墓出土彩绘镜之二（《信阳楚墓》，图版四七，2）

图四七　调拨至国博的彩绘镜之二（国博供图）

图四八　调拨至国博的彩绘云纹镜（国博供图）

8. 江陵张家山201号战国楚墓透雕蟠螭纹镜

1976年3月，在位于湖北江陵县荆州城西北1.5公里的张家山，现为江陵县砖瓦厂内，因制砖取土发现了一座土坑墓。荆州地区博物馆派人对其进行了清理，编号为张家山M201。

该墓墓圹形制为长方形斜壁竖穴土坑墓，方向北偏东250度。墓坑东没有墓道，宽1.8米，深约7.5米。墓坑底长4.96米，宽3.2米。墓内棺椁已腐朽，推测似为一椁两棺。随葬器物大多出在椁南室，主要有青铜礼器与青铜生活用器；东室与北室放置少量的青铜兵器与生活用具（图四九）。主室中尸骨已朽蚀无存。出土遗物按其用途，可分为青铜礼器、青铜生活用器、兵器、车马器、玉石器等。铜镜（M201∶8），一件，面平，背中部有一桥形钮。镜面与背纹为两部分组成，镜面镶嵌于背纹之中。背纹饰夔纹与云纹。直径20.5厘米（图五〇）。

从墓中出土的一套青铜器来看，器物组合为鼎、盒、壶、盘、匜，并结合器型特点综合分析，此墓的相对年代，应定为战国晚期为宜，下限不晚于公元前278年秦拔郢之时。虽然此墓未出文字资料，但从出土遗物和棺椁的形制来看，墓主人所用的丧葬之礼与大夫级葬制是相吻合的。因此，推测其身份可能为大夫。

总之，无论在墓葬形制上和随葬的器物上，此墓都具有明显的楚文化特点。特别是墓中出土的鼎、盒、壶等器物组合和一件完整铜镜为目前少见，它们对于我们研究楚墓的年代以及楚文化的特征都是不可多得的文物资料[18]。该镜现藏国博（本书编号：29；图五一），先后在“古代中国”基本陈列（图五二）、“镜里千秋：中国古代铜镜文化”展览上展出（图五三）。

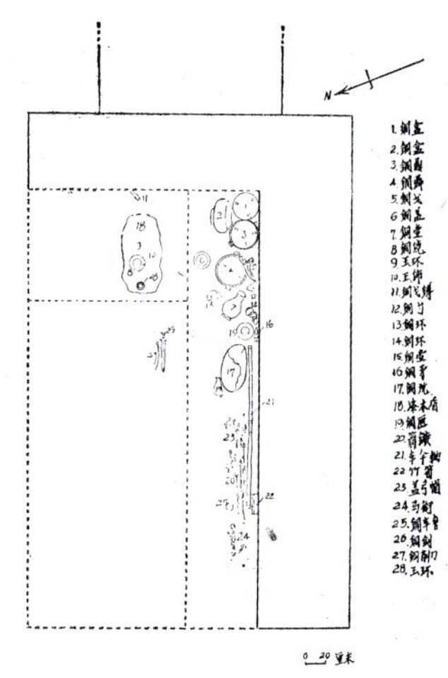

图四九　江陵张家山201号战国楚墓平面图（《江汉考古》1984年2期，第13页，图一）

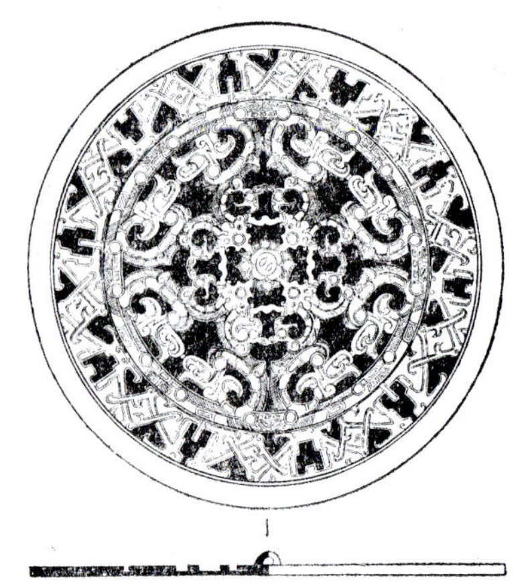

图五〇　张家山201号战国楚墓透雕蟠螭纹镜线图（《江汉考古》1984年2期，第16页，图四）

图五一　历博展出张家山201号墓透雕蟠螭纹镜（国博供图）

图五二　“古代中国”基本陈列展出张家山201号墓透雕蟠螭纹镜（霍宏伟摄影）

图五三　“镜里千秋”展览上的透雕蟠螭纹镜（霍宏伟摄影）

二、秦汉铜镜

（一）秦

9. 云梦睡虎地9号秦代墓武士斗兽镜

1975年底至1976年春，在湖北云梦睡虎地发掘了12座战国末年至秦代的小型土坑木椁墓。其中11号墓的发掘简报已经发表，本文报导的是其余11座墓,9号墓出土一面狩猎纹镜。睡虎地位于云梦县城关西郊。这里原是高于西边平地的一个山嘴，经过平整土地等农田水利建设，现是一块平地，这11座墓较密集地分布于睡虎地山嘴上。这批墓葬均为长方形竖穴土坑墓。其中，有五座基本上为南北向，有六座基本上为东西向。以9号墓最大，长3.72米，宽2.44米。这批墓的葬具都是一棺一椁，由于青灰泥的密封，葬具绝大多数保存较好，随葬品大多放置于头箱与头箱的横隔板上。

11座墓的随葬器物共计三百余件，大多数保存完好，主要有木牍与文书工具，以及漆、木、竹、陶、铜、铁等质地的各种器物。其中，9号墓随葬品数量最多，共计60余件。主要有铜鍪、蒜头壶各一件，铁鼎两件，陶罐、甑、小口瓮、茧形壶各一件，双耳长盒、扁壶、兽首凤纹勺、匕等漆器各一件，木立俑、半身俑、竹笄各一件。特别是出土了一面狩猎纹镜（M9：60）。桥形钮，勾连纹地，上有两个武士手持盾、剑，与虎、豹搏斗的生动画面。直径10.4厘米，缘厚0.2厘米。

9号墓的年代，大致与葬于秦始皇三十年（前217）的11号墓相近，即秦统一楚国故地之后。此墓随葬器物将近70件，有轺车与木马，且以漆器居多，与11号墓情况大致相同。因而，9号墓墓主生前的社会地位，也应与11号墓的墓主喜大体相当，推测墓主人身份应该为低级官吏。9号墓出土的铜镜、铁鼎等，反映了当时的冶铁、炼铜等手工业也具有较高的水平[19]。

云梦县在湖北省中部偏东，县城东南距武汉市约一百公里。睡虎地位于城关西部，离云梦火车站仅百余米，它原是一处较两边高出的平缓坡地（图五四）。田野发掘工作自1975年12月1日开始，至1976年1月9日止，历时40天。

这次发掘的12座秦墓，分布在睡虎地西部，东南距大坟头1号汉墓约400米（图五五）。在这些小型土坑木椁墓中出土了漆器、铜器、陶器等387件；特别是11号墓，出土了秦代竹简1100多枚，内容大部分是秦的法律和文书，保存比较完整。

M9为东西方向，填土有五花土、青灰泥和青膏泥。墓坑四壁平整光滑，近角处还有脚窝可供上下。墓坑为上大下小的竖穴土坑，底部略大于木椁。墓底长3.72米，宽2.44米，深4米。该墓室西壁还有两个壁龛。葬具为一棺一椁，棺中人骨已腐朽，但据腐朽痕迹仍可辨认为仰身直肢葬。

M9的随葬器物主要放置于头箱底板上与隔板上。少数器物放在棺内，如漆圆奁一件，奁内装有木梳、木篦等梳妆用具。棺底板下面还有木璧、木珮各一件。靠近北壁的一个壁龛内随葬陶釜、甑各一件；靠近南壁的一个壁龛内殉一羊，骸骨尚存。出土器物包括漆器、铜器、铁器、陶器及竹木器等67件。

图五四　云梦睡虎地远景
（《云梦睡虎地秦墓》，图版五）

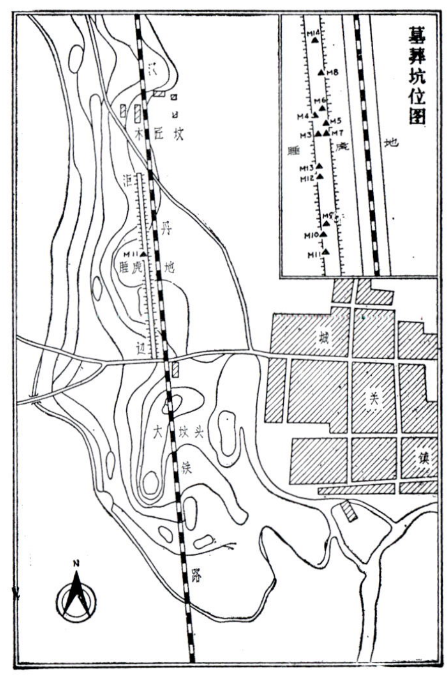

图五五　云梦睡虎地秦墓分布图
（采自《云梦睡虎地秦墓》，第1页）

斗兽镜（M9：60），一面，在勾连雷纹的细线纹地上，有两个武士赤膊、赤足，手持剑、盾，裤挽于膝上，正在与豹进行搏斗。武士脸上刻画出眼鼻；豹也刻画了花纹，整个画面生动有力。直径10.4厘米，缘厚0.4厘米（图五六、五七、五八）。

值得特别提出的是武士斗豹纹铜镜,在细线地纹上有两武士手持剑、盾分别与豹搏斗。武士的人体比例得当，骨骼肌肉健壮，头挽单髻，面容各异，下着长裤，裤腿挽至膝上，举盾挥剑，勇猛威武。其中一豹已被一武士斗翻，身向后仰；

图五六　睡虎地9号秦代墓出土武士斗兽镜彩图
（《湖北云梦睡虎地十一座秦墓发掘简报》，《文物》1976年9期，图版壹，上）

图五七　9号墓武士斗兽镜黑白图
（《云梦睡虎地秦墓》，图版三〇，1）

图五八　9号墓武士斗兽镜拓本
（《云梦睡虎地秦墓》，图六二）

另一豹正怒吼着向另一武士反扑。这一扣人心弦的激烈搏斗场面，反映出秦雕刻和铸造的技巧已很纯熟了。

随葬第二组器物的M9、M12、M13和M14，其年代也应大致与葬于秦始皇三十年（前217）的M11年代相近，即秦统一六国之后。睡虎地十二座墓的葬具虽然相同，但墓坑的大小以及随葬器物的数量与优劣，却有一定差异，可大致分为两类。第一类有M9与M11两座墓，据M11出土的《编年记》所记分析，M11墓主生前的社会地位可能为令史之类的低级官吏，因而同属于第一类墓的M9，其墓主生前的社会地位也应大致相同，即低级官吏（图五九、六〇、六一）。

云梦睡虎地秦墓随葬器物的文化特征，与关中秦墓、郑州岗杜秦人墓、江陵凤凰山秦人墓随葬器物的文化特征基本相同；而与江汉地区战国早中期的楚墓、凤凰山战国晚期楚人后裔墓随葬器物的文化特征却有较大差别[20]。该镜现藏国博（本书编号：30），先后在“古代中国”基本陈列（图六二）、“镜里千秋：中国古代铜镜文化”展览上展出（图六三）。

图五九　11号秦代墓出土蟠螭镜
（《云梦睡虎地秦墓》，图版三〇，2）

图六〇　11号墓蟠螭镜拓本
（《云梦睡虎地秦墓》，图六三）

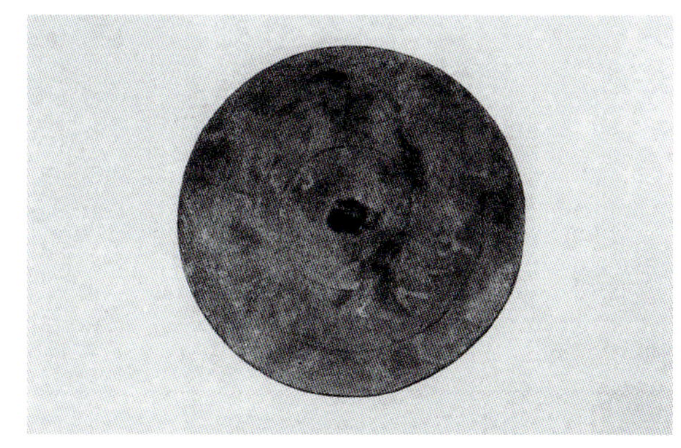

图六一　战国秦墓出土素面镜
（《云梦睡虎地秦墓》，图版三〇，3）

图六二　“古代中国”基本陈列展出武士斗兽镜
（霍宏伟摄影）

图六三　“镜里千秋”展览上的武士斗兽镜
（霍宏伟摄影）

（二）西汉

10. 长沙东南郊识字岭342号墓羽状纹镜与蟠螭纹镜

1951—1952年，中国科学院考古研究所发掘队在湖南长沙东南郊识字岭进行考古发掘。识字岭位于长沙城东南浏阳门外约半里，这里是较高的丘陵地，地表去土亦较少，所以古代墓葬都保持较大的深度。此地发掘西汉前期墓9座。

其中，342号墓出土两面铜镜。羽状地纹镜（342：2），为纯羽状地纹，无主纹。弦钮，宽凹弦带，圆纽座。径7.5厘米，厚0.1厘米，边高0.45厘米（图六四）。同类纯地纹的铜镜，以往都认为只出于战国墓中，这次和相思镜（342：3）同出于342号墓中。

蟠螭纹镜（342：3），有细地纹。凸线弦纹圆纽座，纽座边两弦纹之间有铭文一周，文曰："愁思悲，愿君忠君不说，相思愿毋绝。"径10.7厘米，厚0.09厘米，边高0.6厘米（图六五）。

同墓所出的陶器如鼎（342：15）、罐（342：13）、有盖陶罐（342：7），其型式都接近西汉后期。特别是罐及有盖陶罐，硬陶印方格纹，同类的陶器大量出现于西汉后期[21]。两镜现藏国博，本书铜镜图版部分未著录，在"镜里千秋：中国古代铜镜文化"展览上展出（图六六、六七）。

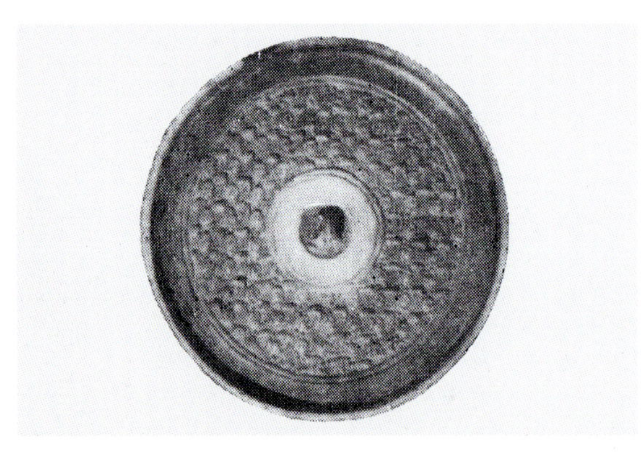

图六四　长沙识字岭342号墓出土羽状纹镜
（《长沙发掘报告》，图版肆肆，1）

图六五　342号墓出土蟠螭纹镜
（《长沙发掘报告》，图版肆肆，3）

图六六　"镜里千秋"展览上的羽状纹镜
（霍宏伟摄影）

图六七　"镜里千秋"展览上的蟠螭纹镜
（霍宏伟摄影）

11. 长沙北郊伍家岭211号墓三面铜镜

1951—1952年，中国科学院考古研究所发掘队在湖南长沙北郊伍家岭进行考古发掘。伍家岭在长沙城北约四里，这一带为漫岗，由于附近的砖厂在这里大量取土，所以墓坑都变得较浅。共计发掘西汉后期墓26座。其中，211号墓为长方形竖穴土圹墓。南北长6.9米，东西宽5.2米，现存深度1.5米，推测原来深度约6米。墓的方向北偏西10度。

墓室北部略为靠近西壁的地方，在一个长约3.2米、宽约2.5米的长方形范围内，发现黑色漆皮的痕迹，当系棺椁的所在。棺椁内有金饼一枚、铜镜二枚、石璧一枚及大量的铜五铢钱，并有许多漆器枯朽后所遗的鎏金铜泡、鎏金铺首、金箔贴花及漆皮痕迹。棺椁之外，在墓室的东北部和西南部，放置着二组铜器和陶器，陶器中包括许多泥质的金饼；另有一枚铜镜，与陶器、铜器混杂在一起。就棺椁的范围和随葬品的配置看来，这墓应该是合葬的。

鎏金中国大宁博局镜、四乳四虺镜出土于墓室西北部的棺椁范围内。鎏金中国大宁博局镜（M211：20），半球状钮，柿蒂形钮座。花纹复杂，有兽头、鸟、龟及其他怪兽等纹样，并有规矩形图案。铭文在缘部，辞作："圣人之作镜兮，取气于五行。生于道康兮，□（咸）有文章。光象日月，其质清刚。以视玉容兮，辟去不羊（祥）。中国大宁，子孙益昌。黄常（裳）元吉，有纪刚（纲）。"直径18.7厘米，厚0.25厘米，缘部0.6厘米（图六八）。此镜放置于一件直径约25厘米的漆盒内，应为漆镜奁，已腐朽残损，仅存大量原来贴附于器表的金箔片。

四乳四虺镜（M211：3），半球状钮，圆形钮座，镜缘宽平。其花纹同M255：2，大小厚薄亦相仿佛。M255：2，除了四个乳钉外，主要花纹是四组图案化的动物和鸟形。直径10.6厘米，厚0.22厘米，缘部0.65厘米。

铜华连弧镜（M211：32），发现于墓室西南部。半球状钮，"连珠纹"钮座，镜缘宽平。主要的花纹是一周由八个弧形组成的连弧纹（图六九）。其外是一圈铭文，铭辞是"湅治铜华清而明，以之为镜宜文章，延年益寿去不羊（祥），□□（与天）毋（无）□（亟）而日月之光，千秋万岁，长生未央"[22]。鎏金中国大宁四神博局镜、铜华连弧镜现藏国博（本书编号：55、47），在"镜里千秋：中国古代铜镜文化"展览上展出（图七〇、七一）。

图六八　调拨至国博的鎏金中国大宁四神博局镜（国博供图）

图六九　伍家岭211号西汉墓出土铜华连弧镜（《长沙发掘报告》，图版陆柒，3）

图七〇　"镜里千秋"展览上的鎏金中国大宁四神博局镜（霍宏伟摄影）

图七一　"镜里千秋"展览上的铜华连弧镜（霍宏伟摄影）

12. 长沙东南郊识字岭327号墓昭明清白重圈镜

1951—1952年，中国科学院考古研究所发掘队在湖南长沙东南郊识字岭进行考古发掘，共计发掘西汉后期墓5座。其中，327号墓包括墓道、墓室两部分。墓道位于墓室东侧，阶梯式。墓室平面呈长方形，东西长5.8米，南北宽3.04米，现存深度7.6米（图七二）。墓室西北部，在长约2.7米、宽约1.3米的长方形范围内，发现黑色漆皮，为棺椁所在。

墓内随葬品甚丰，共计110件。棺椁以内有盆、壶、釜等数件铜器和漆器枯朽以后所遗许多鎏金小铜泡。椁外南侧，即墓室西南部，主要是数十件陶器，聚成一堆，并有大量的泥质五铢钱。在墓室东部，则放置着壶、鼎、盘、盉、钫、博山炉等铜器（图七三）。铜器约占全部随葬品的半数，是这墓的特点之一。从棺椁的范围及墓室的形制来看，此墓可能系合葬，墓主人的身份、地位较为特殊。

昭明清白重圈铭文镜（M327：19），出土于墓室内东北隅，盛放于一件漆盒之中。此镜为半球状钮，“连珠纹”钮座，镜缘宽平。镜背分内、外两圈，为铭文所占满。内圈铭文是“内清质以昭明，光而日月，心忽乎雍塞而不泄”，外圈铭文是“絜（挈）清白事君，志（怨）驩（秽）之合（弇）明。假（微）玄锡之，泽恐日忘，美之窠（躬），□（承）之□（可），愿毋绝”。直径12.8厘米，厚0.2厘米，缘厚0.4厘米（图七四）[23]。该镜现藏国博（本书编号：51），在“镜里千秋：中国古代铜镜文化”展览上展出（图七五）。

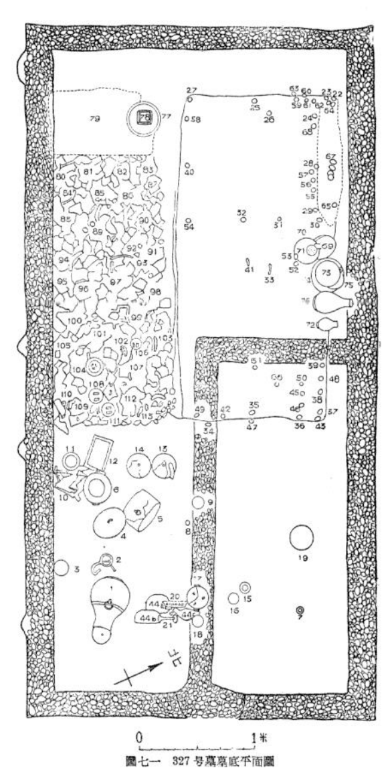

图七二　长沙识字岭327号西汉后期墓墓底平面图
（《长沙发掘报告》，第94页，图七一）

图七三　327号墓室北部及随葬器物
（由南向北摄，《长沙发掘报告》，图版伍拾，1）

图七四　327号墓出土昭明清白重圈镜
（《长沙发掘报告》，图版陆捌，3）

图七五　“镜里千秋”展览上的昭明清白重圈镜
（霍宏伟摄影）

13. 西安白家口24号西汉墓彩绘人物镜

1954年4月25日至6月7日，在西安西北郊白家口一带进行考古发掘工作。白家口位于西安市西北约5里、汉长安城遗址东南约1里的龙首原上，地势较高，是汉代的一个墓葬区。

其中，24号竖井墓保存较为完整，有木椁遗迹。椁的直壁用纵横木材构筑而成，壁与盖、底的连接处，则用铁扣扣住。出土器物有彩绘壶、仓、俑等陶器，漆器、铜镜等。铜镜上铸有舞蹈、奏乐的人物，亭台树木，又有鹿和马，然后再加上红色彩绘（图七六）。陶俑7件，其中2个残损，包括跪着弹琴俑、双手拱立俑、舞蹈俑。舞蹈俑头发向两侧分开，后面梳一发髻[24]。彩绘镜（本书编号：37）与舞蹈俑现藏国博（图七七），舞蹈俑复制品现在“古代中国”基本陈列展出。

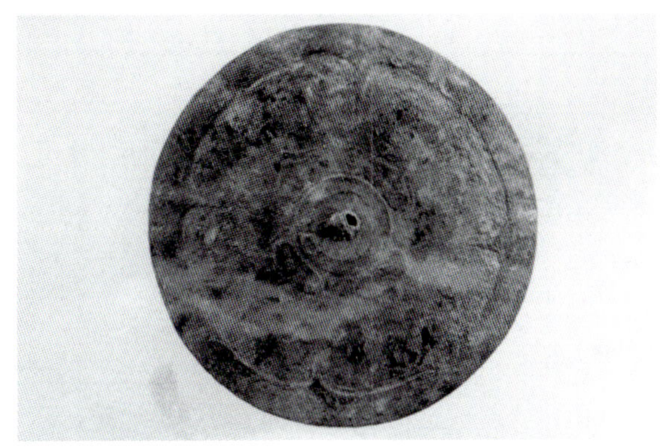

图七六　调拨至国博的西安白家口24号墓出土彩绘人物镜（国博供图）

图七七　调拨至国博的西安白家口24号西汉墓出土彩绘陶俑（《中国国家博物馆馆藏文物研究丛书·陶俑卷》，第41页，图版15）

（三）东汉

14．南阳百里奚村汉墓田氏七乳羽人四神瑞兽镜

1956年3月初旬，灯塔农业社在位于河南省南阳市区西七里的百里奚村北打井时，发现了一座东汉前期砖室墓，当时就拆用了墓砖。南阳县人民委员会闻讯后，派文化馆张鸿缙进行调查，仅在墓室北侧清理出一件带链铜灯。

后征集到随葬器物8件，包括田氏七乳羽人四神瑞兽镜（图七八）、壶、博山炉、洗等铜器，刀、戟、矛等铜兵器及一件铁刀，零星的盔甲饰物10余件。推测墓主人身份可能是一位武将，盔甲饰物或为墓主生前常服衣帽上的饰品，随葬兵器为生前实用武器[25]。该镜现藏国博（本书编号：66；图七九），在“镜里千秋：中国古代铜镜文化”展览上展出（图八〇）。

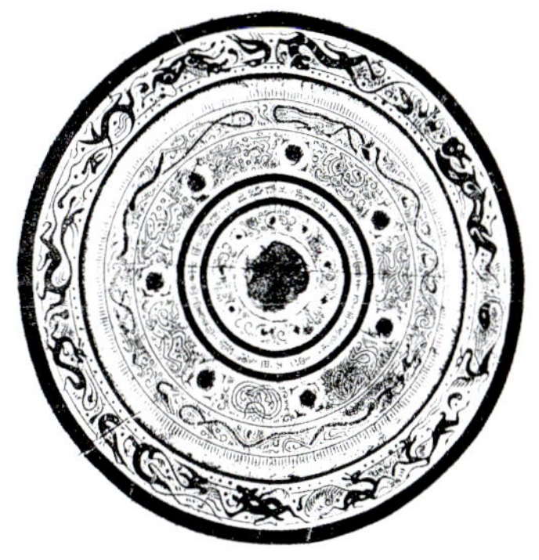

图七八　南阳百里奚东汉墓田氏七乳羽人四神瑞兽镜拓本（《考古通讯》1957年6期，第42页，图一）

图七九　调拨至国博的田氏七乳羽人四神瑞兽镜（国博供图）

图八〇　“镜里千秋”展览上的田氏七乳羽人四神瑞兽镜（霍宏伟摄影）

三、魏晋南北朝铜镜

15. 武昌任家湾三国孙吴黄武六年道士郑丑墓变形四叶兽首镜

1955年4月27日，在湖北武昌任家湾修建武泰闸的采土区何家山上发现了一座未经破坏的古墓，编号为113号。由此开始发掘，至5月5日结束。该墓包括斜坡墓道、甬道、前后室、左右耳室等部分（图八一）。墓主人的葬具为木棺，放置于后室的左后方。棺已腐朽，仅存底板，人骨架已无，棺底上面满铺铜钱、木简、木梳。后室四角堆置有成串的铜钱（图八二）。

前室内放置着陶鉴、铜釜、铅锡合金耳杯、漆盂、铁矛、铁剑等。东耳室有各种大、小陶罐和陶三足多孔器。两耳室有陶灶和附属的器物，

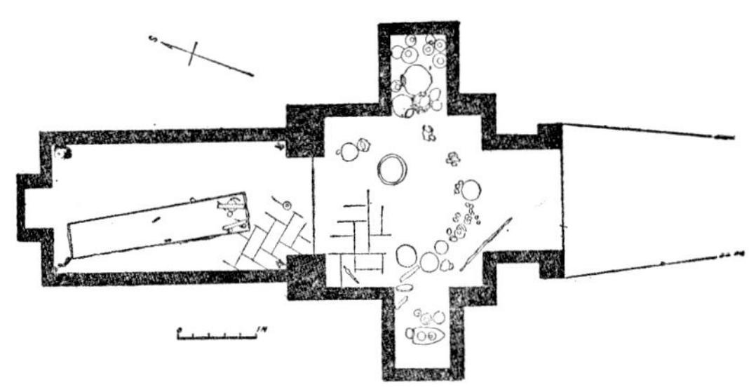

图八一　武昌任家湾三国孙吴道士郑丑墓平面图
（《文物参考资料》1955年12期，第66页，插图一）

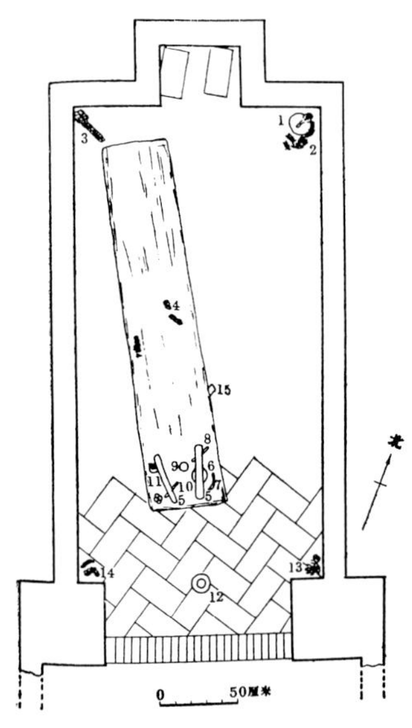

图八二　郑丑墓后室平面图（程欣人：《武汉出土的两块东吴铅券释文》，《考古》1965年10期，第529页，图一）

大部分保存完整。该墓出土随葬器物66件，除钱币外，按质地可分为陶、瓷、铜、铅、银、铁、漆、木等八类。其中，“位至三公”铜镜，径宽一〇公分，已破（图八三）。铅券，因氧化过甚，已看不见上面是否有字。长三一公分，宽五公分，厚约半公分[26]。该镜现藏国博（本书编号：96），在“镜里千秋：中国古代铜镜文化”展览上展出（图八四）。

1965年，文物考古工作者对这件出土于后室棺底板下的铅地券进行了去锈处理，券上铭文隐约可识，主要内容如下：“黄武六年十月戊戌朔十日辛未，吴郡□□（男子）郑□（丑），年七十五，以元年六月□□□□江夏沙羡县物故。今从主县买地立冢……”[27]“黄武”为三国孙吴大帝孙权的年号，黄武六年即公元227年，武昌任家湾何家山113号墓是一座三国孙吴黄武六年的纪年墓。

2001年，有学者对这件铅券的释读做了部分订正：“黄武六年十月戊戌朔，十日辛未。吴郡□□郑丑，年七十五，以元年六月□□□江夏沙羡县物故。”[28]

图八三　郑丑墓出土变形四叶兽首镜
（《文物参考资料》1955年12期，第71页，图十二）

图八四　“镜里千秋”展览上的变形四叶兽首镜
（霍宏伟摄影）

16. 鄂城五里墩墓地4037号墓柿蒂佛兽夔凤镜

1975年7月9日，在湖北鄂城鄂钢五里墩墓地M4037发掘出一面柿蒂佛兽夔凤镜（M4037:1）。考古报告整理者将鄂城附近的377座墓葬划分为四个墓区。第四墓区为洋澜湖周围墓区，可分为三处墓地，其中有五里墩墓地。位于洋澜湖西北岸，北距西山约1600米，与西山南麓相距较近。这处墓地先后发掘了24座六朝墓，包括孙吴墓11座，西晋墓7座，东晋墓5座，南朝墓1座。上述佛兽镜出土于五里墩墓地M4037。令人颇感疑惑的是，除了这面佛像镜之外，有关此墓墓葬形制、其他随葬品发掘资料在《鄂城六朝墓》考古发掘报告中均无法查到。

此镜为线式四出四叶座，形同柿蒂，叶呈桃形，内皆饰佛像。一尊佛左向侧坐于莲花之上，一腿垂地，后面胁侍单手持宝盖站立于后，前有女性跪地作礼佛状；其他三尊佛像正面端坐于桃形叶中，上有“八”字象征性佛龛，佛坐莲台之上，莲台两侧各有一条中国式的护法神龙。佛像皆有头髻和佛（头）光。叶外四组对凤衔节纹，外环以十六连弧，弧线内各饰一逆时针方向行走的飞禽瑞兽，宽素缘。完整，有裂缝，图纹清晰，雕刻工整，画面生动写实。直径16.4厘米，边厚0.4厘米（图八五、八六、八七）。考古报告整理者将此镜年代定在三国孙吴时期[29]。该镜现藏国博（本书编号：98），先后在“古代中国”基本陈列（图八八）、“镜里千秋：中国古代铜镜文化”展览上展出（图八九）。

图八五　鄂城五里墩4037号墓出土佛兽夔凤镜
（《鄂城六朝墓》，图版105，4）

图八六　佛兽夔凤镜局部
（《鄂城六朝墓》，图版105，5）

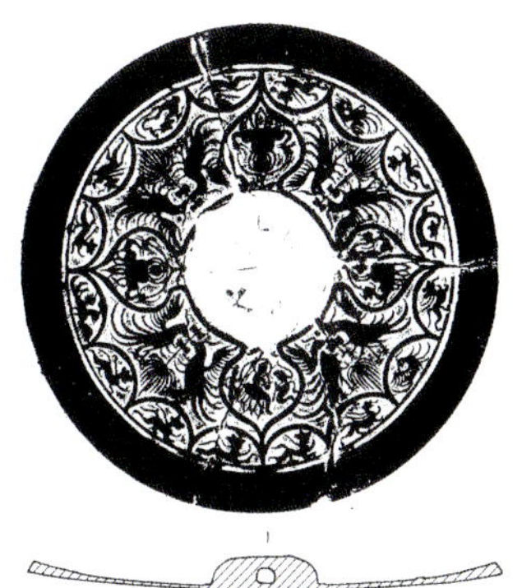

图八七　佛兽夔凤镜拓本及剖面图
（《鄂城六朝墓》，第277页，图199，2）

图八八　“古代中国”基本陈列展出佛兽夔凤镜
（霍宏伟摄影）

图八九　“镜里千秋”展览上的佛兽夔凤镜
（霍宏伟摄影）

四、隋唐五代铜镜

（一）隋代

17. 西安隋大业四年李静训墓光正随人十二生肖镜

1957年8月，考古研究所西安研究室在西安玉祥门外发掘一座隋代石棺墓。墓上残存夯土长50米，宽22米。墓室为方形竖穴土坑，斜坡墓道位于墓室南壁中央，方向正南北。葬具在墓室中部，是石椁和石棺，南北顺放。椁之南端放墓志一合，墓志底部及周围有烧过的黑色纸灰痕迹一层。

棺椁之间及棺盖上放置随葬品。棺盖南北两端放陶屋、灶、井、牛及木马，东西两侧置陶罐和俑。棺外四壁下有瓷器及仪仗俑等。棺内有一具人骨架，头顶上有玉钗、木梳及其他装饰品，头骨左右两侧放置金杯、银杯及其他器皿。足部附近一铜钵内，装有玛瑙串珠、波斯银币等，另一铜盆内置铜镜一面，镜下垫纸五层，纸黄色。在人骨颈部佩有金项链，左右手各一金手镯。石棺为长方形，是三间有浮雕的房屋形状，棺内四壁绘有壁画。

从墓志记载，知死者为李姓小女孩，名静训，字小孩，陇西成纪人，其祖父李崇和父亲李敏，《隋书》卷三十七有传。李静训自幼为外祖母周皇太后所养育。李静训在大业四年（608）六月一日死于汾源之宫，年仅九岁，同年十二月葬于长安县休祥里万善道场之内。此墓虽只葬一九岁小女孩，但相当豪华奢侈，出土遗物都很精美，且有许多器物为研究当时中西文化交流的好材料[30]。

1957年，为配合西安市区建设，中国科学院考古研究所在今西安城西约一公里的潘家村附近，发掘出隋大业四年（608）李静训墓，其地处于隋代都城大兴城（即唐长安城）休祥里万善尼寺之内。墓主虽是一个年仅九岁的女孩，但由于她是皇亲贵戚，所以墓中葬具精美，随葬品非常丰富。此墓未被盗掘扰乱，保存完好。随葬器物种类，包括陶俑和陶制明器、陶器、瓷器、金银器、铜铁器、玉石器、玻璃器以及骨、木、漆器类和纺织品等，共编为235号。

此墓埋在一座夯土台基的下面，有墓道与墓室两部分。墓道位于墓室南面，墓室为长方形竖井坑（图九〇）。将填土掘去后，墓室中露出石椁和墓志（图九一、九二）。揭开椁盖和四壁后，便露出一具雕刻精致的石棺和放置在石棺盖上和四周的随葬器物。棺内尸骨头南足北，各类随葬品众多。其中，北端有一件铜洗（161），中盛铜镜一面（162），镜子下面垫有黄色细纹纸五层（图九三、九四）。

镜，一件（162），有裂纹。镜的边缘有凸棱一周，镜中心为圆钮，自钮至边缘花纹分为四组，近钮处为铭文一周，文为"长命宜新，光返（正）随人"八字；第二周为缠枝卷叶花纹一周；第三周分为十二格，其中分别铸成十二辰动物象，依次向左排列；最外一周为三角形纹饰。镜径16厘米，钮径2.2厘米，边厚0.7厘米[31]。该镜现藏国博（本书编号：105），在"镜里千秋：中国古代铜镜文化"展览上展出（图九五、九六）。

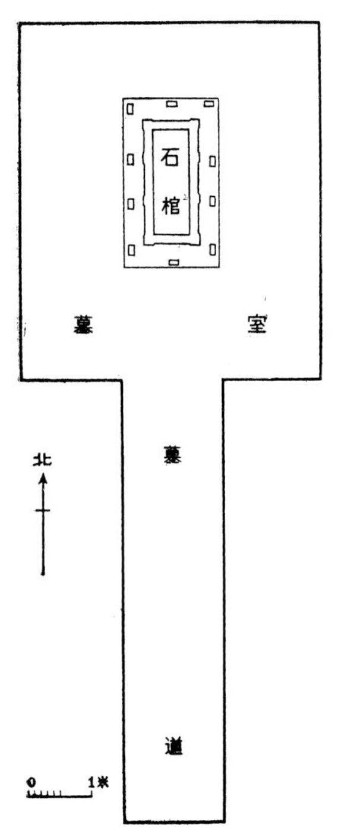

图九〇　隋李静训墓平面图
（《唐长安城郊隋唐墓》，第3页，图二）

图九一　李静训墓志盖拓本
（《唐长安城郊隋唐墓》，第26页，图一四）

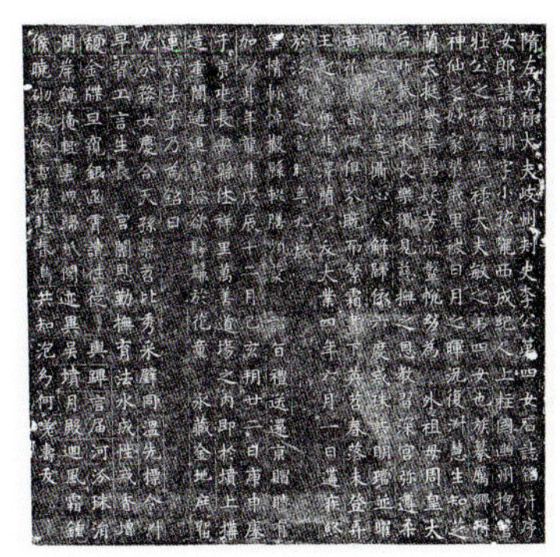

图九二　李静训墓志文拓本
（《唐长安城郊隋唐墓》，第27页，图一五）

图九三　李静训墓光正随人十二生肖镜
（《唐长安城郊隋唐墓》，图版一二，1）

图九四　盛放铜镜的铜洗
（《唐长安城郊隋唐墓》，图版一三，2）

图九五　“镜里千秋”展览上的一组出土器物
（霍宏伟摄影）

图九六　“镜里千秋”展览上的光正随人十二生肖镜
（霍宏伟摄影）

（二）唐代

18. 西安韩森寨唐天宝四载宋氏壁画墓飞天镜

1955年3月26日，陕西省文管会第一文物清理工作组在西安市东郊韩森寨附近工地，发现一座唐墓，派人对墓室进行了发掘。该墓为中型土洞墓，包括墓道、甬道及墓室三部分，墓葬平面呈刀形，墓室四壁与甬道两壁绘有壁画。在墓室西北角，设有棺床，为八块青石板砌成。棺床中央，放置一木棺，已腐朽成灰。在板灰范围内存放有一具较为完整的人骨架，头北足南，仰身直肢。

墓中随葬品极为丰富，共计333件。其中，以俑最为突出，有男俑、女俑、十二生肖俑、天王俑、镇墓兽俑等51件。另有金、银、铜、铁、铅等金属质地的实用器及装饰品等，如金下颚托、金球、金笄、金银花、银洗。值得一提的是，在墓室棺床上的棺内头骨左上方，出土一面铜镜，直径25.5厘米，破为两块。其形制与一般唐镜相似，但镜背上纹饰体裁十分新颖，饰有浮出的飞天相对飞舞，并在上下点缀有山峰、流水、树木、云彩，确属罕见（图九七）[32]。

出土石墓志一合。志盖镌刻“大唐故内侍雷府君故夫人宋氏墓志铭”，志文共计453字。志载，宋氏年十五，与内侍雷姓婚配，雷姓时为内省之长，但中年半坠泉路，宋氏为未亡人，后于天宝四载（745）九月六日故。志云：“夫人号功德山居长，其先出于广平。……因官易地，徙于京兆之咸阳。……幼而温惠，长则明敏。年十有五，而归于我内侍雷公。……方将偕老，同至寿域；何图中年，半坠泉路。自内侍既殁，乐寿未亡。因昼哭之余，忽焉回向；救前途之下，转益坚修。顿悟空色，了归禅定。保是圣善，以为灵长。……以天宝四载九月六日，奄然归真于京辅兴里之私第，春秋五十有七。时爱子在旁，孝女同侍。乃付嘱而言曰：吾业以清净，心无恋着，岂以诗人同穴之言，而忘老氏各归之本。纵犹议于封树，即愿存于贞独。建塔旧茔，同尘齐化。……天宝四载岁次乙酉十月乙酉朔廿五日己酉丙时安厝。”（图九八、九九）[33]该镜现藏国博（本书编号：145）。

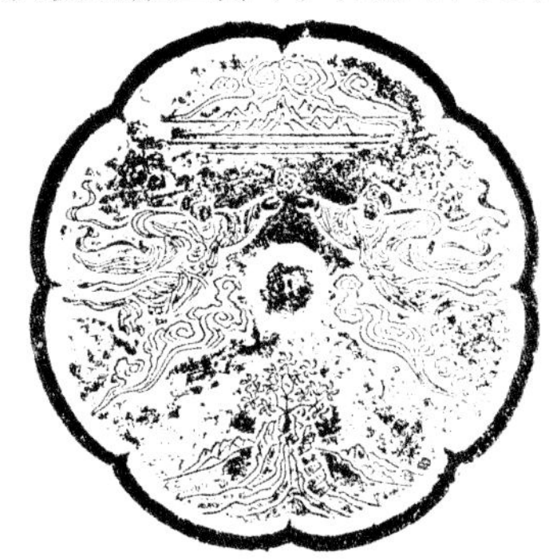

图九七　西安韩森寨唐代宋氏墓飞天镜拓本（《考古通讯》1957年5期，第61页，图三）

图九八　宋氏墓志盖拓本（《中国国家博物馆馆藏文物研究丛书·墓志卷》，第155页，图六七，1）

图九九　宋氏墓志文拓本（《中国国家博物馆馆藏文物研究丛书·墓志卷》，第155页，图六七，2）

19. 洛阳涧西16工区唐兴元元年陈曦夫妇合葬墓螺钿高士宴乐镜

16工区在洛阳以西约20华里，北有陇海铁路和邙山，南有洛水和周山（俗称秦岭），东有涧河，西是谷水镇。地势略由北向南倾斜，一般平坦。1955年7月13日发掘工作开始，10月26日结束，共处理墓葬430座，进行清理、绘图的共90座，出土器物达1200余件（采集部分不计在内），在没有绘图的墓葬中有80%为近代（明、清等）墓。

唐墓共有18座。其中，二人合葬墓有墓4、8、34、47、48、76。以76号墓形制为大，出土器物亦为特殊。墓76的志文，夫妇二人是分别于乾元元年（758）和兴元元年（784）葬入的。这批唐墓根据墓志及出土物来看，应为唐中叶或稍晚的墓葬[34]。

河南洛阳西郊涧河以西16工区的发掘工作，自1955年7月13日开始，至10月26日结束，共计清理古代墓葬90座。其中，以76号墓形制较大，器物保存大部分完好。

该墓位于邙山南麓约两千米的平原地区，坐北朝南，为土圹洞室墓，有阶梯斜坡墓道。墓室中并排放置木棺两具，已腐朽成灰。东侧的一具尸骨为仰身直肢，据随之出土的遗物判断为男性，另一具尸骨朽不可辨。随葬的陶瓷器大多放在后壁耳室中。西侧的女性墓主人棺中放置有铁剪、月宫双鹊铜镜、灯、鋗（洗）、铜钱和银筷、勺、簪等。东侧的男性墓主人棺中有铜銷(洗)、铜钱、背面镶嵌螺钿的铜镜。两合石刻墓志放置于过洞中，陶牛、马、猪、狗等明器均放在过洞中间(图一〇〇)。

图一〇〇　76号唐墓发掘现状
(《文物参考资料》1956年5期，第41页，图一)

铜镜两面。一面直径25厘米，背面有带孔圆钮，并以螺钿镶嵌成一幅图画：上部是一棵花树，树梢有一轮明月，树叶丛中两侧有飞翔的小鸟，树左旁蹲着一只猫，树干两边各有一只似在鸣舞着的鹦鹉。在钮的左侧有一坐着的老者，手弹琵琶；右侧一老者左手持杯，面前放有一鼎一壶，背后立一女子，双手捧盒，作侍奉状。再下面有仙鹤、水池，水池旁和水池内有鸳鸯站着和游着。在画面的空间，错落地飞满了花瓣(图一〇一)。整个形象极为生动，衣纹、须发、羽毛刻划精细，花纹间并填漆，是一件有着较高艺术价值的文物。

另一面直径17厘米，带圆钮，花纹：上面有一圆形月亮，月内有树，有兔子和蟾蜍，月亮两旁各衬托一朵浮云；下面为云龙纹；两边各有一只长尾喜鹊，口衔绶带相对飞翔(图一〇二、一〇三)。

根据墓中出土的两合石刻墓志铭记，其一记“至德二年八月十七日，终于舒州官舍……自江淮乾元元年二月十二日，权厝河南县金谷乡瀔水之……”，其二记“亡妣去大历十四年七月八日……今以兴元元年岁次甲子……启举迁奉于河南府河南县金谷乡……旧茔归葬”等语，确定是一座唐代墓葬。唐代墓葬在洛阳过去发掘不多，经过正式清理而且有墓志纪年的墓葬，这还是首次。出土遗物可以作为以后洛阳鉴别唐墓的一个准绳，螺钿铜镜出土尤少，其雕镂之工细，为唐代工艺制作的珍品[35]。螺钿镜现藏国博(本书编号：154；图一〇四)，先后在“古代中国”基本陈列、“镜里千秋：中国古代铜镜文化”展览上展出(图一〇五)。

图一〇一　首次发表的螺钿高士宴乐镜彩图
(《文物参考资料》1956年5期，彩版一)

图一〇二　双鹊月宫盘龙镜
(洛阳市文物考古研究院供图)

图一〇三　双鹊月宫盘龙镜拓本
（《文物参考资料》1956年5期，第42页，图二）

图一〇四　调拨至国博的螺钿高士宴乐镜
（国博供图）

图一〇五　“镜里千秋”展览上的螺钿高士宴乐镜
（霍宏伟摄影）

20. 三门峡市区大燕圣武元年墓（1914号）螺钿盘龙镜

1957年，为了继续配合三门峡水库建设，黄河水库考古工作队在河南三门峡市区基建工地清理20余座墓葬。以唐墓为主，汉墓次之，大部分和刘家渠的汉唐墓近似。

墓1914出土铜镜、银碗、筷、勺，鎏金的小铜醮（鐎）斗、铜盘、铜铃，铅碗，泥俑，石猪、彩绘陶罐等。其中以螺钿铜镜最为精致，直径达22厘米，背面饰有一条盘龙，姿态生动（图一〇六）。伴出墓志中提到墓主人死于天宝十四载（755），而葬于大燕圣武元年四月（即至德元载，756）。按圣武为安禄山的僭号，同年六月进入长安，而该墓当是在安禄山的势力进入陕县的时候所下葬的[36]。该镜现藏国博（本书编号：155），在“镜里千秋：中国古代铜镜文化”展览上展出复制品（图一〇七）。

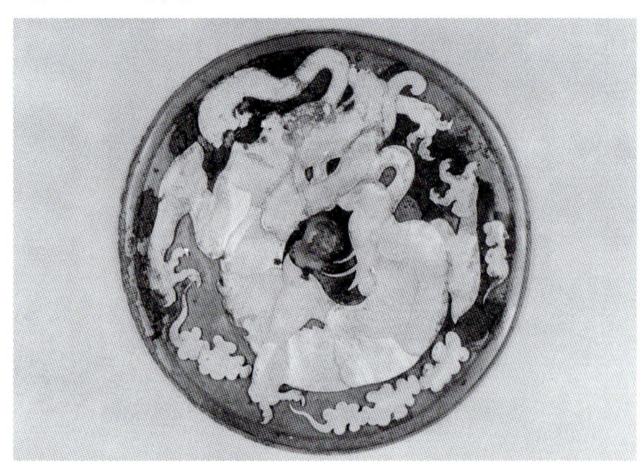

图一〇六　调拨至国博的螺钿盘龙镜（国博供图）

图一〇七　“镜里千秋”展览上的螺钿盘龙镜复制品
（霍宏伟摄影）

21. 三门峡市区唐大中六年韩干儿墓（1907号）两面葵花形镜

1957年，考古工作者在河南三门峡市区工地发掘了20余座古墓。其中，墓1907的形制虽小，但出土随葬品颇多，尤其以瓷器为大宗。计有白瓷挂酱釉的牛车模型（图一〇八）、骑马小俑、狮俑、羊俑、狗俑、兔俑各一件，匍伏俑四、猴俑二件（图一〇九），白瓷水注、提梁桶各一件，钵二、瓶三、罐二件（图一一〇）。以上随葬品均为小型器物，玲珑可爱，很像是明器或玩具。

其他还有白瓷碗、青瓷粉盒、黄釉双耳瓷罐、绿釉提梁桶、白釉酱斑水注各一件。漆器有豆、盘、盒等，而铜器也多属小型者，如菱花镜、鎏金簪、飞鸟、小佛像、铃、镇等。

有朱书的砖质墓志共存，志文云："有唐昌黎韩氏女，小字干儿，以大中六年闰七月七日，抱疾殁于陕州官舍，享甲子十有五年。五代祖休，玄宗朝为宰相，谥文忠公。"从墓志上看，墓主人还是未成年的女孩子，而随葬品的丰富精致却是惊人的。

根据唐墓的墓志，可以帮助进行唐代墓葬的断代工作，而尤其重要的上述大中六年（852）的墓志，对这里唐墓出土的大批瓷器，提供了绝对年代的有力证据，对研究中国瓷器史也是一批较重要的资料[37]。

此墓随葬品于1959年由中国科学院考古研究所调拨至中国历史博物馆。两面铜镜均为葵花形，不是菱花形。形制极小。一面为人物花叶镜，四出葵花形，直径4.6厘米（图一一一、一一二）；另一面为小镜，五出葵花形，纹饰漫漶不清，直径2.4厘米（图一一三、一一四）[38]。两镜现藏国博，本书铜镜图版部分未著录。霍按：人物花叶镜应是七夕镜，镜钮左右两侧人物分别为织女、牛郎。《泉志》引旧谱云："径寸四分，重十三铢，肉好、背面皆有周郭，文为牵牛、织女相对形，穿上为花，穿下为草，制甚古质。"[39]

1958年国庆节，黄河水库考古展览在北京故宫博物院宝和殿正式开幕。这里所展出的是中国科学院和中华人民共和国文化部联合组成的黄河水库联合考古工作队，从1955年起在三门峡和刘家峡两个水库区内，通过调查发掘所得到的标本，尤以三门峡市附近的发掘收获最为丰富。

三门峡市区唐墓中有大量精致的瓷器，特别是大中六年（852）墓中所出土的一批瓷制玩具，有牛车、匍伏俑、骑马俑、狮、狗、羊、兔、猴、水注、提梁桶等，形状既小，又玲珑可爱，是研究中国瓷器史的一批宝贵资料。此外，还有盘龙纹的螺钿铜镜以及铁牛、铁犁、铁镰等[40]。

图一〇八　三门峡唐韩干儿墓出土白釉褐彩瓷牛车（《中国国家博物馆馆藏文物研究丛书·瓷器卷·商至五代》，第193页，图版151）

图一〇九　韩干儿墓出土白釉褐彩瓷俑（《中国国家博物馆馆藏文物研究丛书·瓷器卷·商至五代》，第195页，图版153）

图一一〇　韩干儿墓出土白瓷器皿玩具（《中国国家博物馆馆藏文物研究丛书·瓷器卷·商至五代》，第196页，图版154）

图一一一　韩干儿墓出土人物花叶镜（国博供图）

图一一二　人物花叶镜侧视（国博供图）

图一一三　韩干儿墓出土花叶镜（国博供图）

图一一四　花叶镜侧视（国博供图）

22. 西安洪庆村武周神功二年独孤思贞墓六瑞兽葡萄镜

1958年6月，在西安市东郊灞河区洪庆村南的铜人原上发掘出武周神功二年（698）独孤思贞墓。该墓在早期曾被盗掘过，但仅墓室被扰乱，其他部分尚好。此墓为南北向，是一座带斜坡形长墓道的洞室墓（图一一五）。随葬器物有俑类、用具明器类和装饰品等十余种。除330粒料珠之外，其他共184件。其中陶俑占绝大多数，大都是制作精美的三彩俑（图一一六）。一合石墓志保存完整（图一一七、一一八）。

铜镜，一件（18）。出于墓室底扰土中，保存完整。镜的背面为浮起的“海兽葡萄纹”。镜的周边及中部各有凸棱一周，镜中心的纽为一伏卧的怪兽。自纽至边缘花纹分为三组，近纽处的一周为“海兽葡萄纹”，其中六只“海兽”环绕着镜钮；第二周为葡萄纹间有鸟、蝶；最外缘为宝相花一周。镜的直径16.9厘米（图一一九）[41]。该镜现藏国博（本书编号：122），先后在“古代中国”基本陈列（图一二〇、一二一）、“镜里千秋：中国古代铜镜文化”展览上展出（图一二二）。

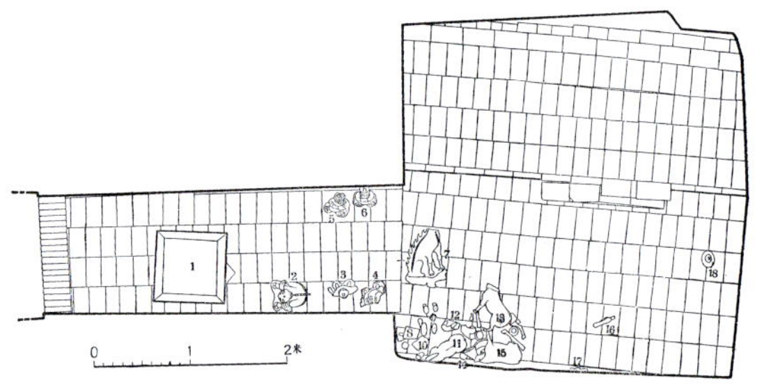
图一一五　西安洪庆村武周独孤思贞墓墓室平面图（《唐长安城郊隋唐墓》，第33页，图二二）

图一一六　独孤思贞墓志与铜镜的相对位置（《唐长安城郊隋唐墓》，图版二九，1）

图一一七　独孤思贞墓志盖拓本
（《唐长安城郊隋唐墓》，第40页，图二五）

图一一八　独孤思贞墓志文拓本
（《唐长安城郊隋唐墓》，第41页，图二六）

图一一九　独孤思贞墓六瑞兽葡萄镜
（《唐长安城郊隋唐墓》，图版六〇，1）

图一二〇　“古代中国”基本陈列展出独孤思贞墓六瑞兽葡萄镜（霍宏伟摄影）

图一二一　“古代中国”基本陈列展出独孤思贞墓六瑞兽葡萄镜侧视（霍宏伟摄影）

图一二二　“镜里千秋”展览上的六瑞兽葡萄镜（霍宏伟摄影）

（三）五代

23. 合肥南唐保大十一年姜妹婆墓都省铜坊官匠镜

1957年7月，在安徽合肥城东南乡75公里的肥河农业社建设窑厂工程中，掘出南唐保大十一年（953）姜妹婆墓。该墓为砖室墓，出土人骨架一具，残漆器、带釉残陶罐、都省铜坊官匠人房宗（悰）铜镜各一件，白釉瓷碗四件，其中两件残，南唐保大十一年木质买地券一块，另有瓷碗两件。

出土的买地券为墨书，行草，似唐人写经字体。共计十四行，二百二十七字，主要内容如下：“维南瞻部州（洲）大唐国庐州合肥县右厢永宁乡纳善坊，没故亡人天水郡姜氏妹婆，行年七十，不幸于保大十一年岁次癸丑六月己酉朔廿四日壬申，券（倦）生之时，未有墓地，没后宜于去府城东南方十五里之原安厝，谨用五色金银钱万万九千九百九十九贯文等，就土府将军买得龙子岗作墓园一所。”[42]该镜现藏国博（本书编号：167），在“古代中国”基本陈列展出（图一二三）。

图一二三　“古代中国”基本陈列展出姜妹婆墓都省铜坊官字镜（霍宏伟摄影）

五、辽宋铜镜

24. 赤峰大营子村辽应历九年墓五面铜镜

1954年10月，在热河省赤峰县大营子村西北山地，发掘一号辽墓（图一二四）。该墓是一座有斜坡形墓道的多室夫妻合葬墓（图一二五）。中室室顶用圆石作出藻井，当中凿出凹槽，内镶一面四蝶环花铜镜。面微锈，作银青色，周边有磨错痕。背面有环花式图案，内四角有展翅的蝴蝶，地纹为菱形纹，正中部有一高起的圆纽。原有铁环套入纽中，并固定于藻井。直径28.7厘米，体厚0.25—0.6厘米（图一二六、一二七）。另有一面铜镜形制与前者相同，唯镜背纹饰为龟纹，直径27.8厘米，体厚0.3—0.6厘米。

墓中遗物多为实用品，从墓志记载可知，大部分为皇家所赐，也有为墓主人生前的用具和一部分明器。陈设也大体是按用途来分排的。前、中两室遗物不全，这是因为先后两次被盗的结果。

前室出土遗物118件，其中，墓志放在前室中央。南侧室出土遗物1656件，主要是马具。北侧室出土器物76件，以瓷器为主。墓主人的棺木放于中室，有随葬品131件，尸床上有佩于墓主身上的金质蹀躞、匕首、短剑及铜镜、漆盒等。后室遗物保存完整，共计281件，以炊饮器皿为主。

中室尸床上出土一面花式铜镜（图一二八）。面作水银青色，背面、外廓作凸起的八瓣花式，内有鸟兽、流云纹等，纽圆形穿孔。直径26厘米，体厚1.3厘米（图一二九）。另有一面宝相花镜，残碎不全，呈银白色，背面雕铸出宝相花六朵，纽为扁圆形。这种形制的铜镜，曾多见于洛阳出土的唐式镜中，直径13.8厘米，厚0.2厘米。缠枝花草纹镜一面，铜质粗劣，呈黑灰色，背面平雕出缠枝的花草纹，直径约12.5厘米，厚0.15厘米。

据出土墓志所载，该墓为辽驸马赠卫国王墓，葬于辽穆宗应历九年(959)七月（图一三〇、一三一）[43]。该墓出土八瓣菱花镜现藏国博（本书编号：128），在“古代中国”基本陈列展出（图一三二、一三三）。

图一二四　一号辽墓全景
（《考古学报》1956年3期，图版一，1）

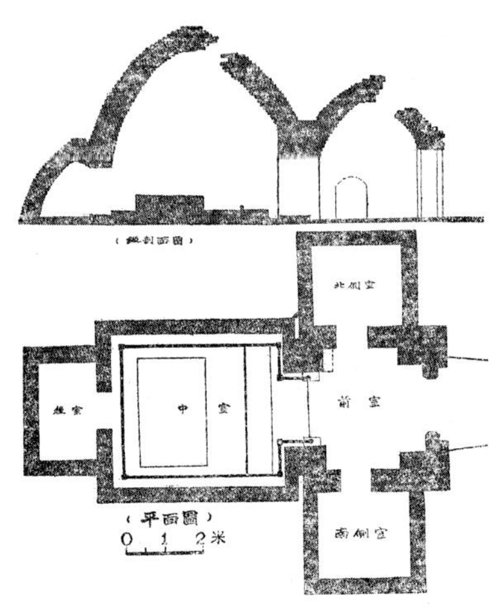

图一二五　一号辽墓平、剖面图
（《考古学报》1956年3期，第2页，图一）

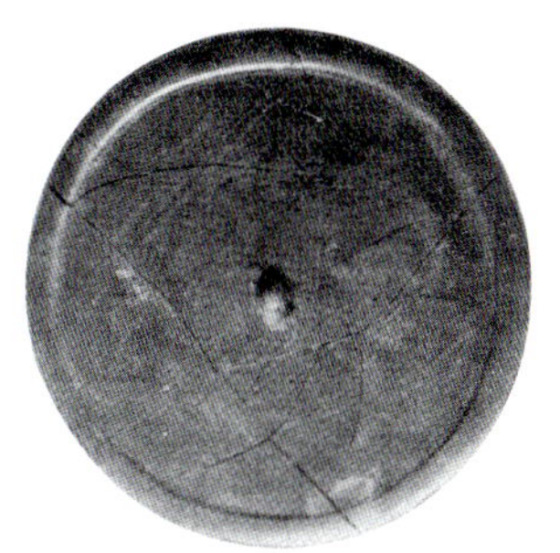

图一二六　一号辽墓中室出土四蝶环花镜（《考古学报》1956年3期，图版肆，5）

图一二七　内蒙古博物院藏四蝶环花镜（《中国青铜器全集·铜镜》，第187页，图版184）

图一二八　一号墓中室尸床上发现的铜镜和纺织品（《考古学报》1956年3期，图版贰，4）

图一二九　一号辽墓中室出土唐双鸾双兽镜（《考古学报》1956年3期，图版肆，6）

图一三〇　一号辽墓墓志盖拓本（《考古学报》1956年3期，图版叁，1）

图一三一　一号辽墓墓志文拓本（《考古学报》1956年3期，图版叁，2）

图一三二　"古代中国"基本陈列展出一号辽墓双鸾双兽镜（霍宏伟摄影）

图一三三　"古代中国"基本陈列展出一号辽墓双鸾双兽镜侧视（霍宏伟摄影）

25. 忻县城南豆罗村北宋政和四年田子茂墓两面铜镜与镜盒

1957年8月下旬，为了配合基本建设工程，在山西忻县城南三十里豆罗村南火车路东边，发掘一座古墓冢，冢前有石雕翁仲和虎、羊各一对。该墓分为墓道与墓室两部分。墓室为平面呈八角形的单室砖墓，墓室南北长3.5米，东西宽3.4米，墓底距地面高5.3米（图一三四）。从出土的两个人头骨来看，系合葬墓，葬具不存。

出土铜器24件，均为明器，除博山炉、铜镜为铸造外，余皆为锤打的铜器。另出北宋铜钱61枚，瓷器两件，铁鞭、玉带各一件。其中，铜镜两面，质白，钮为弓形，边沿部分较高。一为圆形，串枝牡丹纹（图一三五），出土时放在镜盒内（图一三六）；一为葵花式素面镜。盛放牡丹镜的铜镜盒一件，盒盖上有精细的线刻孔雀、牡丹，周围有云纹装饰（图一三七），盒底上有线刻莲花，花心有一小圆孔。

在墓室东壁附近有墓志铭一块，文很长，字亦清晰。根据出土墓志，墓主人姓田名茂，后改名子茂，字仲坚。生于宋仁宗嘉祐四年（1059），由武状元积职至武功大夫，河东路第六将，于宋徽宗政和四年（1114）卒于驻扎地隆德府（今山西长治市），享年五十五岁[44]。该墓出土牡丹镜现藏国博（本书编号：172），在"镜里千秋：中国古代铜镜文化"展览上展出（图一三八）。

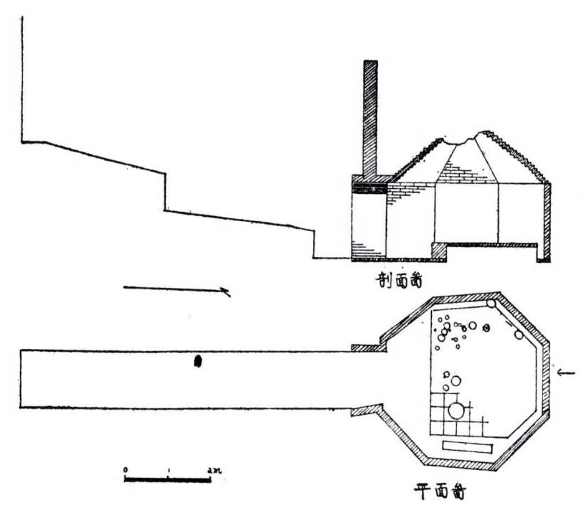

图一三四　忻县城南豆罗村北宋田子茂墓平、剖面图
（《文物》1958年5期，第49页，图一）

图一三五　田子茂墓牡丹镜拓本
（《文物》1958年5期，第50页，图九）

图一三六　铜镜盒侧视
（《文物》1958年5期，第50页，图六下）

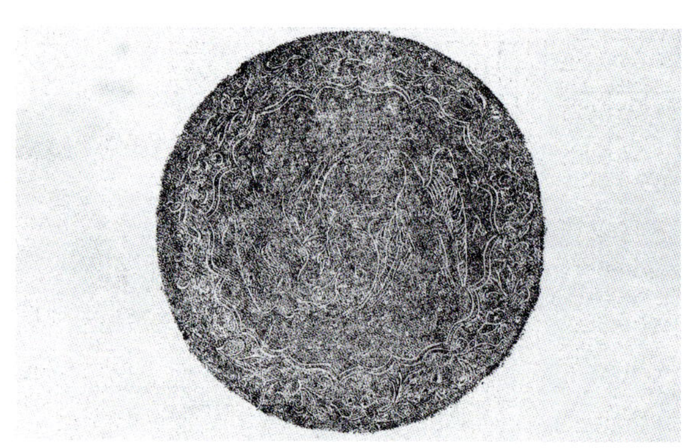
图一三七　铜镜盒盖顶部纹饰拓本
（《文物》1958年5期，第50页，图十）

图一三八　"镜里千秋"展览上的牡丹镜
（霍宏伟摄影）

[1] 本刊记者：《殷墟考古发掘的又一重要新收获—小屯发现一座保存完整的殷代王室墓葬》，《考古》1977年第1期。中国社会科学院考古研究所安阳工作队：《安阳殷墟五号墓的发掘》，《考古学报》1977年第2期。

[2] 中国社会科学院考古研究所：《殷墟妇好墓》，文物出版社，1980年，第1—3页，103—104页。

[3] 孔祥星、刘一曼：《中国古代铜镜》，文物出版社，1984年，第15页。

[4] 黄河水库考古工作队：《1957年河南陕县发掘简报》，《考古通讯》1958年第11期，第70、73页，图三。

[5] 中国科学院考古研究所：《上村岭虢国墓地》，科学出版社，1959年，第27页，图二一；第31页，图二五；第56页，表一《墓葬表（续）》；图版肆拾，2。

[6] 同[5]，第27页，图二〇，2、3；第60页，表一，墓葬表（续）；图版贰叁，1、2；第27-28页，图版叁捌，13；第14页，图八，1。

[7] 同[5]，第53页。

[8] 同[5]，第60页。

[9] 中国科学院考古研究所：《长沙发掘报告》，科学出版社，1957年，第23、25、53页；图版贰壹，3。

[10] 中国科学院考古研究所：《洛阳中州路（西工段）》，科学出版社，1959年，第91页，图六〇，12；第104、158页；图版柒叁，1—4，柒肆，1—17。

[11] 李正光：《略谈长沙出土的战国时代铜镜》，《考古通讯》1957年第1期，第102—103页，图版贰拾贰，4。

[12] 周世荣：《湖南省出土铜镜概述》，湖南省博物馆编：《湖南出土铜镜图录》，文物出版社，1960年，第9—10页；第3页，插图三，铜镜与漆盒；第20页，铜镜出土墓葬登记表。

[13] 湖南省博物馆等：《长沙楚墓》，文物出版社，2000年，第644页，续附表五；第259、502页；《长沙楚墓》下，彩版三五，6。

[14] 四川省文物管理委员会：《成都羊子山第172号墓发掘报告》，《考古学报》1956年第4期，第12、14页，图十七；图版伍，3。

[15] 河南省文化局文物工作队第一队：《我国考古史上的空前发现：信阳长台关发掘一座战国大墓》，《文物参考资料》1957年第9期。

[16] 河南省文物研究所：《信阳楚墓》，文物出版社，1986年，第1—18、51、120—122页，图版四七。

[17] 同[16]，第111—112页，彩版一三，3、4；图版一〇二，1、2。

[18] 荆州地区博物馆：《江陵张家山201号楚墓清理简报》，《江汉考古》1984年第2期，第16页，图四，图版四。

[19] 湖北孝感地区第二期亦工亦农文物考古训练班：《湖北云梦睡虎地十一座秦墓发掘简报》，《文物》1976年第9期，图版壹。

[20] 《云梦睡虎地秦墓》编写组：《云梦睡虎地秦墓》，文物出版社，1981年，第1—62、69—71页；第46页，图六二；图版四，六，1，三〇，1。

[21] 同[9]，第83页，图版肆肆，1、3。

[22] 同[9]，1957年，第92—95、116—117页，图版肆玖，1，陆柒，3，陆捌，1。

[23] 同[9]，第92—95、116页，图版伍拾，1、2，图版陆捌，3。此镜外圈铭文带释文，参见李零《读梁鉴藏镜四篇——读汉镜铭文中的女性赋体诗》，《中国文化》2012年第1期。

[24] 考古研究所陕西考古调查发掘队：《宝鸡和西安附近考古发掘简报》，《考古通讯》1955年第2期。

[25] 刘兴长、张居超：《河南南阳百里奚村汉墓的调查》，《考古通讯》1957年第6期；宋蓉：《南阳地区汉代墓葬研究——兼论南阳地区汉文化的形成》，《考古学报》2015年第2期。

[26] 武汉市文物管理委员会：《武昌任家湾六朝初期墓葬清理简报》，《文物参考资料》1955年第12期。

[27] 程欣人：《武汉出土的两块东吴铅券释文》，《考古》1965年第10期。

[28] 白彬：《南方地区吴晋墓葬出土木刺研究》，《四川大学考古专业创建四十周年暨冯汉骥教授百年诞辰纪念文集》，四川大学出版社，2001年，第402页。白彬：《湖北武昌任家湾东吴初年“道士”郑丑墓再研究》，《江汉考古》2006年第4期。

[29] 南京大学历史系考古专业等：《鄂城六朝墓》，科学出版社，2007年，第10、275、277页，图199，2，图版105，4、5。湖北省博物馆、鄂州市博物馆编：《鄂城汉三国六朝铜镜》，文物出版社，1986年，图81，图版说明第21页。

[30] 唐金裕：《西安西郊隋李静训墓发掘简报》，《考古》1959年第9期。

[31] 中国社会科学院考古研究所：《唐长安城郊隋唐墓》，文物出版社，1980年，第1、3—10、20页，图版一二，1。

[32] 张正岭：《西安韩森寨唐墓清理记》，《考古通讯》

1957年第5期。

[33] 中国国家博物馆编：《中国国家博物馆馆藏文物研究丛书·墓志卷》，上海古籍出版社，2017年，第154—155页。

[34] 河南省文物工作第二队：《洛阳涧西16工区发掘简报》，《考古通讯》1957年第3期。

[35] 河南省文化局文物工作队第二队：《洛阳16工区76号唐墓清理简报》，《文物参考资料》1956年第5期。

[36] 黄河水库考古工作队：《1957年河南陕县发掘简报》，《考古通讯》1958年第11期。

[37] 同[36]。

[38] 赵玉亮：《中国国家博物馆藏唐大中六年韩干儿墓出土器物》，《中国国家博物馆馆刊》2021年第6期。

[39] （宋）洪遵撰，汪圣铎编著：《泉志》卷一五《厌胜品》，中华书局，2013年，第273页。

[40] 捷：《黄河水库考古展览开幕》，《考古通讯》1958年第10期。

[41] 同[31]，第29—43页。

[42] 葛介屏：《安徽合肥发现南唐墓》，《考古通讯》1958年第7期。

[43] 前热河省博物馆筹备组：《赤峰县大营子辽墓发掘报告》，《考古学报》1956年第3期。

[44] 冯文海：《山西忻县北宋墓清理简报》，《文物》1958年第5期。

后　记

本书是对中国国家博物馆馆藏铜镜精品的系统性研究和展示，同时也为学界同仁和广大读者对铜镜的深入研讨和鉴赏提供了宝贵的资料。

本书编撰过程中，历任馆领导都给予了重要指导和大力支持。负责本套丛书规划出版持续运作的原学术中心和研究院历任主任和院长，在本书编撰的各个阶段都分别给予了具体的帮助和协调。本书顾问孔祥星先生不仅从宏观上对书的架构予以指导，对编撰中的细节也提出了许多有建设性的意见，所赐大作更为本书增色添彩。

本书文物鉴选和图像拍摄时段，正处于我馆大楼改扩建前夕，苏强、辛立华、于璐、于文荣等相关库房保管员在担负繁忙的搬迁筹备工作之外，又按时且安全地完成了铜镜的出版鉴选、提取照相等大量的编务工作；李守义为本书出版运作做了大量前期工作，范立、孙风群为本书的图文版式提供了美术指导和设计，中国美术学院鹏宇副教授为书中铜镜铭刻释文进行了校对，在此一并深表谢忱。

上海古籍出版社历任领导对本套丛书的出版一直予以高度重视，前社长王兴康在关键时刻的大力协调，更是确保了包括本卷在内的丛书正在编撰的各卷得以延续出版。感谢出版社的编辑余鸣鸿、毛承慈、虞桑玲三位老师，你们严谨细致的编排审校，使本书的专业水平得到了进一步提高。

尽管我们付出了辛勤努力，但限于学识水平，疏漏可商榷之处难免，恳切希望方家对此予以赐教指正。

盛为人
2022年2月

图书在版编目(CIP)数据

中国国家博物馆馆藏文物研究丛书. 铜镜卷 / 中国国家博物馆编. —上海: 上海古籍出版社, 2022.11
ISBN 978-7-5732-0261-1

Ⅰ.①中… Ⅱ.①中… Ⅲ.①文物—研究—中国②古镜—铜器(考古)—研究—中国 Ⅳ.①K870.4 ②K875.24

中国版本图书馆 CIP 数据核字(2022)第 094346号

责任编辑 毛承慈 虞桑玲
技术编辑 隗婷婷

中国国家博物馆馆藏文物研究丛书
铜镜卷
(全二册)
中国国家博物馆编
上海古籍出版社出版发行
(上海市闵行区号景路 159 弄 1-5 号 A 座 5F 邮政编码 201101)
(1)网址:www. guji. com. cn
(2)E-mail:guji1@ guji. com. cn
(3)易文网网址:www. ewen. co

制版印刷 上海雅昌艺术印刷有限公司
开 本 889×1194 1/16
印 张 32.25
版 次 2022 年 11 月第 1 版
2022 年 11 月第 1 次印刷
ISBN 978-7-5732-0261-1/K. 3141
定 价 1180.00 元
如有质量问题，请与承印公司联系